국어
교육의
바탕과
속살

국어
교육의 의
바탕과
속살   김수업 지음

Humanist

우리말로 떳떳하게 살아가는 사람을…….

미리 뜻을 세운 바 없이 국어 교육을 두고 한 꼭지씩 써야 할 사정이 생겨서 거기 맞추어 썼던 글을 가려 뽑아서 엮었다. 뽑아 놓고 보니까 교과서와 교육과정 이야기가 많아서 두 가지를 따로 묶고, 이른바 지역화 교육 이야기도 두 꼭지가 되어 따로 묶었으나 나머지는 모두 저마다 조금씩 다른 이야기들이었다. 그래서 내가 보기에 좀 가벼운 이야기를 앞에다 세워 들머리로 삼고, 좀 더 무거운 이야기는 뒤에다 세워 마무리로 삼아 책의 모습을 갖추려고 해 보았다. 마침내 차례라는 것이 아무런 뜻도 없는 그런 책이 되고 말았다.

게다가 한 자리에 모아 놓으니 글을 쓴 때가 앞뒤로 10년이 훌쩍 넘게 동떨어지기도 해서 이야기 흐름이 들쭉날쭉한다. 스무 살 대학생과 초등학교 입학생이 뒤죽박죽 나서서 떠드는 꼴이라 읽으시는 분들이 종을 잡기 어려울 듯하다. 이야기 속살이 동떨어질 뿐만 아니라 내 말씨도 그런 세월 사이에 적지 않게 바뀌어서 헷갈림을 부채질한다. 이런 헷갈림을 없앨 길이 없는 것은 아니다. 말씨를 요즘 것으로 가다듬고 속살도 오늘에 맞추어 바로잡으면 되는 것이라 시간 품만 들이면 어렵지 않은 일이다. 그러나 제 모습 그대로 보여 드리는 것이 읽으시는 분들에게 귀찮기는 해도 오히려 도움이 된다는 충고들이 있어서 그냥 거기 따랐다. 읽으시는 분들이 너그럽게 헤아려 주시기를 바랄 따름이다.

세월이 흘러도 바뀌지 않은 것이 하나 있었다. 국어 교육을 제대로 하면 사람을 살리고 겨레를 살리고 세상을 살릴 수 있다는 믿음이다. '국어 교육을 제대로 하면'이라고 했는데, 국어 교육을 제대로 하는 길을 내다보는 눈도 달라지지 않았다. 국어 교육을 제대로 하는 길은 우리 속을 뚫어지게 들여다보는 데서 열린다는 믿음이고, 이런 믿음도 바뀌지 않았다. 읽어야 할 사람은 이미 읽었고, 이제는 거의 뒷북치는 소리에 지나지 않고, 본디 되지도 못한 글이었던 것들을 새삼스럽게 묶어 책으로 엮도록 나를 일으킨 지팡이가 바로 이것이다.

우리말, 우리에게서 저절로 생겨나 우리를 키우고 우리를 이끌어 온 토박이말, 이것을 살려 제대로 쓰며 살도록 가르치는 것이 국어 교육의 길이다. 우리 모두가 겨레로부터 물려받은 제 목소리, 엄마 젖을 빨면서 배운 제 집안의 말, 소꿉장난하면서 배운 제 마을의 말을 떳떳하게 하면서 자랑스럽게 살아가도록 가르치는 것이 국어 교육의 뜻이다. 농사짓는 사람도, 장사하는 사람도, 정치하는 사람도, 행정하는 사람도, 교육하는 사람도, 학문하는 사람도, 예술하는 사람도 하나같이 우리말로 떳떳하게 살아가는 사람이 되도록 가르치는 것이 국어 교육의 일이다. 이것이 사람을 살리고 겨레를 살리고 세상을 살리는 국어 교육의 길이라고 믿으며 썼던 글들이지만 보다시피 이렇게 허울뿐이다.

이처럼 부끄러운 글들을 모아 엮은 이 책이 우리말을 가르치는 교사들에게 조금이라도 도움이 되어서 개정판을 편집하느라 애쓰신 (주)휴머니스트 출판그룹 편집부 여러분의 수고가 헛되지 않기를 두 손 모아 빈다.

김수업

차례

책을 펴내면서   4

하나. 들머리에서

우리말을 배우고 가르치는 일   II

우리말 깨치기와 가르치기   28

말 살리기와 교육 바로잡기   47

둘. 가르치는 길잡이

우리말 가르치는 길잡이   63

말하기 · 듣기와 언어 영역   8o

이탈리아의 국어 교육과 라틴어 교육   96

셋. 교과서답게

빠른 세상에 느린 교육   141

국어 교과서의 짜임새와 속살   166

제7차 교육과정의 국어 교과서와 교육 방법   187

국어 교과서에 쓰인 우리말   220

넷. 삶터를 교과서로

지역 언어문화와 국어 교육   231

국어 교육 지역화의 뜻   263

다섯. 마무리 삼아

국어 교육과 아인슈타인   297

국어 교육과 국어교육학   314

하나. 들머리에서

국어 교육은 어렵다고 한다. 학생도 국어 과목은 배우기 어렵다 하고, 교사도 국어 과목 가르치기가 어렵다 한다. 공부를 잘하는 학생일수록 국어 공부가 어렵다 하고, 아무리 해 봐도 얻어지는 것이 없고 아예 하지 않아도 잃어버리는 것이 없어 마치 도깨비와 씨름하는 맞잡이라고 한다. 교육을 잘해 보려는 교사일수록 국어 교육이 어렵다 하고, 무엇을 어떻게 해야 하는지 생각하고 고민할수록 가늠이 서지 않는다고 한다. 어째서 그럴까? 국어 교육이란 본디 어려울 수밖에 없는 것인가?

우리말을 배우고 가르치는 일

1.

국어 교육은 어렵다고 한다. 학생도 국어 과목은 배우기 어렵다 하고, 교사도 국어 과목 가르치기가 어렵다 한다. 공부를 잘하는 학생일수록 국어 공부가 어렵다 하고, 아무리 해 봐도 얻어지는 것이 없고 아예 하지 않아도 잃어버리는 것이 없어 마치 도깨비와 씨름하는 맞잡이라고 한다. 교육을 잘해 보려는 교사일수록 국어 교육이 어렵다 하고, 무엇을 어떻게 해야 하는지 생각하고 고민할수록 가늠이 서지 않는다고 한다. 어째서 그럴까? 국어 교육이란 본디 어려울 수밖에 없는 것인가?

아닐 것이다. 국어 교육은 본디 어려운 것일 수가 없다. 국어 교육은 국어, 곧 우리말을[1] 배우고 가르치자는 노릇이라 어려울 것이 아니다. 태어나서 스무 달만 되면 누구나 하는 것이 우리말이고, 여섯 살만 되면 거침없이 주고받을 수 있는 것이 우리말인데, 그것을 배우고 가르치는 노릇이 무슨 까닭으로 어렵겠는가? 우리말은 이 땅에 살아온 우리 겨레가 몇천 년, 아니 몇만 년을 너나없이 부려 쓰며 살아온 그것인데 그것을 배우고 가르치는 국어 교육이 어려워야 할 까닭이 어디 있겠는가?

그런데도 어째서 우리네 국어 교육은 어렵기만 한가? 학생에게도 어렵고 교사에게도 어렵고 학자에게도 어려운 까닭이 도대체 뭔가? 우선 뻔한 대답이 하나 있다. 배우고 가르치기를 해 보지 않아서 길을 모르기 때문이다. 몇천 년인지 몇만 년인지를 부려 쓰며 살아온 삶은 아득히 멀지만 우리 겨레는 일찍이 우리말을 배우고 가르쳐 본 적이 없었다. 배우고 가르치면서 우리말을 살피고 따져서 밝혀 보지 않은 채로 그저 주고받으며 살아오기만 했다. 그래서 아무도 국어 교육의 길을 모르는 것이다.

하늘이 내린 선물인 우리말을 거저 받아서 부려 쓰며 사는 것은 모든 사람의 몫이다. 그러나 그것을 배우고 가르치며 살펴보고 따져 보는 노릇은 먹고사는 일에서 풀려난 사람들의 몫이다. 그런데 우리 겨레는 지난날 먹고사는 일에서 풀려난 지배 계층 사람들이 우리말을 배우고 가르치는 일을 돌보지 않았다. 우리말을 살피고

1_ 여기서 말하는 우리말은 우리 말꽃을 싸잡는 뜻이다. 사실 사람들은 일찍부터 말(언어)과 말꽃(문학)을 따로 떼어서 이야기하고 살피고 다루었다. 그러나 그것은 먹고사는 일에서 벗어난 전문가에게 쓸모가 있어서 그런 것이고 여느 사람에게는 그렇게 따로 떨어지지 않는다. 여느 사람은 언제나 말과 말꽃을 따로 떼어 내지 않고 말꽃이 함께 싸잡혀 있는 그대로를 말이라 하면서 부려 쓰며 살아간다. 전문가들도 말과 말꽃을 따로 떼어서 살피지만 깊이 살피면 살필수록 서로 떼어 놓을 수 없이 하나라는 사실을 깨닫게 마련이다. 1950년대를 넘어서면서 야콥슨을 비롯한 여러 학자들이 학문에서도 말과 말꽃을 하나로 다루는 길을 열어 나간 까닭이 거기 있다.

따져서 배우고 가르치는 일은 팽개쳐 버리고 태학이니 국학이니 국자감이니 성균관이니 하면서 중국의 글말만 배우고 가르치는 일에다 피땀을 쏟으며 살았다. 중국 글말을 배우고 가르쳐서 벼슬을 하고 출세를 하고 권력을 쥐고 이름을 얻어 겨레를 다스리며 살아온 세월이 자그마치 1500년을 넘었다.

그런 세월이 끝난 지는 이제 100년에 가까웠으나 일제 침략으로 아까운 반세기를 빼앗기고, 누구나 부려 쓰는 우리말을 배우고 가르치는 국어 교육을 해 온 시간은 이제 겨우 반세기를 넘어섰다. 적어도 몇천 년을 그저 부려 쓰기만 해 온 우리말을 겨우 반세기 전부터 배우고 가르쳐 보려고 했으니 무엇이 제대로 되겠는가! 어느 쪽으로 가야 하는지도 모르겠고, 무엇을 해야 하는지도 모르겠고, 어떻게 해야 되는지도 모르겠다는 소리는 엄살이 아니다. 1500년 세월에 걸쳐 중국 글말로만 교육하고 학문해 온 역사가 오늘 우리에게 안겨 놓은 어쩔 수 없는 가시밭길이다.

2.

그러나 아무리 모진 가시밭길이라 해도 반세기나 나부대며 길을 닦았으면 이제는 얼마간 길이 열려 있을 법하다. 그런데 길은 갈수록 더욱 막막하기만 하고 헷갈리기만 한다. 어떻게 이럴 수가 있는가? 이 안타까운 물음에도 대답은 뻔하다. 애초부터 국어 교육의 길일 수 없는 길로 잘못 들어섰기 때문이다. 길이 아닌 길로 들어서서 억지로 나가 보자고 하니 나갈수록 더욱 헷갈리고 막막해질 수밖에 없는 것이다.

지난 반세기를 우리가 줄곧 닦으려던 길은 말하기와 듣기와 쓰기와 읽기만을 다루려는 길이었다. 말이란 주고받는 것이라면서 주고받는 일을 잘하게 해 주는 것이 국어 교육이라고 믿으며 찾는 길이었다. 그나마도 무엇을 주고받을 것인가 하는 물음에는 눈을 돌리지 않고, 줄곧 어떻게 주고받을 것인가 하는 데만 매달려 길을 열려고 했다. 말하기를 잘하려면 이러저러하게 해야 한다, 듣기를 잘하려면 이러저러하게 해야 한다, 쓰기를 잘하려면 이러저러하게 해야 한다, 읽기를 잘하려면 이러저러하게 해야 한다, 이렇게 '이러저러하게 해야 한다'는 것에만 매달렸다. 그것이야말로 국어 교육의 일이라고 믿으며 교육과정을 만들고 교과서를 만들었다.

　　그러나 그것은 반드시 먼저 챙겨야 할 일을 놓쳐 버린 것이다. 먼저 챙겨야 할 일은 '무엇'을 주고받을 것인가 하는 물음이다. 주고받을 무엇이 있어야 주고받을 수 있지 않겠는가? 사실 사람이 말로써 주고받는 무엇은 끝도 가도 없이 많다. 사람은 눈만 뜨면 온갖 것을 말로써 주고받으며 살아간다. 눈에 보이는 것뿐만 아니라 눈에 보이지 않는 것까지, 있는 것만 아니라 없는 것까지, 있었던 것만 아니라 있어야 할 것까지 말로써 주고받으며 살아간다. 이렇게 엄청난 것들 가운데 정작 무엇을 주고받을 것인가에 따라서 어떻게 주고받을 것인가의 길이 달라지는 것이다. 그러므로 주고받을 무엇을 마련하는 일이 주고받는 일보다 한 걸음 앞서야 마땅하다.

　　주고받을 알맹이가 있어야 주고받을 수 있는 것이 말이므로 주고받기를 배우고 가르치려는 국어 교육은 마땅히 먼저 그 알맹이를 챙겨야 한다. 그런데 나라에서 만든 교육과정과 교과서는 줄곧 알맹이는 챙겨 주지 않은 채로 말하기와 듣기와 쓰기와 읽기만을 하라고 재촉이었다. 그러니까 답답한 교사들이 나서서 알맹이를 챙겨 보자고 했고, 그들이 나름대로 애태우며 찾아낸 알맹이가 '학생들의 삶'이었다. 학생들의 삶을 알맹이로 삼아서 주고받는 일을 배우고 가르쳐 보자고 만든 교과서가 《우리말 우리글》이었다.

그렇다. 국어 교육에서 우리말로 주고받게 해야 할 무엇은 바로 학생들의 삶이라야 한다. 그러나 학생들의 삶이기만 하면 좋은 것인가? 아니다. 국어 교육에서 주고받아야 할 무엇인 삶은 먼저 우리말에 갈무리되는 삶이라야 한다. 자칫 우리말에 갈무리되는 삶이라야 한다는 사실을 놓치면 곧장 국어 교육의 얼안을 벗어나 버리게 된다. 말의 끈을 놓치면 삶은 국어 교육이 다룰 수 없는 넓디넓은 벌판으로 나가 버린다. 말에 담긴 삶, 삶을 담은 말, 이것이야말로 국어 교육이 챙겨야 할 주고받기의 알맹이다.

알맹이가 없다고 아우성을 하니까 주고받는 일 바로 그것이 알맹이라고 하기도 한다. 그렇다. 주고받는 일 바로 그것이 알맹이가 되기도 한다. 그러나 그것은 알맹이다운 알맹이가 아니다. 그것은 헤엄치기 이론과 같이 별로 쓸모가 없는 기술에 지나지 않기 때문이다. 주고받기가 참된 알맹이라면 헤엄치기와 마찬가지로 국어 교육은 주고받는 노릇에 학생을 빠뜨리는 것이 가장 좋은 길이다. 그런데 학생들은 태어나면서부터 이미 나날이 주고받는 노릇에 흠씬 빠져 있다. 그러니 국어 교육이 따로 해야 할 일이 별로 없다. 이것이 바로 국어 교육을 너나없이 어렵다고 아우성치도록 만든 까닭이다. 학생은 해 봐도 얻는 것이 없고 하지 않아도 잃는 것이 없으며, 교사는 고민을 하면 할수록 길을 찾을 수 없도록 만든 까닭이 바로 알맹이를 빼고 주고받아야 한다는 이것이었다.

3.

　국어 교육은 우리말을 배우고 가르치는 일이다. 우리말을 배우고 가르치는 일은 말하고, 듣고, 쓰고, 읽는 것만을 다루는 것일 수가 없다. 말이란 주고받는 것이기도 하지만 우리 마음 안에 자리 잡고 있으면서 우리의 사람됨을 틀 지우는 것이기도 하기 때문이다. 주고받는 말과 마음 안에 있는 말을 촘스키는 '퍼포먼스'와 '컴피턴스'라고 갈라서 부르고, 일찍이 소쉬르는 '빠롤'과 '랑그'라고 갈라서 불렀다. 우리말을 배우고 가르치는 일은 이들 두 쪽을 함께 가지런히 다루어야 하고, 차례와 뜨레를 굳이 따지자면 주고받는 것보다 마음 안의 것을 앞세우고 무겁게 다루어야 마땅하다.

　그런데 우리는 지난 반세기 동안 국어 교육을 하면서 늘 주고받는 것에만 매달려서 마음 안의 말에는 눈을 돌리지 않았다. 마음 안의 말에 눈을 돌리지 않았다는 것은 '말이란 무엇인가?' 하는 물음에 눈을 돌리지 않았다는 뜻이고, 그것은 나아가서 '사람이 무엇인가?' 하는 물음에 눈을 돌리지 않았다는 말이기도 하다. 마음 안의 말이란 사람의 사람됨을 틀 지우는 거푸집이기 때문에 그쪽으로 눈을 돌려서 말을 들여다보면 사람됨이 보이고 나아가 삶도 보인다. 삶이란 사람됨에 말미암는 것인지라 그것은 당연하다.

　'말이란 무엇인가?' 하는 물음에 눈을 돌리지 않는 국어 교육, '사람이 무엇인가?' 하는 물음에 눈을 돌리지 않는 국어 교육을 뉘우치는 사람들이 요즘 더러 나타났다. 그런데 그들은 이제까지의 국어 교육을 기능주의라는 말로 꾸짖으며 바꾸어야 한다고 목소리를 높인다. 그러니까 일이 이상한 쪽으로 흘러가고 있다. 마음 안의 말에 눈을 돌리지 않고 주고받는 것에만 매달리는 것은 기능주의,

마음 안의 말에 눈을 돌려 말과 사람과 삶이 무엇인가를 끌어들이려는 것은 내용주의, 이렇게 두 패로 갈라놓는 쪽으로 흘러간다.

그렇게 갈라놓고 흘러가면 어떠냐 할지도 모르지만 그게 아니다. 우선 기능주의니 내용주의니 하는 어름어름한 말을 내밀어 놓으니까 옳고 그른 것을 가려낼 수가 없다. 이것도 한 가지 주의고 저것도 한 가지 주의니 그런 주의들이란 저마다 좋고 나쁜 것을 지니게 마련 아니냐 하는 생각을 불러오게 한다. 이것도 좋은 면이 있고 나쁜 면이 있으며 저것도 좋은 면이 있고 나쁜 면이 있으니 이것이면 어떻고 저것이면 어떠냐 하게 만드는 것이다. 피장파장이니 쓸데없는 말싸움은 그만두라는 소리가 나오도록 만든다.

말이란 주고받는 것이니 국어 교육은 우리말을 주고받는 것에만 매달리면 넉넉하다는 쪽과 말이란 주고받는 것이기도 하고 마음 안에 자리 잡고 있는 것이기도 해서 국어 교육은 우리말을 주고받는 것뿐 아니라 그냥 있는 것도 싸잡아 다루어야 한다는 쪽은 보다시피 피장파장이 아니다. 무슨 주의와 무슨 주의로 갈라지는 것이 아니라 말의 반쪽만을 붙든 쪽과 말의 온쪽을 모두 붙든 쪽으로 갈라지는 것이다. 기능주의니 내용주의니 하는 남의 말을 버리고 쉬운 우리말로 속내를 끄집어내 놓고 보면 둘이 비슷한 것이 아니라 하나는 반쪽이고 하나는 온쪽이라는 사실이 훤히 드러난다. 그래서 우리가 어느 쪽으로 가야 마땅한지를 사람마다 쉽게 알아차릴 수가 있다.

4.

나는 1981년에 이탈리아로 가서 한 해 동안 저들이 국어 교육하는 것을 살펴본 적이 있다. 프랑스 국경에 가까운 알프스 자락 어느 시골 초등학교에서 구경한 1학년 코흘리개들의 국어 수업 한 시간을 소개해 보고 싶다. 열세 사람의 어린이와 한 사람의 선생님이 둥그스름한 책상에 둘러앉아서 책도 공책도 없이 그저 이야기판을 벌인 듯한 모습으로 공부를 했다. 처음에는 어제 집에서 놀았던 일들을 한 사람씩 돌아가며 이야기를 하고 있었는데 가끔 선생님이 끼어들어 말하는 태도나 듣는 태도를 바로잡아 주기도 하고, 소리가 똑똑하지 않은 사람을 짚어서 깨우쳐 주기도 했다. 말하기와 듣기를 교육하고 있었다는 말이다.

그렇게 돌아가며 열세 사람이 모두 어제 일을 이야기하고 나니까 선생님이 그 아이들이 한 이야기 가운데서 낱말 하나를 붙들어 내었다. 선생님은 아이들의 이야기를 들으면서 그 낱말이 나오기를 속으로 기다리고 있었던 모양이고, 그것을 마음에 담아 놓고 아이들의 이야기가 모두 끝날 때까지 기다렸던 모양이다. 그것은 '할머니(nonna)'라는 낱말이었는데, 선생님이 아무개가 어제 할머니와 재미나는 시간을 보냈으니 우리도 함께 할머니라는 낱말을 공부해 보자고 했다. 그러면서 다시 "논나" 하고 말하고는 아이들더러도 따라 하라고 했다. 논나, 논나, 그렇게 몇 차례 되풀이하면서, 말할 적에는 말소리를 똑똑하게 내도록 마음을 써야 한다고 가르쳤다.

그런 다음 선생님은 아이들에게 이 낱말은 말하는 순간에 소리가 사라져 버려서 붙들 수 없다는 사실을 상기시켰다. 그리고 말은 입에서 소리를 만들어 내면 귀로 소리를 들으며 주고받는다는 사실도 깨닫게 했다. 열세 사람이 저마다 어제 일을 마음 써서 이야기했지만 지금 그것이 모두 사라져 버리고 없지 않느냐고 깨우쳤다. 그러더니 이렇게 사라져 버리는 말을 붙들어 놓으면 좋지 않겠느냐고 아이들에게 물었다. 아이들이 저마다 한마디씩 의견을 이야기하고 나서 선생님은 융판을 끌어당겨 놓고는 '논나'라는 낱말의 알파벳 글자를 하나하나 붙였다. 이제 '할머니'라는 낱말을 사라질 수 없도록 이렇게 붙들어 놓았다고 하면서 다시 논나, 논나, 하고 글자를 짚으며 소리 내어 읽게 했다.

그리고 선생님은 '논나'라는 낱말을 음절로 갈라 '논-나' 이렇게 떼어 놓았다. 그러고는 소리로 들을 적에 한 덩어리라고 여기던 '할머니'라는 낱말이 사실은 두 덩이의 소리로 갈라진 것임을 가르쳤다. 모든 낱말은 이처럼 작은 소리 덩이들이 모여서 이루어지는 것이라는 사실도 물론 가르쳤다. 그리고 그것을 글자로 바꾸어 놓으니까 눈으로 작은 소리 덩이를 이처럼 또렷이 알아볼 수 있다는 사실도 깨우쳤다.

그러더니 이제는 'non-na'라고 음절로 갈라놓은 거기서 앞 음절 끝의 n자 하나를 떼어서 손에 들었다. 남아 있는 'no-na'를 손으로 한 음절씩 짚고는 "노-나"라고 소리를 내면서 따라 읽으라고 했다. 노나, 노나, 그렇게 거듭하고 나서 아이들에게 무슨 뜻이냐고 물었다. 아이들은 입을 모아 "아홉째"라고 대답했다. 그제야 선생님은 손에 들고 있던 알파벳 n자를 다시 들어 올리고서 제자리에 끼웠다 뺐다 하며 '논나'와 '노나'를 되풀이하였다. 그러고는 알파벳 n자 하나, 그 조그만 소리 하나 때문에 '할머니'와 '아홉째'라는 아주 다른 뜻의 낱말로 왔다 갔다 한다는 사실을 아이들에게 깨우쳐 주었다.

　나는 한 시간 동안 코흘리개들의 놀이 같은 수업을 구경하면서 속으로 얼마나 놀랐는지 모른다. 아, 이것이 국어 교육이구나! 이렇게 말의 신비를 깨우치게 하는 것이 국어 교육이구나! 이렇게 말의 신비롭고 미묘한 구석을 초등학교 1학년 코흘리개들에게도 가르칠 수 있는 것이구나! 이렇게 가르치니 아이들이 어떻게 말을 함부로 하고 남의 말을 함부로 들을 수 있겠는가! 이런 생각으로 감탄하며 마음속에서 무릎을 얼마나 쳤는지 모른다.

　그 시간에 아이들은 낱말 하나를 가지고 이야기판을 벌이며 놀았지만 사실은 말의 신비를 여러 가지 배우고 깨달았다. 말에는 소리로 귀에 들리는 말과 글자로 눈에 보이는 말이 있다는 것, 소리로 귀에 들리는 입말은 곧장 사라지지만 글자로 눈에 보이는 글말은 사라지지 않고 남아 있다는 것, 글자로 눈에 보이는 글말은 입말을 붙들어 놓은 것에 지나지 않는다는 것, 입말이든 글말이든 말은 작은 소리 덩이로 이루어진다는 것, 작은 소리 덩이들은 다시 더 작은 소리 조각들로 이루어진다는 것, 이렇게 작은 소리 조각 하나가 달라지면 낱말은 뜻이 아주 다른 낱말로 바뀌고 만다는 것. 이처럼 놀랍고 신비한 말의 속살을 알밤 같은 그 코흘리개들이 한 시간 동안에 배우고 깨달은 것이다.

　그러나 그 시간은 아이들이나 선생님이나 조금도 어렵고 따분하고 지겨운 시간이 아니었다. 처음이나 끝이나 한 시간 내내 어제 일어난 일을 돌아가며 이야기하듯이 '할머니'라는 낱말 하나를 두고 소곤소곤 돌아가며 이야기꽃을 피웠을 뿐이다. 아이들이 알아듣기 어려운 낱말도 입에 담지 않았고, 아이들이 알아들을 수 없는 학문 냄새도 얼씬거리지 않았다. 아이들은 마냥 신기하고 놀랍고 재미나서 놀이하듯이 이야기꽃을 피우는 일에 정신이 팔려 시간 가는 줄을 몰랐다. 태어나면서부터 배워서 여섯 살이면 거침없이 주고받으며 써 온 그 말을 이렇게 하나하나 들여다보며 깨친다는 것이 그렇게 신나고 재미나는 일인 것이다.

이렇게 아이들은 한 시간 내내 말하기와 듣기를 공부하면서 덤으로 말이 무엇인가를 배우고 깨달았다고 말할 수 있다. 아니 그보다는 말이란 무엇인가를 밝히며 알아 가는 공부를 하는 것이었는데 그러는 동안 덤으로 말하고 듣는 공부가 함께 이루어진 것이라고 말하는 것이 올바를 것이다. 그것은 차라리 크게 따질 일이 아니다. 말하기와 듣기라는 공부만을 하는 것이 아니라 말이란 무엇인가를 알아 가는 공부를 하면서 말하기와 듣기도 공부한다는 것이 크고 무겁다. 말이란 무엇인가를 공부하지 않으면서 말을 주고받는 일만을 공부하는 것은 있을 수 없다는 사실이 크고 무겁다. 국어 공부란 말을 주고받는 공부 따로 하고 말이 무엇인지 아는 공부 따로 하는 것이 아니라 함께 더불어 한다는 사실이 크고 무겁다.

5.

말에는 배우고 가르쳐야 할 신비가 한도 끝도 없이 많다. 서양의 근대 언어학 300년에 쌓아 놓은 음성학, 음운론, 형태론, 어휘론, 통사론, 문법론, 의미론, 문자론 같은 것이 밝혀 놓은 것만 해도 그렇다. 이것들을 우리네 국어교육학자들은 국어 지식이라 부르자고 하는데[2] 그러나 실상 그것들은 거지반 글말을 살펴서 밝힌 것에 지나지 않는다. 서양의 언어학이라는 것이 말의 본바탕인 입말의 신비는 제대로 건드리지 못한 채로 글말을 크게 보며 흘러왔기 때문이다. 우리처럼 기나긴 세월을 입말로만 살아온 겨레에게는 입말의 신비가 더욱 깊고 그윽하지만 아직 그것은 건드려 보지도 않은 채로 남아 있다. 게다가 이제는 전자말까지 새로 나타나서 나날이 탈바꿈을 하며 우리를 놀라게 한다. 그러나 아직 전자말이 말이라는 사실조차 깨닫지 못하는 사람들이 많은 형편이니 거기 담긴 신비를 어떻게 밝혀서 배우고 가르칠 수 있을 것인가? 그러니 우리가 우리네 입말과 글말과 전자말을 제대로 싸잡아 올바로 배우고 가르칠 일은 참으로 태산같이 쌓였다.

우리말에는 배우고 가르쳐야 할 일들이 이렇게 쌓여 있는데, 이것을 배우고 가르칠 일이야말로 국어 교육의 몫이다. 국어 교육이 아니면 어느 교과 교육이 이것을 다룰 수 있을 것인가? 이처럼 쌓여 있는 우리말을 배우고 가르치면 우리가 누구인지를 알고 깨달을 수 있고, 우리네 삶이 어떠하며 우리네 세상이 어떠한지를 알고 깨달을 수 있다. 여섯 살만 되면 너나없이 마음껏 주고받으며 살아가는 우리말을 들여다보고 살피고 따지면서 우리 스스로를 깨닫게 하는 이것이 국어 교육의 일이다. 어찌 말하고 듣고 쓰고 읽는 것만을 배우고 가르치는 것이 국어 교육의 일이라 하겠는가?

'얼'이라는 낱말을 들여다보자. 얼은 사람을 사람이게 하는 알

2_ 언어학 또는 국어학이 밝혀 놓은 이것들을 그대로 국어 교육에 가져오는 것이 아니다. 그것은 언어교육학 또는 국어교육학이라는 학문으로 다시 걸러진 다음이라야 국어 교육에 들어올 수 있다. 그런 사실은 앞에서 보기를 든 이탈리아 초등학교 1학년의 국어 수업만을 곰곰이 들여다보아도 얼마간은 짐작할 수 있을 것이다.

맹이다. 알맹이 곧 알이지만 짐승의 알과는 다른 사람의 알이기 때문에 얼이라 부른다. 얼이 없으면 사람은 짐승이나 다를 바가 없다. 짐승에게는 얼이 없기 때문이다. "얼빠졌냐?" "얼빙이냐?" "얼간이냐?" 하는 말은 '얼이 빠져서 짐승이 되었느냐?' '얼이 비어서 짐승처럼 되었느냐?' '얼이 나가서 짐승과 같이 되었느냐?' 하는 말이다. 얼은 사람에게만 있어서 사람을 사람이게 하는 알맹이며 노른자위인지라 빠지거나 비거나 나가면 짐승과 다를 바가 없이 된다는 말이다.

그러나 얼은 뢴트겐이나 MRI로도 찍을 수 없고 그 어떤 첨단 과학의 기술로도 붙들어 볼 수 없다. 그렇다면 없는 것이 아니냐? 그런 것을 어떻게 있다고 하겠느냐? 그런데도 '얼'이라는 낱말을 만들어 썼으니 어찌 된 노릇인가? 있다는 것을 알았기에 낱말을 만들어 이름을 붙였을 것 아닌가? 눈에 보이고 귀에 들리고 뢴트겐이나 MRI에 찍히고 첨단 기술에 붙들릴 수 있어야만 있는 것인가? '마음'도 붙들어 볼 수 없고, '사랑'도 붙들어 볼 수 없는 것 아닌가? 이래서 있고 없는 것은 실체로 가려지는 것이 아니라 말로써 가려지는 것이라 한다. 실체야 있건 없건 말이 있으면 사람에게는 있는 것이고 말이 없으면 사람에게는 없는 것이다. 우리 겨레에게는 얼이란 낱말이 있으니 곧 얼이 있는 것이다.

다 같이 사람의 몸 안에 있으면서 사람에게 붙들리지 않지만 마음과 얼은 또 다르다. 마음은 어렴풋하지만 있음을 느낄 수도 있고 움직임을 알아차릴 수도 있다. 곰곰이 들여다보면 마음이 느낌과 생각과 뜻으로 이루어졌음도 짐작할 수 있고, 그것들은 몸과 몸을 둘러싸고 있는 세상의 사정에 따라 움직이고 있음을 알아차릴 수가 있다. 마음을 붙들리지 않는다고 하지만 그것은 뢴트겐이나 MRI나 그밖의 과학 기계가 붙들지 못한다는 말이고 정작 사람의 몸에게는 어렴풋하지만 붙들린다. 그러나 얼은 사람의 몸과 마음 어디에도 가뭇없이 붙들리지 않는다. 그만큼 얼은 사람에게서 가장 깊은 자리 한가운데 고요히 있는 것이다.

그러다가 사람이 죽으면 얼은 고스란히 빠져나가 본디 자리로 돌아간다. 우리 겨레는 사람이 죽으면 '돌아갔다'고 하는데 그것은 얼이 돌아갔다는 말이다. 몸과 거기 딸린 마음은 주검이 되어 자연으로 흩어지고 말지만 얼은 왔던 데로 돌아간다. 죽은 몸에서 빠져나와 본디 자리로 돌아가는 얼은 이미 몸의 알이 아니므로 이름을 '넋'으로 바꾸어 부른다. 넋이라도 임과 함께 가고 싶다느니, 넋이야 있건 없건 임 따르는 마음 바뀌지 않는다느니 하는 고려 적의 노래가 있다. 죽은 사람의 넋을 본디 자리로 고스란히 잘 보내자고 무당은 넋굿을 하고 넋두리도 한다. "넋 나갔나?" "넋 빠졌나?" "넋 잃었나?" 하는 소리는 모두들 '죽어서 시체가 되었느냐' 하는 말이니 참으로 무서운 욕이다.

이처럼 얼이라는 낱말 하나를 들여다보아도 우리 겨레가 사람을 어떻게 알고 있는지를 깨달을 수 있다. 사람은 몸으로만 이루어지는 것이 아니고, 몸과 마음으로만 이루어진 것도 아니다. 몸과 마음은 죽음으로 끝나는 것이지만 진짜 알맹이인 얼이 영원히 사라지지 않는 것이므로 사람은 영원한 존재다. 얼은 덧없는 이 세상의 것이 아니고 어딘지 모르지만 영원한 세상에서 우리 몸 안으로 들어왔다가 다시 돌아가는 것이다. 몸과 갈라진 얼, 곧 넋이 본디 자리로 돌아가자면 본살같이 맑고 깨끗해야 한다. 이 세상의 삶에서 때가 묻고 상처를 입으면 곧장 고향으로 돌아가지 못하고 때를 씻고 상처를 낫게 해야 돌아갈 수 있다. 그러니 사는 동안 얼에 때를 묻히지 않고 상처를 입히지 않도록 잘 살아야 하고, 어쩔 수 없이 때를 묻히고 상처를 입었다면 깨끗이 씻고 낫게 해야 한다. 이래서 넋 굿을 하는 것이다.

이처럼 얼이라는 낱말 하나를 들여다보아도 우리 겨레가 사람을 어떻게 보고 있는지 알 수 있다. 우리 겨레가 세상의 그 어떤 철학이나 종교보다 더 깊고 그윽하게 사람이 무엇이며 삶이 무엇인지를 알고 깨닫고 살았다는 사실을 확인할 수 있는 것이다.

"문경 새재는 웬 고갠가 구부야 구부 구부가 눈물이로구나. (아리 아리랑 스리 스리랑 아라리가 났네. 아리랑 응응음 아라리가 났네.) 만경창파에 둥둥둥 뜬 배 어기여차 어이야 디여라 노를 저어라. (아리 아리랑 스리 스리랑 아라리가 났네. 아리랑 응응음 아라리가 났네.)"

널리 알려진 〈진도 아리랑〉 두 마디이다. 이렇게 짤막한 노래 말꽃을 들여다보아도 거기 우리 겨레가 보이고 우리 겨레의 삶이 보인다.

높고도 험해서 새들이나 날아다닐 수 있다는 문경 새재, 그렇게 높고 가파른 고개는 웬 고개인가? 그 고개 구비야 구비 구비가 온통 눈물이로구나! 문경 새재가 험하고 높다고 해서 눈물은 왜 갑자기 눈물인가? 문경 새재가 마치 고달프고 괴로운 삶의 고개로 느껴지기 때문이다. 문경 새재는 웬 고갠가? 웬 고개는 무슨 웬 고개? 그것이 바로 우리네 삶의 고개 아닌가? 굽이굽이 온통 눈물이로구나 하면서 새재를 넘어가던 사람들의 고달픔을 이야기하는 듯하지만 속으로는 나날이 남몰래 흘리며 살아가는 제 삶의 눈물을 이야기하는 것이다. 새재가 아무리 높고 가파르다 해도 굽이굽이 눈물을 흘리며 넘어가지 않을 수 없었듯이 우리네 인생이 아무리 괴롭고 고달파도 눈물을 흘리며 살아가지 않을 수 없다는 뜻을 흥겨운 가락으로 노래하고 있다.

고달픈 삶을 이겨 나가는 꿋꿋한 뜻이 둘째 마디에서는 더욱 뚜렷하다. 만경창파에 둥둥둥 뜬 배, 언제 무서운 바람이 물결을 휘몰아 달려들지 모르지만 도와줄 어떤 것도 찾을 수 없는 바다 위에 외로이 뜬 배, 그것은 바로 우리 한 사람 한 사람의 신세며 삶 아닌가? 우리 모두의 운명과 삶이 바로 이런 배가 아닌가? 그러나 그런 무서움과 외로움에 떨면서 움츠리고 주저앉은 것이 아니라 어기여차 어이야 디여라 있는 힘을 다하여 노를 저어야 한다. 삶이란 저마다 무섭고 두려운 만경창파에 외롭게 떠서 가는 배와 같다. 언제 무슨 일로 곤두박질할는지 모르는 아슬아슬한 뱃길이 우리네 삶의 길이지만 그러나 그럴수록 어기여차 어이야 디여라 힘을 내어서 노를 저어야 한다는 노래다. 힘을 다해 노를 저어 나가면 어떤 바람과 물결이 들이닥쳐도 이겨 낼 수 있다고 믿으며 꿋꿋이 사는 것이다. 이런 마음을 다지며 노래하고 있다.

이처럼 말꽃은[3] 말보다 훨씬 더 깊고 그윽하다. 말꽃은 하나를

3_ 말하지 않아도 벌써 느낌으로 알았겠지만, 나는 여태 우리가 '문학'이라 부르던 것을 '말꽃'이라 부르기로 한다. '문학'이라는 낱말이 마땅치 못한 까닭은 새삼스럽게 말하지 않아도 다 아는 것이고, '말꽃'으로 나타나는 속뜻도 구태여 풀이하고 싶지 않다. 우리 겨레의 말이기에 누구나 느낌으로 속뜻을 붙들어 낼 수 있을 터이기 때문이다. 다만, 여러분들이 모두 써 주면 새로운 낱말로 자라서 살아남을 것이고, 비웃으며 거들떠보지 않으면 시들어 죽어 버릴 것이다. 그것이 과연 어느 쪽으로 기울어질 것인지는 내가 걱정할 수도 없는 일이다.

말하면서 둘을 말하고 셋을 말한다. 이런 말꽃으로 아득한 예로부터 사람들은 슬프고 괴로운 삶을 기쁘고 즐거운 것으로 바꾸면서 살아왔다. 이런 말꽃을 이미 앞서 간 사람들이 태산같이 쌓아 놓았고, 오늘 우리도 나날이 쉬지 않고 태산같이 만들어 즐기며 살아가고, 앞으로 언제까지나 그렇게 만들어 즐기면서 삶의 고달픔을 이겨 나갈 것이다. 이런 말꽃을 배우고 가르치는 것이 국어 교육의 일이다. 두말할 나위도 없지만 말꽃에도 배우고 가르쳐야 할 것이 너무나 많이 쌓였다. 입말꽃과 글말꽃과 전자말꽃을 모두 제대로 싸잡아 올바로 배우고 가르치는 일을 국어 교육에서 하지 않고 어디서 하겠는가?

말과 말꽃이야말로 국어 교육에서 다루어야 하는 무엇이다. 말과 말꽃이야말로 국어 교육에서 말로 주고받도록 해야 하는 무엇이다. 말과 말꽃에 갈무리되어 있는 사람과 삶이야말로 국어 교육에서 배우고 가르쳐야 하는 알맹이다. 국어 교육이 우리말과 우리 말꽃을 다루면 그것이 곧 우리 겨레의 사람과 삶을 가장 깊숙이 배우고 가르치는 노릇이다. 이래서 국어 교육은 사람을 살리고 겨레를 살리는 노릇이 되는 것이다.

• 우리말을 배우고 가르치는 일 : 《어린이와 함께 여는 국어 교육》 2005 가을호

우리말 깨치기와 가르치기

1.

사람은 태어나서 스무 달만 되면 제법 말을 주고받기 시작하고, 서른 달이면 거의 모자람 없이 주고받을 수 있고, 일흔 달이면 막힘 없이 온전하게 주고받을 수 있다고 한다. 이런 사실은 아기를 낳아서 키우는 우리네 여느 사람들도 누구나 겪어서 알고 있는 일이다. 그러나 말의 속내가 얼마나 까다롭고 그윽한가를 헤아리면 이런 '깨치기'는 참으로 놀라운 일이 아닐 수 없다. 그래서 말을 연구하는 사람들은 이 놀라운 깨치기가 어떻게 이루어지는 것인지 알고 싶어 애를 태웠다. 그리고 얻은 대답이 사람은 머릿속 골 안에 말을 깨치는 기막힌 틀을 미리 지니고 태어난다는 것이다. 머릿속의 기막힌 틀에 힘입어 사람은 이렇다 할 힘을 들이지 않고서도 이처럼 놀라운 깨치기를 해낸다고 보았다.

그러나 한편으로는, 저절로 깨치는 것이 아니라 태어나 눈을 뜨

28

고 귀가 열리면 끊임없이 말을 배워서 깨친다고 보는 사람들도 있다. 태어나서부터가 아니라 배 속에 있을 적부터 엄마가 하는 말을 들으면서 배우고, 태어나면 가까운 가족부터 몰려들어 예쁘다며 귀엽다며 떠드는 말을 비롯하여, 온갖 사람이 가까이 다가와서 어르고 달래는 소리에 따라 끊임없이 배운다고 한다. 옹알이를 하고 대꾸를 하면서 말눈이 뜨이면 둘러싼 사람들의 가르치기는 더욱 불꽃을 튀긴다. 그렇게 둘러싼 세상이 쉼 없이 가르치는 까닭에 누구나 일흔 달이면 온전하게 말을 주고받을 수 있게 된다는 것이다.

그러니까 사람은 말을 깨치는 기막힌 틀을 머릿속 골 안에 지니고 있는 데다 둘러싼 사람들이 밤낮없이 주고받는 말로써 가르치기를 하니까 깨치는 것이라고 보면 틀림이 없을 듯하다. 안으로 하늘이 내린 말 깨치는 틀의 힘과 밖으로 눈만 뜨면 빠져야 하는 말의 바다, 이들 두 가지가 어우러져 사람이 말을 깨치도록 한다는 말이다. 머릿속 골 안에 자리 잡은 틀은 그 힘이 놀라워서 갓난아기를 어떤 말의 바다에 빠뜨려 놓아도 거기 말을 아무런 어려움 없이 온전하게 깨친다고 한다.

어쨌거나 사람은 몸만 성하다면 가르치지 않아도 여섯 살이 차기 전에 말을 온전하게 깨친다. 그런데 일곱 살이 찬 다음에 시작하는 초등학교에서 말을 '가르친다'는 것은 무엇을 뜻하는가? 이 물음에 올바른 대답을 하는 일이 매우 긴요할 듯하다. 말을 가르치는 노릇은 다른 말을 쓰는 사람에게나 마땅한 일이 아닐까 하는 물음도 뒤따른다. 일본말을 쓰는 사람이나 중국말을 쓰는 사람이 우리말을 쓰고자 하면 그들에게는 일삼아 따로 가르치지 않을 수 없다. 그러나 엄마 배 속에서 이미 배우고 스스로 깨친 우리에게 우리말을 가르친다는 노릇은 아무래도 갈피를 잡기가 쉽지 않다.

이래서 우리는 말을 깨치는 것과 가르치는 것을 따로 생각하지 않을 수 없다. 그리고 학교에서 우리말을 가르친다면 그것은 스스로 깨치는 것과 어떻게 다른 것인지를 곰곰이 따져 보지 않을 수 없다. 그런 일들을 따져 보려면 말을 좀 더 꼼꼼히 들여다보는 일부터 시작해야 하지 않을까 싶다.

2.

말은 이제 세 가지가 되었다. 하나는 입말이고 또 하나는 글말이고 마지막은 전자말이다. 말이란 본디 입말(口語, oral language) 하나뿐이었기에 아직도 말이라고 하면 으레 입말로 여기기 일쑤이다. 입말은 알다시피 목과 입과 코로 만드는 소리에다 느낌과 생각과 뜻을 담아서 주고받는 말이다. 입말의 그릇인 소리는 사람이 만들어 낸 것이 아니라 조물주가 마련해 준 몸에서 만들어지는 것이다. 그래서 입말은 태초부터 짐승의 소리처럼 있었던 것이고, 400만 년 이전부터 짐승의 소리와는 달라지기 비롯하여, 20만 년 이전부터는 오늘과 같이 짐승의 소리와는 아주 다른 깊고 그윽한 것으로 자라났다고 한다. 사람이 태어나 여섯 살이면 누구나 저절로 깨친다고 앞에서 이야기한 말은 곧 입말이다. 앞으로도 입말은 세상에 사람이 사는 날까지 더욱 깊어지고 넓어지면서 사라지지 않을 것이고, 말의 맏이로서 다른 두 아우인 글말과 전자말의 바탕 노릇을 해 낼 것이다.

글말(文語, written language)은 글자라는 그릇에 느낌과 생각과 뜻을 담아서 주고받는 말이다. 귀로 듣던 소리를 버리고 눈으로 볼 수 있는 글자를 만들어 쓰면서 태어났기에 글말은 입말의 아우이다. 알다시피 입말은 그릇인 소리가 곧장 사라져 버리기 때문에 안타깝다. 곧장 사라지니까 그때 그곳에 있는 사람밖에는 들을 수가 없다. 그래서 사람들은 오랜 세월 수많은 곡절을 거쳐 그림을 그려 말로 삼다가, 6000~7000년 전에는 글자를 만들고, 마침내 3000~4000년 전부터 글말을 쓰기에 이르렀다. 글자에 적힌 글말은 사라지지 않아서 두고두고 거듭 읽을 수 있다. 곳을 달리하여 먼 곳의 사람도 읽을 수 있고, 때가 바뀌고 세월이 흘러도 읽어 볼 수 있다. 말이 사라지지 않으니까 주고받는 때와 곳이 길어지고 넓어져 사람의 앎이 하루가 다르게 쌓이니까 삶 또한 눈에 띄게 달라졌다. 무엇보다도 사람과 삶과 세상을 밝히는 학문이라는 것이 일어날 수 있었다. 사람들은 글말이 삶을 바꾸는 열쇠임을 알았기에 말을 밝히는 학문(언어학)도 거의 글말에 매달려 갖가지 이론을 만들었다. 그런 탓에 일찍이 글말을 만들어 쓴 겨레들은 글말이 마치 말의 모두인 양 지나치게 떠받들기도 했다.

전자말(電子語, electron language)은 생겨난 지가 겨우 100년 남짓한 입말의 막내아우이다. 사람이 전자를 부려 온갖 기계를 만들고 말까지 전자를 그릇으로 삼아 쓰면서 태어났다. 맨 먼저 전보와 전화로부터 확성기와 녹음기를 거쳐 방송과 영화와 텔레비전으로 넓혀지고 마침내 컴퓨터와 인터넷과 손전화로 이어지면서 전자말은 아직도 눈부시게 자라나고 있다. 전자라는 그릇은 말을 주고받는 길을 아주 새롭게 바꾸었다. 주고받는 때와 곳에 거칠 것이 없어지고, 주고받는 사람이 수없이 많아지고, 주고받는 시간이 눈 깜

빡할 사이로 짧아졌다. 게다가 입말과 글말을 함께 싸잡으면서 앞으로 얼마나 자라날지 내다보기조차 어려울 지경이다. 지난날 글말이 사람의 삶을 바꾸어 놓았던 것과도 견줄 수 없을 만큼 무섭고 놀라운 세상을 만들어 놓을 것으로 보인다. 그러나 많은 사람들은 아직도 전자말이 새로운 말이라는 사실조차 제대로 알지 못하는 듯하다. 이제 갓 태어난 데다 워낙 여러 가지를 싸잡고 있을 뿐 아니라 나날이 새롭게 탈바꿈을 하기 때문에 도무지 걷잡을 수가 없어서 그런가 싶다.

아무튼 이제 말은 세 가지로 삼형제를 이루었다. 이들 세 가지는 느낌과 생각과 뜻을 주고받는 길이라는 쪽에서 모두 한결같은 말이다. 그러나 하나는 조물주의 선물이지만 둘은 사람이 만들었다는 쪽에서 다르고, 하나는 소리를 그릇으로 쓰고 하나는 글자를 그릇으로 쓰고 하나는 전자를 그릇으로 쓴다는 쪽에서는 모두가 다르다. 이렇게 한결같으면서도 서로 다른 세 가지를 하나의 말로 제대로 싸잡고 또한 저마다 지닌 남다른 속내를 올바로 가늠하는 일이 국어 교육에서는 아주 요긴하다.

그런데 우리는 아직 이들 세 가지 말들에 들어 있는 같음과 다름을 제대로 가늠하지 못한다. 무엇보다도 글말에만 매달린 학자들의 이론에 이끌려서 입말도 거기 맞추어 이러쿵저러쿵 하고, 심지어 전자말에게도 글말의 이론을 들이대며 탄식도 하고 흥분도 한다. 이런 잘못들을 두루 바로잡으면서 세 가지 말을 골고루 가르쳐야 한다는 사실을 제대로 붙들어야 국어 교육의 길을 올바로 찾아 나가지 않을까 싶다.

3.

　사람은 여섯 살이면 말을 거의 깨친다고 했지만, 그렇게 절로 깨치는 말은 조물주의 선물인 입말뿐임을 알았다. 그러니까 사람이 만들어 낸 글말과 전자말은 따로 가르치기를 해야 한다는 사실도 드러난다. 그러고 보니 우리는 초등학교 1학년부터 글말로 가득 찬 교과서를 나누어 주고 읽기를 시키고 쓰기를 가르친다. 받아쓰기를 하고, 맞춤법을 가르치고, 띄어쓰기를 가르치고, 글쓰기나 글짓기를 하고, 낱말 뜻풀이를 하고, 어구 풀이를 하고, 월과 문단과 전체의 속뜻을 찾아 밝히는 길을 가르친다. 초등학교뿐만 아니라 고등학교를 마칠 때까지 학기나 학년마다 교과서만 바꾸어 이런 일만을 거듭 되풀이하고 있다. 국어 교육이 글말을 가르치는 노릇에만 매달려 있다는 말이다.

　그러니까 전자말은 전혀 가르치지 않는다. 아이들은 날마다 전화를 주고받고 방송을 듣고 텔레비전을 보고 컴퓨터와 인터넷과 손전화에 매달려 살고 있는데도 국어 교육에서는 전자말을 가르치려고 하지 않는다. 어째서 그럴까? 전자말을 가르쳐야 한다는 생각을 못하기 때문이다. 왜 그런 생각을 못할까? 전자말이 새로운 갈래로 나타난 말의 막내, 세상을 놀랍게 바꾸어 놓을 셋째 말이라는 사실을 깨닫지 못하기 때문이다.

　맏이인 입말은 학교 교육을 받기도 전에 이미 깨쳐 버렸고, 둘째인 글말은 학교 교육에서 가르치느라 온통 매달렸고, 막내인 전자말은 아예 가르쳐야 한다는 생각조차 하지 않는다. 그렇다면 지금 가장 서두르고 힘써 가르쳐야 할 쪽은 전자말인 셈이다. 이 가늠은 틀렸다고 할 수 없다. 그러나 이것은 말을 오로지 쓰는 쪽에서만 생각하는 가늠이다. 입말은 스스로 깨쳐서 쓸 수 있고, 글말은 학교에서 가르쳤으니까 쓸 수 있는데, 전자말은 가르치지 않아서 제대로 쓰지 못하니 서둘러 가르쳐야 한다는 가늠이다.

그러나 말은 뜻을 주고받는 데 쓰기만 하는 연모가 아니다. 말은 주는 사람의 마음에서 나오고 받는 사람의 마음으로 들어가면서 주고받는 사람의 마음을 흩트리기도 하고 가다듬기도 한다. 그래서 말이 사람의 사람됨을 만들어 가는 연모 노릇도 하고, 말이 사람과 사람 사이 곧 세상의 세상됨을 만들어 가는 연모 노릇도 한다는 말이다. 이처럼 말이 사람됨과 세상됨을 가다듬기도 하고 흩트리기도 하는 까닭에 저절로 깨치는 말이든 애를 써서 가르쳐야 하는 말이든, 입말이든 글말이든 전자말이든, 우리는 말을 골고루 힘써 가르치지 않을 수 없는 것이다.

입말이든 글말이든 전자말이든 세 갈래의 말을 두루 힘써 가르쳐야 한다면 가장 먼저 가르쳐야 할 갈래는 말할 나위도 없이 입말이다. 입말이 말의 뿌리이고 다른 두 가지의 맏이며 바탕이기 때문이다. 입말을 올바르고 마땅하게 아는 터전 위에라야 아우들인 글말과 전자말을 올바르고 마땅하게 알 수가 있고, 입말을 제대로 부려 쓸 줄 아는 바탕이 튼튼해야 아우인 글말이나 전자말을 바람직하게 부려 쓸 길을 찾아갈 수가 있다.

이래서 제5차 교육과정에서부터는 철 늦었지만 입말을 국어 교육의 마당으로 끌어들였다. 그리고 그것은 썩 잘한 일이었다. 그러나 알다시피 우리는 아직 입말을 제대로 가르치지 못한다. 아니 '제대로'는커녕 무엇을 어떻게 가르쳐야 하는지 갈피조차 잡지 못하고 있다. 그저 말하기와 듣기를 가르쳐야 한다는 소리만 시끄럽게 되풀이할 뿐이다. 몹시 답답한 일이지만 우리는 이런 현실을 받아들이며 차근차근 길을 닦아 나가는 수밖에 없다. 우리가 앞장서 새로운 길을 헤쳐 나갈 수 있는 때를 만났으니 복된 사람들임을 자랑스럽게 여기면서 서둘러 입말 교육의 길을 닦으러 팔을 걷고 나서야 한다.

앞장서 새 길을 헤쳐 나가려는 사람에게는 반드시 마음에 새겨야 할 일이 있다. 곧 입말은 여섯 살에 이미 주고받기에 모자람이 없을 만큼 깨쳤다는 사실이다. 이미 모자람이 없을 만큼 깨친 것을 다시 가르친다는 것은 이치에 닿지 않는다. 이미 깨친 것이라면 다시 가르칠 수는 없고, 다만 북돋우고 가꾸어서 이미 깨친 것이 무럭무럭 자라게 하는 일이 남았을 따름이다. 가지를 칠 것이 있으면 가지를 치고 바로잡을 것이 있으면 바로잡으면서, 김을 매고 거름을 넣고 북을 돋우며 가꾸어야 한다. 그래야 깨침이 더욱 깊이 뿌리내리면서 주고받기라는 쓰임새의 가지와 잎과 열매가 나날이 새롭고 탐스럽게 자라날 것이다. 제5차 교육과정에서부터 입말 교육을 한다면서도 여태 갈피를 잡지 못하고 헤매는 까닭이 바로 이런 바탕을 제대로 마련하지 못한 데에도 있다고 생각한다.

그러나 이미 적잖은 사람들이 앞장서 입말 교육의 길을 열려고 애쓰는 것은 사실이다. 당장 이 회지 창간호에다 '옛이야기 어떻게 가르칠 것인가'를 기획으로 다루는 일부터가 입말 교육의 새 길을 찾아보자는 뜻으로 보인다. 옛이야기야말로 우리 겨레가 입말을 갈고닦아 온 숫돌이면서 열매이기 때문이다. 그렇다면 이쯤에서 나의 이야기도 '옛이야기 가르치기'로 길을 돌려 입말 교육을 생각해 보아도 좋을 듯하다.

4.

옛이야기는 이야기에 싸잡힌다. 그러므로 먼저 이야기를 조금 살펴봐야겠다. 이야기란 줄거리가 있는 말이다. "잠 좀 잡시다." 사람들이 득실거리며 시끄러운 잔칫집 뒷방 같은 데서 더러 이런 소리를 듣지만, 이것은 줄거리가 없어서 여느 말이다. 여느 말이란 느낌과 생각과 뜻을 주고받는 노릇에만 알뜰한 말의 근본이다. 그러나 "내가 지금 피곤해서 그러니, 잠 좀 잡시다." 하면 말에 까닭이 드러나서 이야기로 기울어지는 말이다. "어제 저녁에 잠을 설치는 바람에, 내가 지금 피곤해서 그러니 잠 좀 잡시다." 하면 말의 까닭과 뿌리까지 드러나 이야기로 넘어가는 말이다. "오랜만에 만났다고 사람을 놓아주지 않아서, 어제 저녁에 잠을 설치는 바람에 내가 지금 피곤해서 그러니 잠 좀 잡시다." 하면 짧은 하나의 월이지만 말의 까닭과 뿌리와 바탕까지 드러나 줄거리를 갖춘 이야기가 되었다.

이런 정도의 이야기는 말과 뒤섞여 쓰이는 것이지만, 여기 갈무리된 줄거리를 길고 복잡하게 늘리면 이야기는 말과 뒤섞일 수 없을 만큼 자라날 수 있다. 줄거리가 길고 복잡하게 늘어난 이야기는 여느 말과는 달리 하나의 세상을 이루어 홀로서기를 해 나간다. 여느 말처럼 느낌과 생각과 뜻을 주고받는 쓸모에는 크게 아랑곳하지 않고, 쓸모와는 별로 상관이 없을 듯한 기쁨과 즐거움을 솟아나게 하는 노릇에 얽매이며 이야기는 저만의 세상을 만든다. 이쯤 되면 이야기는 이미 말이 아니라 말꽃, 곧 말의 예술이다. 옛이야기는 바로 이 말꽃인 이야기에 싸잡힌다.

그런 이야기를 시간의 잣대로 자르면 옛이야기와 요즘 이야기로 나뉜다. 그런데 그 시간의 잣대라는 것이 이야기가 태어난 때에 맞추어진다. 그러니까 옛날에 태어난 이야기는 옛이야기고, 요즘에 태어난 이야기는 요즘 이야기다. 하지만 옛날에 태어난 이야기가 모두 옛이야기는 아니다. 옛날에 태어나서 아직도 살아 있는 이야기라야 옛이야기다. 옛날에 태어났다가 언젠가 사라져 버린 이야기가 수없이 많겠지만 우리는 그것들을 옛이야기라 하지 않는다. 옛날에 태어났으나 아직도 살아 있는 이야기, 아주 오래 살아남은 이야기, 나이를 많이 먹고 늙은 이야기를 옛이야기라 한다.

이야기가 오래 살아남았다는 것, 이야기가 나이를 많이 먹었다는 것은 무엇인가? 세월이 흐르고 세상이 바뀌어도 사람들이 버리지 않고 한결같이 좋아하는 이야기라는 것이다. 사람들의 마음 안에서 늘 함께 살아갈 수 있는 이야기라는 것이다. 그런 이야기는 누가 뭐래도 훌륭한 이야기다. 알다시피 '고전'이라는 말은 바로 이런 것을 뜻한다. 돌탑 속에 감추어졌다가 나타난 보물처럼 세월을 보낸 것이 아니라 수많은 사람의 비평에 부대끼면서 오래도록 견디며 살아남은 작품을 고전이라고 하는 것이다. 그러니까 옛날이야기는 하나하나가 모두 흠 없는 우리 겨레의 고전 작품들이다.

그런데 우리에게는 뼈아픈 역사의 마목이 하나 있다. 이렇게 값진 옛이야기를 지난 20세기 어이없는 역사의 소용돌이에서 우리가 제대로 이어받지 못한 것이다. 우선, 일제 침략자들이 우리 겨레를 결딴내려고 온갖 짓을 서슴지 않았던 반세기 동안에는 무엇보다도 삶과 더불어 펼쳐지던 이야기판이 삶과 마찬가지로 견뎌 낼 수 없었다. 그리고 광복한 뒤로도 겨레가 남북으로 갈라지는 아픔, 미소의 고래 싸움에 휘말려 겪었던 전쟁의 불바다, 이어진 독재 정권의 연속과 거기 맞선 젊은이들의 싸움, 조급하게 밀어붙인 산업화와 세계화에 따른 외세 의존……. 이처럼 엄청난 소용돌이를 지나면서 옛이야기는 우리 삶 안에서 터전을 송두리째 잃어버렸다.

이런 역사의 아픔을 헤아리면 '옛이야기 가르치기'는 국어 교육의 울타리를 넘어서 겨레의 깊은 상처를 다스리는 노릇에까지 닿는다. 지난 세기에 갑자기 잃어버렸던 옛이야기를 되찾아 내고 짓밟혀 무너졌던 이야기판을 되살려 내면 그것은 곧 끊어졌던 전통을 잇고 삶을 되살리는 노릇이다. 새로 자라나는 아이들에게 옛이야기를 가르쳐서 삶과 더불어 즐기게 해 주면 그것은 곧 끊어졌던 겨레의 숨결을 이어 주는 일이 된다.

5.

'옛이야기 가르치기'라고 했지만, 사실 옛이야기도 가르칠 것이 아니다. 우리 겨레는 일찍이 이야기를 가르쳐 본 적이 없다. 이야기를 삶의 한 자락으로 여기며 너나없이 즐겼을 따름이다. 지난날 가르치지 않았다고 해서 오늘 우리도 가르치지 말란 법은 물론 없다. 우리가 학교에서 아이들을 가르치는 사람들이기에 옛이야기도 가르치고자 할 수 있다. 더구나 지난 세기 동안 이야기의 전통과 터전이 허물어진 터라 이제는 가르치지 않을 수 없다고 생각할 수도 있다. 그러나 사정이야 어떻든 이야기는 가르칠 것이 아니다. 그것은 이미 깨우친 입말을 가르칠 수 없었던 것과 마찬가지다.

게다가 가르친다는 것은 가르치는 쪽에서 주인 노릇을 하게 마련이다. 가르치는 쪽에서 미리 뭔가를 가지고 있으면서 그것을 배우는 쪽에다 주려고 덤빈다. 그러니까 배우는 쪽에서는 가만히 앉아서 주는 것을 받으면 그만이다. 주는 것을 놓치지 않고 받아야 하니까 배우는 쪽에서는 언제나 가르치는 쪽에 맞추려고만 애를 쓴다. 배우는 쪽에서 제 스스로 찾고 생각하고 따지는 노릇은 하지 않고 가르치는 쪽만 바라보며 따라가게 마련이다. 그것은 여럿이 어우러져 판을 벌이고서야 주고받기가 이루어지는 이야기에게는 도무지 맞지 않는 노릇이다.

그리고 이야기에는 가르쳐야 할 뭔가가 따로 없다. 다만 즐거움을 함께 누릴 수 있는 재미가 있을 따름이다. 그러므로 가르치는 쪽과 배우는 쪽으로 갈라지는 것이 아니라, 하는 쪽과 듣는 쪽으로 갈라진다. 하면서 즐기고 들으면서 즐기고, 양쪽이 더불어 즐기는 것일 뿐이다. 하고 들으면서 즐기면 그러는 사이에 서로 가르치기도 하고 배우기도 한다. 어느 한쪽에서만 주인 노릇을 하며 가르치는 것이 아니라 주인 노릇을 돌아가면서 가르치기와 배우기를 주고받는다. 이야기는 판이 벌어져야 제격으로 살아나는 까닭이 바로 여기에 있다.

듣는 사람은 겉으로 보아 가만히 있는 듯하다. 가만히 있어도 귀가 늘 열려 있기 때문에 들을 수가 있다. 그러나 귀로 들어간 이야기는 듣는 사람의 머리와 마음을 마구 뒤흔들기 때문에 머릿속과 마음속까지 가만히 있을 수는 없다. 듣는 사람은 이야기를 따라가며 이야기 속에 들어가 거기 사는 사람들과 더불어 살아간다. 거기서 저들 삶의 굽이굽이에 부대끼며 느끼고 생각하고 상상한다. 이야기 속의 세상은 몸담고 있는 세상과 달리 자유롭고 정의롭기 때문에 삶의 굽이굽이가 재미나고 즐겁기만 하다. 이 재미와 즐거움을 마음껏 누리기 위하여 머리와 마음은 잠시도 가만히 있지 않는다. 주먹을 쥐고 몸을 들썩이다가 이야기하는 사람을 다그치고 마침내 이야기에 끼어들어 이야기 속 세상을 바꾸어 놓기까지 한다.

듣는 사람의 머리와 마음이 이럴진대 이야기를 하는 사람의 머리와 마음은 어떻겠는가? 이야기의 재미를 키우고 즐거움을 불리려고 안간힘을 다하지 않겠는가? 줄거리와 뼈대는 지니고 있다 하더라도 살을 붙이고 피를 돌려서 눈앞에 살아 있는 세상으로 드러내려면 머리를 짜고 마음을 졸여야 한다. 무엇보다도 머릿속 곳간에 쌓여 있는 말이란 말은 모조리 뒤져서 끌어다 맞추어 써야 한다. 그러나 참으로 신비로운 것은 그런 안간힘이 괴롭기는커녕 즐겁기 짝이 없다는 사실이다. 조물주나 만들 수 있는 세상을 스스로 만들어 나간다는 사실에는 어렵고 힘든 것들을 훨씬 웃도는 기쁨이 솟아나는 것인지도 모르겠다.

그러므로 옛이야기 가르치기는 바람직한 이야기판을 마련하는 것으로 넉넉하다 해도 지나치지 않다. 아이들이 스스로 이야기판에서 어우러져 뒹굴 수 있도록 마련해 줄 수 있으면 남은 일이 크게 없다. 옛이야기를 아예 들어 보지 못한 아이들(그런 아이들은 아직 초등학교에 입학하지 않았을 것이지만)이라면 처음에는 교사가 하는 쪽에 서서 판을 이끌 수도 있다. 그러나 아이들에게 옛이야기를 많이 들려주어야 여러 이야기를 외우고 마침내 이야기할 수 있으리라는 짐작은 옳지 않다. 여섯 살이 될 때까지 말을 깨치면서 이미 온갖 이야기를 수없이 들었고, 알게 모르게 적잖은 이야기를 하기도 했다. 다만 어른 이야기꾼처럼 구수한 이야기를 하리라는 바람, 말끔하게 다듬어진 이야기를 하리라는 바람을 갖지 말아야 한다. 어른이 듣기에는 서툴고, 어이없고, 도막 나고, 엉터리 같은 이야기라 하더라도 아이들은 기뻐하며 즐긴다. 이처럼 어수룩한 이야기를 즐기면서 아이들은 이야기를 깨치고 훌륭한 이야기꾼으로 자라나게 마련이다.

물론 아이들을 이야기판에 말 그대로 내던져 두기만 하라는 말은 아니다. 섣불리 이야기를 가르치겠다고 나서서 아이들이 지니고 태어난 바를 함부로 짓밟고 꺾지 말라는 말이다. 교사가 해야 할 일은 옆에서 손뼉을 치고 추임새를 넣으며 이야기판을 북돋우는 것이다. 북돋우는 가운데서 지나가는 말처럼 슬쩍슬쩍 한 가지씩 바로잡아 주어야 한다. 잘못을 찾아내어 꼬집으려고 지켜보고 있는 사람으로 아이들에게 들키면 이야기판은 단박에 김이 빠지고 무너진다. 이런 가늠을 제대로 하면서 들키지 않게 바로잡아 주는 솜씨야말로 교사의 참된 능력이다.

6.

알다시피 입말은 입으로 말소리를 보내고 귀로 그 소리를 듣는다. 그래서 말소리에 마음을 쓰지 않을 수 없다. 아니 조금 지나치게 말하면 입말은 말소리가 모두이다. 말소리 밖에는 아무것도 없고, 말소리 안에 느낌과 생각과 뜻이 담겨 있을 뿐이다. 말하고 듣는 노릇을 걱정하는 국어 교육에서는 말의 소리를 맨 먼저 챙겨야 하는데, 우리는 아직 말소리 공부에 신총도 내지 못하고 있다. 연극배우가 되려는 사람들과 연극배우로 살아가는 사람들, 라디오나 텔레비전의 아나운서가 되려는 사람들과 아나운서로 살아가는 사람들이 말소리 공부에 쏟는 피땀보다 더 많은 피땀을 국어 교육이 먼저 쏟아야 하는데 아직 그러지 못하고 있다.

입말의 소리는 말할 수 없이 불안하여 바람보다 더 가볍게 날아가 버린다. 그래서 알다시피 입말은 소리 아닌 것의 도움에 적잖이 기댄다. 그것이 눈으로 들어가는 '짓'이다. 눈짓, 얼굴짓, 손짓, 몸짓의 도움으로 입말은 스스로의 불안을 덜어 내고 든든해지고자 한다. 보내는 쪽에서는 말소리를 귀로 보내면서 짓을 눈으로 보내고, 받는 쪽에서는 말소리를 귀로 들으면서 짓을 눈으로 보고, 이래서 입말의 불안을 줄인다. 말하자면 입말은 입으로 소리를 보낼 뿐 아니라 온몸으로 짓을 함께 보내고, 귀로 소리를 들을 뿐 아니라 눈으로 온갖 짓을 보면서 함께 받아들이는 말이다.

입말의 꽃인 이야기도 마찬가지다. 입으로 말소리를 보내고 귀로 그 말소리를 듣는다. 그래서 이야기 또한 소리가 모두라는 말을 지나치지만 할 수 있다. 여느 입말에서는 낱말 안 음절들의 높낮이와 세기와 길이와 빠르기를 제대로 맞추는 것이 소리의 몫이고, 나아가면 월의 흐름에 맞추어 소리의 결을 가다듬는 일이 거의이다. 그러나 이야기는 거기서 크게 한술 더 떠야 한다. 이야기의 굽이굽이에서 벌어지는 일들에 맞추어 알맞은 말소리의 결을 제대로 곁들여야 이야기 맛을 살릴 수가 있기 때문이다. 이야기가 주는 재미와 즐거움의 커다란 몫이 이야기꾼의 말소리 맛에 달렸다 해도 지나치지 않다.

이야기 또한 말소리는 가볍고 불안하여 갖가지 짓의 도움을 받지 않을 수 없다. 여느 입말에 따르는 짓은 눈짓과 손짓과 얼굴짓이 거의고, 그나마 움직임이 있는 손짓은 지나치지 않도록 절제해야 한다. 그러나 이야기에 곁들이는 짓은 그게 아니다. 이야기판의 성질과 형편에 따라 이야기꾼의 짓은 하늘과 땅만큼이나 달라질 수 있다. 좁은 자리에 서넛이 둘러앉아 벌이는 이야기판이라면 여느 입말의 짓과 다를 바 없는 것에 머무를 수 있다. 그러나 커다란 강당이나 극장 같은 곳에서 벌이는 이야기판이라면 이야기꾼의 짓은 연극배우의 그것에 조금도 떨어지지 않을 것이다. 이웃 중국이나 일본에서는 이런 이야기판을 늘 벌이고, 이야기가 손꼽히는 전통 연희 예술로 자리 잡아 커다란 인기를 모으고 있다. 거기서는 이야기꾼의 짓거리가 배우의 연기를 뺨칠 만하다.

이야기의 말소리와 짓을 다루자니 이른바 '구연동화'를 그냥 지나칠 수 없다. 알다시피 오늘 우리나라에는 구연동화가 굉장한 조직으로 수많은 어린이와 어른을 사로잡고 있다. 수많은 모임이 온 나라 곳곳에 퍼져 있고 이름 있는 분들까지 나서서 이를 퍼뜨리려 애쓸 뿐 아니라 장사를 하려는 사람들까지도 적잖이 덩달아 다른 뜻으로 애들을 쓰고 있다. 그래서 나는 구연동화의 세상을 조금씩 곁눈질하며 몇 가지 쓸데없는 생각을 마음속에 품게 되었다.

첫째는, 구연동화라는 낱말에 따른 것이다. 알다시피 구연동화라는 낱말은 일본에서 건너온 것이고, 구연과 동화를 붙여서 만들었다. 구연이란 굳이 우리말로 뒤치자면 '입으로 한다'는 것이고, 동화란 '아이들 이야기'라는 말이다. 둘을 붙이면 '아이들 이야기를 입으로 한다'는 말이 되니까, 얼핏 들으면 그냥 '아이들이 하는 이야기'로 들린다. 그러나 그렇다면 굳이 '입으로 한다'고 할 까닭이 없다. 구연, 곧 입으로 한다는 말은 본디는 입말로 하는 이야기가 아니었다는 뜻이다. 입으로 하는 이야기가 아닌 것을 입으로 하기 때문에 굳이 구연이라 한다. 그것은 따라 붙은 동화라는 말에서도 알 수 있다. 동화란 글자 그대로 아이들 이야기지만 그것은 아이들이 만든 이야기가 아니다. '아이들에게 읽히려고 어른들이 글말로 써 놓은' 이야기다. 이야기에서 다루는 삶이 아이들의 삶인 이야기라 할 수 있다. 글말로 써 놓은 이야기(동화)는 눈으로 읽자는 것이고 입으로 소리를 내더라도 글말을 읽는 것일 따름이다. 그러므로 구연동화는 우리가 이 글에서 다루고 있는 입말꽃인 이야기, 더구나 옛이야기와는 아주 다른 것이다.

둘째는, 몇 가지 쓸데없는 걱정이다. 우선은 구연동화처럼 이미 글말로 쓰인 이야기를 읽고 외워서 입말로 드러내(구연)라고 하면 아이들이 글말 이야기에 얽매여서 마음껏 즐기지를 못한다. 틀리지 않을까, 까먹지 않을까, 이런 걱정이 마음에 똬리를 틀어서 제 스스로 만들고 꾸미는 노릇을 할 수가 없다. 이야기란 본디 듣는 사람들의 반응, 곧 이야기판의 사정에 맞추어 마음대로 바꾸고 고치면서 적응하는 것인지라 이야기하는 사람의 머리와 마음이 쉬지 않고 곤두서서 이야기판 현장의 움직임을 놓치지 않으려 한다. 이야기를 즐기면 이처럼 살아 있는 창조력을 키울 수 있기 때문에 국어 교육이 이를 값지게 여기는 것인데, 구연동화는 이미 글말로 쓰여 있는 그것에 얽매여 벗어나지 않으려 안간힘을 다하므로 그런 힘을 키우기 어렵다. 다음은 구연동화처럼 어른들이 글말로 쓴 이야기는 아이들이 나날이 살아가는 삶의 속내를 고스란히 담아내기 어렵다. 흔히 동화는 우리네 삶과는 터전이 다른 서양의 이야기를 뒤친 것들이 많고, 우리네 삶을 담아서 만들었다 해도 이야기의 품새가 줄거리를 타고 나가는 우리네 옛이야기와는 달리 서양의 틀거리에 기대기 일쑤이다. 그것은 우리 아이들의 머리와 마음에 서양의 틀을 뿌리내리게 하여 우리 겨레의 빛깔을 자랑스럽게 지닌 사람으로 자라나기 어렵게 만들 수 있다. 다음은 구연동화에서는 구연하는 아이들의 말소리와 짓을 지나치게 꾸며서 자연스러운 말하기와 동떨어지게 한다. 이야기하는 말소리와 짓을 이야기 안에서 벌어지는 일들에 맞추어 느낌이 살아나고 뜻이 또렷하도록 소리 결을 가다듬고 짓거리를 곁들이는 일은 참으로 소중하다. 그러나 이야기의 속살과 어우러지기조차 어려울 지경으로 지나치게 겉꾸미기를 해서 자연스러움을 죽이도록 이끄는 구연동화를 많이 보았다. 무엇보다도 초등학생까지는 '자연'스러움을 다치지 않도록 보살피며 이끄는 일이 교육의 길에서 가장 소중한 주춧돌임을 잊지 말아야 하지 않을까 싶다.

7.

　말을 가르치는 것은 말하고 듣는 기술을 가르치자는 것이 아니다. 사람의 사람됨을 가꾸자는 것이고, 사람과 사람이 어우러져 만드는 세상을 따뜻하게 만들자는 것이다. 아니, 말을 제대로 가르치면 그것이 사람과 세상을 가꾸는 일이 된다. 말을 '제대로' 가르친다는 것은 어떻게 가르치는 것인가? 말을 말만으로 떼어 놓고 가르치지 않는 것이다. 말은 사람과 삶에서 떨어질 수 없는 것임을 똑똑히 알고, 말을 사람과 하나로서 가르치고, 말을 삶과 하나로서 가르치는 것이다. 말이 곧 그 사람이고, 말하고 듣는 것이 곧 그 사람의 삶이라는 사실을 바탕에 깔고 가르치는 것이 말을 제대로 가르치는 노릇이다.

그래서 말을 가르치려면 먼저 말의 윤리를 가르쳐야 한다고 본다. 말이 사람과 사람의 삶에 무엇을 어떻게 하는지를 가르쳐야 한다는 말이다. 쉬운 말과 어려운 말, 참말과 거짓말, 옳은 말과 그른 말, 할 말과 못할 말을 올바로 가르치면 저절로 사람과 삶의 길이 밝혀진다. 말과 사람 그리고 말과 삶이 하나일 수밖에 없다는 사실을 깨닫게 된다. 말의 윤리를 가르치지 않으니까 온 세상에 번지르르한 말들이 춤을 추지만 사람과 세상은 가도 가도 거칠고 어둡다.

　　말의 윤리를 바탕에 깔았다면 그밖에 가르쳐야 할 말의 속살은 끝이 없다. 말이 온통 사람의 얼이고 삶이기 때문이다. 우리말이 온통 우리 겨레의 얼이고 우리 겨레의 삶이기 때문이다. 이야기 또는 옛이야기도 마찬가지다. 이야기를 즐기고 옛이야기까지 즐기게 하자는 것도 입담 좋은 이야기꾼을 만들자는 노릇이 아니다. 이야기, 무엇보다도 옛이야기는 겨레의 얼과 삶이 갈무리되어 있는 보물단지다. 옛이야기를 즐기는 것은 보물단지에 손을 넣어서 값진 보물을 꺼내 즐기는 노릇이다. 그걸 즐기면 사람됨과 삶을 배우고, 세상살이를 들여다보며 깨달을 수 있기 때문에 마음껏 즐길 값어치가 있다.

• 우리말 깨치기와 가르치기 : 《어린이와 함께 여는 국어 교육》 창간호 (2005 봄호)

말 살리기와 교육 바로잡기

1. 들머리

글쓰기연구회는 '글쓰기' 교육으로 사람의 마음을 바로잡을 수 있다는 사실을 실천으로 보여 온 모임이다. 사람의 마음을 바로잡으면 삶이 바로 서고 사람과 삶이 바로 되면 세상이 깨끗하고 아름답게 바뀐다는 믿음을 지닌 분들이 모였다. 그래서 눈으로 보고, 귀로 듣고, 몸소 겪은 일을 거짓 없이 글말로 쓰게 하는 '글쓰기 한길'을 닦아 나가고 있다. 나는 글쓰기연구회가 모임을 시작하던 처음부터 일반 회원으로 들어와 그렇게 나아가는 길을 따르면서 속으로 놀라움에 사로잡혀 혼자 손뼉을 쳐 온 사람이다. "어떻게 이런 깨달음을 얻을 수 있었을까!" 하는 소리를 남몰래 많이 했다.

글쓰기연구회가 글쓰기 교육을 할 적에 우리말을 살려 쓰도록 하는 그 일을 두고 잠시 이야기해 보고 싶다. 그것은 나도 이제까지 우리말을 살려야 한다고 생각하면서 살았기 때문이다.

나는 우리말을 살리려고 하면서 가장 먼저 힘써야 할 쪽은 학교 교육과 학자들의 학문이라고 생각한다. 우리말이란 온 국민이 함께 마음을 모으고 힘을 써서 살려야 하는 일이기에 무엇보다도 먼저 학교 교육을 손꼽지 않을 수 없다. 그리고 세상을 열고 삶을 바꾸는 열쇠가 학문이기에 그것이 우리말로 이루어질 수 있어야 한다고 본다. 교육을 우리말로 베풀고 학문을 우리말로 하는 날이 오면, 그날이 바로 겨레의 얼이 살아나고 겨레의 삶이 피어나는 날이라고 생각한다. 그래서 교육과 학문에 쓰이는 우리말 모습을 우선 살펴보는 것에서 이야기를 시작해 보겠다.

2. 우리말 모습

요즘 학교에서 쓰고 있는 교과서의 글말은 올바른 우리말이 아닌 수가 많다. 반드시 우리말이어야 하는 국어 교과서조차 우리말을 제대로 살려 쓰지 못하고 있다.

1) 국어 교과서

나라에서 펴낸 초등학교, 중학교, 고등학교 국어 교과서에 쓰인 우리말을 한 도막씩 뽑아 보이기로 하겠다.

가) 글을 쓰는 목적에는 여러 가지가 있습니다. 다음과 같은 경우에는 어떤 목적으로 글을 쓰는 것인지 보기에서 골라 봅시다.

    (1) 언제, 어디서 학예회를 하는지에 대하여 부모님께 글을 쓰는 경우

(2) 친구에게 휴지를 아무 데나 버리지 말라는 내용의 글을 쓰
는 경우[1]

나) 시의 운율은 시의 뜻과 밀접한 관련을 맺고 있다. 시의 운율은
시의 의미와 어울려서 시의 전체적인 분위기를 자아낸다. 그러므로
운율을 무시한 채 시의 대강의 뜻만을 파악하고 이해하려 한다면,
이는 시를 감상하는 바른 태도가 아니다.[2]

다) 말은 우리가 일상 생활에서 늘 사용하고 있어, 말로써 표현하
고 이해하는 것은 쉽다고 생각하기도 한다. 그러나 말은 시간과 공
간의 제약을 받으며, 준비나 수정의 과정을 거치기가 어렵다는 점
에서 말하기와 듣기가 그렇게 쉬운 것만은 아니다.[3]

이런 글말은 나라에서 펴낸 국어 교과서에 실린 것인지라 아무
도 넘볼 수 없다. 그래서 모든 학생들이 우리말이려니 하고 받아들
일 뿐만 아니라 본보기로 삼아 배우고 따르려고 한다. 그러나 이런
글말은 본보기가 될 만한 우리말이 아니다. 한번 손질을 해 보겠다.

가) 글을 쓰는 까닭에는 여러 가지가 있습니다. 다음과 같은 때에
글을 쓰는 까닭은 무엇인지 보기에서 골라 봅시다.

1_ 《초등학교 국어, 쓰기 2-2(실험용)》, 교육부, 1999, 6쪽(단원 1. 아는 것이 힘, 바탕글).
2_ 《중학교 국어 1-1》, 교육부, 1995, 3쪽(단원 1. 시의 운율, 단원의 길잡이).
3_ 《고등학교 국어 (상)》, 문교부, 1991, 2쪽(단원 1. 설명, 단원의 길잡이).

(1) 언제, 어디서 학예회를 하는지 부모님께 알려 드리려고 글을 쓸 때

(2) 벗에게 휴지를 아무 데나 버리지 말라는 말을 하려고 글을 쓸 때

나) 시가 지닌 가락은 뜻과 뗼 수 없이 어우러진다. 시가 지닌 가락은 그 뜻과 어우러져서 색다른 맛과 느낌을 자아낸다. 그러므로 가락을 돌보지 않고 시에서 뜻만 대강 붙잡아 알려고 한다면, 이는 시를 맛보는 마음가짐으로 올바르지 않다.

다) 말은 우리가 나날이 늘 쓰고 있어서, 말을 주고받는 것은 쉽다고 생각하기도 한다. 그러나 말은 바로 그 때와 곳을 벗어날 수 없고, 가다듬고 바로잡고 하기가 어렵기 때문에 (말하기와 듣기가) 그렇게 쉬운 것만은 아니다.

"그게 그거 아니냐." 하실 분들도 있겠지만, 나는 그렇지 않다고 본다. 글월의 짜임새도 꽤 달라졌을 뿐 아니라, 그보다 눈에 띄도록 바뀐 것은 낱말이다. 초등학교 교과서에서는 '목적', '경우', '대하여', '친구', '내용' 같은 한자말들을 쫓아내고 우리말을 들여다 앉혔다. 중학교 글에서는 '운율', '밀접한', '관련', '의미', '전체적', '분위기', '무시한', '파악하고', '이해하려', '감상', '태도' 같은 여러 한자말들을 우리 토박이말로 바꾸었다. 고등학교 것에서는 '일상생활', '사용하고', '표현하고', '이해하는', '시간', '공간', '제약', '준비', '수정', '과정', '점에서' 따위 한자말을 몰아내고 우리

말로만 썼다. 이렇게 한자말을 버리고 우리 토박이말로만 써도 뜻을 살리지 못하는 것은 결코 아니라는 사실을 우리 사회에서 내로라하는 사람들이 제발 좀 알아주었으면 좋겠다.

2) 학자들 글말

더욱 걱정스러운 것은 학자들이다. 우리나라에서는 학자라면 누구나 우리말을 업신여기는 학문 전통에 눌려 있기 때문이다. 수학이나 자연과학을 하는 학자들은 말할 나위도 없고 사회나 인문을 다루는 학자들도 우리말로 학문할 마음을 갖지 못한다. 그 전통은 국어학이니 국문학이니 하는 우리말과 우리말 예술을 다루는 학문에까지 무서운 힘을 떨친다. 여기 우리나라에서 첫손 꼽히는 국어교육학자와 국어학자가 요즘 쓴 글말을 보기로 하겠다.[4]

> 느긋한 心情으로 學問 研究에 보탬이 되는 著書와 論文을 쓰기에는 歪曲된 語文敎育 政策 是正에 對症療法的 조처로 可視的인 成果도 거두지 못하면서 끝간 데를 모르는 義로운 싸움을 계속하고 있다. (줄임) 이른바 한글 世代가 피해자의 立場에서 스스로 漢字를 한 자라도 더 배우고, 2世들에게 열심히 가르쳐야겠다는 意識의 轉換이 提高될 때, 우리 先人들이 東洋 三國, 아니 世界에서 차지했던 文化的 優位를 회복시킬 수 있을 것이며, 그날이 하루빨리 오기를 바랄 뿐이다.[5]

4_ 보다시피 처음 글은 말이 되지도 않는다. 그래서 이것들도 내가 고쳐 보면 좋겠지만 겨를이 없어 그냥 지나칠 수밖에 없다.

우리나라의 가장 큰 悲劇은 20세기에 들어 옛 傳統이 순조롭게 이어지지 못하고 끊어져 버린 것이라고 나는 생각한다. 이로 말미암아 民族의 참모습을 되찾을 수 없게 되었음은 千秋의 恨이 아닐 수 없다. 이런 恨을 제대로 느끼지조차 못하니, 우리 民族 文化의 앞날이 더욱 암담하게 느껴진다.[6]

우리나라 4000만 국민이 한결같이 가장 좋다고 여기는 대학에서 가르치고, 거기서도 국어교육학과 국어학 쪽에서 이름이 가장 높이 났던 교수들의 요즘 글이 이런 모양이다. 보다시피 다룬 속살이 학문이랄 것도 아니고 그냥 가볍게 지난 삶을 돌아보는 것인데도 이렇다. 그러니 연구 논문이라면 어떠했을 것인지 짐작할 수 있을 것이다. 가장 좋다는 대학에다, 가장 이름난 교수에다, 국어교육학과 국어학을 전공한 학자들의 글이 이러하니, 우리나라 여느 학자들의 글이야 더 말해 무엇하겠는가?

3. 우리말 의식

앞에서 국어 교과서의 글말을 우리말답게 바로잡아 보았다. 어떤 사람들은 "그것 참 시원하게 잘 되었다." 할 것이고, 도 어떤 사람들은 '이 말이 저 말과 같은가?' 하고 망설일 수도 있다. 그리고 "바뀐 글을 본디 글과 같은 글이라고 볼 수 있느냐?" 하는 사람들,

5_ 국립국어연구원, 《새국어생활》 제8권 제2호, 1998, 134쪽.
6_ 국립국어연구원, 《새국어생활》 제8권 제4호, 1998, 201쪽.

"글에 힘이 빠지고 품위도 떨어지지 않았느냐?" 하는 사람들, "글에서 오는 맛과 느낌이 아주 달라져 버리지 않았느냐?" 하는 사람들, "너무 옹졸하게 국수주의로 나가면 세계화 시대에 살아남지 못한다." 하는 사람들이 수두룩할 것이다.

그런데 나는 그런 분들을 나무랄 수가 없다. 왜냐하면 그들은 이름난 사람들이 자주 그렇게 말하는 소리를 듣고 배웠기 때문이다. 내로라하는 사람들이 그런 글을 여기저기 자주 써서 여느 국민들을 그렇게 가르쳤기 때문이다. 게다가 무엇보다도 학교에 다니면서 국어 선생님들한테서 그렇게 배웠다. 안다는 사람들과 배웠다는 사람들이 모두 그렇게 말하고 쓸 뿐 아니라 우리말을 가르치는 선생님들까지 그렇게 앞서 길잡이를 하는데, 먹고사느라 바쁜 여느 국민들이 어찌 그렇게 생각하지 않을 수 있겠는가?

그러나 나는 여느 이름난 사람들도 들먹일 생각이 없고, 다만 학교에서 국어를 가르치는 선생님들과는 어떻게든지 함께 생각해 보고 싶다. 지난 반세기 동안 국어 교육이라는 것을 하면서 선생님들은 우리말, 다잡아 말하자면 우리 토박이말을 살려 써야 한다는 것을 가르치지 못했기 때문이다. 무슨 '국어 순화 운동'이니 '바른 말 고운말'이니 '국어 사랑 나라 사랑'이니 하는 소리들은 많이 했지만, 그것이 '우리말을 살리는 일'이 되어야 한다는 것을 제대로 가르치지 못했다. 무엇보다도 왜 그런 일을 해야 하는지 그 까닭을 제대로 가르치지 않았다. 까닭은 모르고 입으로 소리만 따라 내게 한 탓에 그런 일들이 모두 하다가 말고 하다가 말고 개미 쳇바퀴 돌듯하면서 공염불로 떨어졌다.

그러나 이렇게 된 일을 국어 교사에게만 잘못이 있다고 하면 그것도 속내 모르는 소리가 되겠다. 국어 교사를 길러 내고 국어 교육을 이끌어 온 사람들에게 더 큰 잘못이 있기 때문이다. 일테면, 교육과정과 교과서를 만들면서 국어 교육을 이끌어 온 전문가들이 교과서에다 그런 것을 제대로 가르칠 수 있도록 마련해 주었으면 교사들은 그대로 가르쳤을 것이다. 그리고 교과서에 마련을 제대로 못해도 사범대학이나 교육대학에서 교사를 제대로 길러 능력을 갖추도록 해 주었으면 어떻게든지 스스로 길을 찾아내었을 것이다. 그렇게 보아서 나는 국어 교과서에 우리말 아닌 국어가 판을 치도록 하고 국어 교육을 한다면서도 우리말을 살리지 못한 책임도 결국은 학자니 전문가니 하는 사람들에게 돌아갈 수밖에 없다고 생각한다.

우리 학자들 가운데는 아예 '말이 학문에서 뭔가'를 깨달은 사람이 적다. 쉽게 말해서 학문이 다루는 알맹이는 '말(기호)'로써 드러난다는 사실, 학문에서 다루는 알맹이가 따로 있는 것이 아니라 '말'이라는 기호를 만나야 드러날 수 있다는 이치를 너나없이 깨닫지 못하고 있다. 이런 풍토는 말(기호)이 달라지면 알맹이도 따라 달라진다고 보는 서양 학자들의 상식과는 아주 어긋나는 것이다. "알맹이는 서로 비슷할 수 있지만 말씨만은 오직 그 사람의 것"이라고 하여 크게 호응을 받은 뷔퐁(1707~1788)의 깨우침을 우리 학자들은 아무도 아랑곳하지 않는다.

낱말이든 글귀든 글월이든 내 입안의 혀처럼 마음대로 부릴 수 있는 말일지라도 학자들이 다루고자 하는 학문의 속내를 제대로 드러내기는 어렵기 마련이다. 마음대로 부릴 수 있는 말을 가지고도 밝히고자 하는 오묘한 사실을 제대로 드러낼 수가 없어 학자들은 늘 끙끙거리는 것이다. 그래서 자연과학자들은 말이 빚어내는 연상이나 비유를 막느라고 자꾸 기호를 만들어 쓰려고 한다. 그러니까 말이야 어떻게 되었든지 마음 쓸 것 없고 다루는 알맹이만 잘 다루면 되려니 생각하는 학자들은 아직 제가 스스로 어떤 알맹이를 붙들고 새로운 속살과 이치를 몸소 밝혀 들어가 보지 않은 것이라고 보아도 지나치지 않다. 아직 제 것인 학문에 들어서지 못하고 남의 학문을 본뜨거나 흉내 내는 어름에 서성거리고 있기 때문에 '말'을 두고 괴로워하는 데까지 이르지 못한다는 말이다. 우리 학문이 이런 어름에 머물러 있다는 것은 학문이 앞장서서 우리들 세상을 열어 가야 한다는 사실을 생각하면 참으로 딱한 노릇이다. 학문이 마냥 남의 흉내나 내면서 따라다니고 있으니 우리 세상은 언제 참으로 새로워지겠는가?

그런데 정작 기막히는 것은 이런 전통이 어제오늘 마련된 것이 아니라서 부서지기 어렵다는 사실이다. 내가 보기에는 고구려 소수림왕 때(372)에 세웠다는 태학에서 비롯하여 신라 신문왕 때(682)에 세운 국학에 와서 굳혀지고 고려의 국자감이니 십이 공도니 하는 것을 거쳐 조선의 성균관, 향교, 서원, 서당까지 내려오는 천수백 년에 걸쳐 마련된 듯하다. 말하자면 우리 겨레는 학교 교육이라는 것을 시작하는 첫날부터 천수백 년에 걸쳐 왕조가 무너질 때까지 남의 학문을 본뜨고 흉내 내는 일에만 정신을 쏟았다. 신라의 국학에서는 12년 동안을 중국의 아홉 가지 고전[九經]만 가르쳤거니와 저희 세대에 와서야 끊어진 서당 교육에 이르기까지 '우리 것'이라고는 단 한 과목도 가르치지 않은 것이 우리네 교육의 역사이다. 교육을 거쳐야 학문이 일어나는 것일진대, 교육이고 학문이고 처음부터 중국 글말로만 하면서 천수백 년을 내려왔으니 '말이 학문에서 뭔가'를 어떻게 깨달을 수 있겠는가? 18세기 우리 겨레에게 새로운 정신을 일깨운 사람으로 손꼽히는 박지원(1737~1805) 같은 이조차 우리 입말을 중국 '방언(方言)'이라고 하면서 '진서(眞書)'에다 제대로 올려 적지 못하여 안달을 한 사실만 보아도 그런 전통의 힘을 짐작할 수 있다.

왕조가 무너지는 때에 와서야 중국 글말로 교육하고 학문하는 세월은 끝났으나 일다시피 우리말을 되찾아 교육하고 학문하는 길로 들어서지는 못했다. 일본말로 교육하고 일본 책으로 학문하는 시절이 덮쳐 와서 또 반세기를 비끄러매었기 때문이다. 광복을 하고서야 참으로 오랜만에 교육과 학문을 우리말로 할 수 있는 세월을 만난 것이고, 이제 겨우 반세기를 지나고 있다. 그러나 학자라는 사람들은 오늘도 일본 책과 서양 책으로만 공부를 하게 마련이어서 남의 것을 본뜨고 흉내 내는 것은 아직도 예나 다를 바가 없고, 우리말을 되찾아 학문하려는 사람은 아직 찾아보기 어려울 만큼 얼마 되지 않는다. 그래서 앞에 보인 두 분의 글은 이런 우리네 학문 사정을 그대로 드러내는 보기들 가운데 하나일 뿐, 남달리 우리말을 업신여기며 쓴 글이 아니라 하겠다.

4. 교육과 말과 삶

앞에서 이야기한 바와 같이 우리네 학교 교육은 시작하는 그날부터 남의 글말로 적힌 남의 삶만 배웠다. 처음 천수백 년 동안은 중국 글말로 적힌 중국 사람들 삶만 배우고 가르치다가, 끝에 50년은 일본 글말로 적힌 일본과 서양 사람들 삶만 배우고 가르쳤다. 그러면서 언제나 그런 교육을 받은 사람들이 나라를 다스리고 백성을 이끌었다. 남의 글말을 배워서 남의 삶을 알아야 높은 자리에 올라앉아 존경을 받고 재미를 보고 큰소리를 칠 수 있는 사람이 되는데, 그런 사람이 되도록 남의 글말을 가르치고 남의 삶을 가르치는 일을 교육이라고 여기면서 매달려 왔다.

우리네 학교 교육은 그러니까 시작하던 그때부터 우리말과 우리 삶을 떠나 있었다. 학교에 가서 교육을 받는다는 것은 언제나 우리말과 우리 삶을 버리고 떠나는 것이므로, 교육을 많이 받으면 받을수록 우리말과 우리 얼을 멀리 떠나고 육신마저 집과 고향을 버리고 멀리 떠나게 마련이었다. 제 것을 버리고 무시하고 떠나게 만드는 것이야말로 우리 교육이 오래도록 걸어온 길이었기에, 학교 교육을 받은 시간의 길이와 내 것을 버리고 떠나간 마음과 공간의 거리가 늘 비례했다. 높은 학교까지 가서 많이 배운 사람은 반드시 고향을 버리고 멀리 떠나가 살아야 마땅한 것으로 여겨서 어쩌다가 그런 사람이 고향으로 돌아와 살고자 하면 모두들 업신여겼다. 쓸모없이 버려진 사람으로 보고 그의 공부가 헛되었다고 안타까워했다. 참으로 서글픈 교육의 역사이다.

이런 교육의 틀은 광복한 지 반세기를 넘어서 경제 대국이 되었다는 오늘에도 별로 바로잡히지 못하고 어떤 쪽에서는 더욱 굳어졌다. 우리 국어 교육만 하더라도 엄마 품에서 젖 먹으며 익힌 말, 집 앞 골목에서 놀이하며 배운 말, 가족들과 이웃들이 눈만 뜨면 주고받는 말은 모조리 제쳐 두고 서양 사람들 이론 틀에 맞추어 짜낸 말을 가르치는 일에만 매달려 왔다. 마을 앞 연못에 얽혀 있는 전설,

골목에서 놀이하며 부르던 노래, 잠자리에 들면서 할머니를 졸라 듣던 이야기는 모두 팽개쳐 버리게 하고 서양 것 배워서 어른들이 지어낸 시와 소설만 가르치려고 안간힘을 썼다.

서양 나라들처럼 유치원 시절에는 내 마을의 사람들과 푸나무들과 골목들과 논밭들에 얽혀 있는 삶을 배우게 하고, 초등학교에서는 내 고을의 사람들과 마을들과 자연 환경과 산업 상태에 어우러져 있는 삶을 배우게 하고……. 이렇게 학교 급이 올라가는 데 따라 눈과 귀를 넓혀서 세상을 배우게 하는 교육으로 틀을 바꾸는 일이 다급하다고 생각한다. 나를 알고, 내 삶을 알고, 내 세계를 안 다음에 차차 이웃으로 앎을 넓혀 가도록 학교 교육의 틀을 바꾸어야 한다는 말이다. 그래야 사람들이 자기를 튼튼하게 세우고 제 삶에다 정신의 뿌리를 굳건하게 내린 다음에 차차 넓은 세상으로 벋어 나면서 크게 자랄 수 있다고 본다. 그것이 곧 겨레의 얼을 살리는 길이라고 생각한다. 교육의 틀이 이처럼 올바로 잡히면 국어 교육에서 우리말을 제대로 가르칠 수 있는 길도 훨씬 쉽게 열리지 않을까 싶다.

5. 마무리

우리 겨레가 잘못 살아온 지난 천 년 세월을 되돌아보면 볼수록 새롭게 열린 천 년의 문이 가슴을 설레게 한다. 무엇보다도 우리말, 거기서도 글말을 제대로 쓰지 못해서 괴롭고 슬픈 삶을 살 수밖에 없던 세월을 돌아보면서 새롭게 열린 천 년에는 입말과 글말과 전자말을 제대로 써서 즐겁고 기쁜 삶을 살아야겠다는 다짐을 하지 않을 수 없다. 얼마든지 그럴 수 있는 마련을 갖추었다고 생각한다. 무엇보다도 쉬운 한글 덕분에 백성들 모두가 너나없이 마음껏 글말살이를 할 수 있고, 마찬가지로 전자말살이도 세계 어느 나라 백성보다 손쉽게 누릴 수 있다.

그러나 알다시피 이런 일은 저절로 이루어지지 않는다. 백성이 주인인 나라답게 모든 사람들이 함께 힘을 모아야 이루어질 것이다. 그러자면 누구보다도 먼저 앞장서야 할 사람들이 교육자이다. 교육자보다 앞장서 끌어 주어야 할 사람이 학자지만 그들에게서는 당장 도움을 받기 어렵다는 사실은 앞에서 이야기한 바와 같다. 우리네 처지에서는 학자도 교육자들이 길러 내어야 한다고 본다. 교육자들이 애써 길러 내면 몇십 년 기다리지 않아 훌륭한 학자들이 얼마든지 나타나서 우리네 앞길을 밝혀 나갈 것이다.

• 말 살리기와 교육 바로잡기 : 《우리말과 삶을 가꾸는 글쓰기》 2000년 1월호

둘. 가르치는 길잡이

국어 교육과정을 버리고 우리말 가르치는 길잡이로 온전히 탈바꿈시키려면 국가 수준의 국어 교육과정이 스스로 틀어쥐고 있는 밧줄을 풀어 주어야 한다. 학교와 교사가 좀 더 자유롭게 뜻을 펼 수 있도록 넓은 길을 마련해 주고 스스로는 뒷짐 지고 물러나 주어야 한다. 그리고 우리말 가르치는 일에 몸 바친 교사들이 일어나 스스로 길잡이를 마련해야 한다. 같은 지역의 교사들이 함께 손잡고 '지역의 우리말 가르치는 길잡이'를 만들고, 같은 학교의 교사들이 함께 손잡고 '학교의 우리말 가르치는 길잡이'를 만들고, 마침내 교사 혼자 저마다 남다른 길의 '우리말 가르치는 길잡이'를 마련해야 한다.

우리말 가르치는 길잡이

1. 국어 교육과정

'국어 교육과정'이라는 말은 무엇을 뜻하는 것인지 잡히지 않는
다. 우선 '국어'라는 낱말부터 일본 사람들이 쓰던 것을 주워다 쓰
는 낱말인데, 저들도 100년을 넘게 쓰다가 못마땅한 것인 줄을 알고
얼마 전부터 내버렸다. 일본 사람들이 내버리니까 우리나라 학자라
는 사람들도 '국어'를 버리고 다른 낱말을 써야 한다면서 따라 나섰
다. 나는 서른 해를 넘게 이 낱말을 버리자고 했는데, 요즘 전국국
어교사모임에서는 '우리말'이라는 낱말을 쓰는 쪽으로 기울어지고
있다. 이 낱말도 온전히 마땅치는 않으나 국어보다는 한결 낫고 사
람들의 마음도 적잖이 끌리는 듯하다.

'교육과정'도 '교수요목'에서 '교과과정'을 거쳐 자리 잡은 낱말
이지만 무슨 뜻인지 도무지 잡히지 않는 낱말이다. 물론 우리말이
아니고 일본 사람들이 쓰다가 버린 말을 주워다 쓰는 것이기 때문

이다. 대학 시절 교육학을 배우면서 수없이 많은 풀이를 들었고, 먼 옛날 그리스까지 들어가서 그것이 '길'이었다는 사실을 알았다. 본디는 사람이 다니는 길이었으나 라틴을 거쳐 서유럽으로 끌려 다니는 사이 '가르치는 길'로 뜻이 바뀌고, 다시 '가르치는 길잡이'로 자리 잡은 것이라고 한다.

그렇다면 국어 교육과정은 '우리말 가르치는 길잡이'가 되는 셈이다. 우리말 가르치는 길잡이라 하니까 이제야 품 안으로 안겨 오는 바가 있다. 당장 우리말을 몸소 가르치는 교사들에게 고분고분 길잡이 노릇을 하려는 것으로 품 안에 안겨 온다. 국어 교육과정이라고 할 적에는 늘 교육부 언저리의 관리들을 맴돌거나 기껏 대학 교수들하고나 어울리는 것처럼 보였는데, 우리말 가르치는 길잡이라 하니까 단박에 우리말을 가르치는 교사들과 어울려야 할 것처럼 보인다.

고분고분한 길잡이가 갖추어야 할 것은 첫째로 어디로 가야 하는지 가야 할 쪽(방향)과 과녁(목적)을 밝히는 것이고, 둘째로 한 걸음에 과녁까지 닿을 수 없으므로 굽이굽이 닿아야 할 곳(목표)을 밝히는 것이고, 셋째로 과녁까지 가려면 무엇(자료)을 힘입어 가야 하는가를 밝히는 것이고, 넷째로 과녁까지 가려면 어떻게(방법) 가야 하는가를 밝히는 것이고, 다섯째로 닿아야 할 곳까지 얼마나 가깝게 닿았는지를 자주 가늠해 보는 잣대(평가 기준)를 밝히는 것이다.

2. 국어 교육과정의 발자취

국어 교육과정의 발자취를 살펴보면 그것이 우리말 가르치는 길잡이 노릇을 제대로 하지 못했음이 훤히 드러난다. 처음에는 우리말 가르치는 교사들조차 그런 것이 있는 줄도 몰랐다. 나라에서는 일껏 만들어 학교까지 건네주었지만 학교에 와서는 어디로 사라졌는지 자취를 감추고 말았다. 운이 좋으면 교장실 장식용 책장 귀퉁이에 꽂히거나 도서실에라도 가서 숨어 있지만, 대개는 이리저리 뒹굴다가 쓰레기차에 실려서 종이 공장으로 되돌아갔다. 그것이 어쩌다가 우리말을 가르치는 교사의 손까지 갔다 하더라도 그 뒤의 신세는 달라질 것이 없었다. 그것이 아무짝에도 쓸모가 없었기 때문에 교사가 건사해 주지 않고 쓰레기통에 던져 버렸다. 이렇게 국어 교육과정이 공염불에 지나지 않던 세월은 결코 짧지 않았다. 1946년에 내놓은 교수요목에서 비롯하여 제1차 교과과정(1955)을 거치고 제2차 교육과정(1963)을 지나고 제3차 교육과정(1973~1974)도 지나고 제4차 교육과정(1981)도 지나고 제5차 교육과정(1987~1988)이 나타날 때까지 그랬으니 꼬박 마흔 해 세월에 걸친다.

제5차 교육과정에 와서는 사정이 아주 달라졌다. 이제는 교사가 교육과정을 살펴보지 않을 수 없게 되었다. 학생들 손에 들린 교과서에 그러지 않을 수 없는 까닭이 있었기 때문이다. 교과서 안에 이제까지 보지 못하던 '말하기·듣기'니 '쓰기'니 하는 단원들이 나타났고, 심지어 초등학교에는 그런 이름으로 교과서를 만들어 놓았기 때문이다. 이제까지는 여러 가지 글들로 가득 찬 교과서를 들고 뜻풀이를 하고 짜임새를 가르치는 것만을 일로 삼다가 갑자기 '말하기와 듣기'를 가르치고 '쓰기'를 가르치지 않을 수가 없게 되어서 교사들이 아주 낭패를 만났기 때문이다. 그래서 국어 교육과정을 살펴보면 무슨 도움이라도 받지 않을까 하는 생각을 하기에 이른 것이다.

그런데 이때부터 국어 교육과정은 우리말을 가르치는 교사의 골치를 아프게 하는 문서로 떠올랐다. 지난날에는 교사들이 거들떠 보지 않았으므로 골치를 썩일 까닭조차 없었으나 이제는 싫든 좋든 들여다보는 것이 되었는데 무슨 소리인지 알아들을 수가 없어서 골 치가 아팠다. 알아들을 수가 없는 까닭은 첫째로 말들이 껍데기는 있는데 알맹이가 없었기 때문이다. 둘째로 배우는 아이들과 교실 현장에서 벌어지는 실제와 너무도 동떨어진 소리로 가득 찼기 때문 이다. 셋째로 교과서 만드는 일도 틀어쥐고 배우고 가르치는 일도 틀어쥐고 온통 틀어쥐려는 것이기 때문이다. 게다가 학생들이 몸으 로 살아왔고 살아가는 삶과는 아무런 상관도 없는 말로만 가득 차 서 현실에 발을 딛고 서 있는 교사들이 알아들을 수가 없었다. 이른 바 '책상 앞에서 떠드는 빈 소리(탁상공론)'일 뿐이었기 때문에 나 날이 살아 있는 학생들과 씨름을 해야 하는 교사들에게 골치만 아 프게 하는 문서였다.

제6차 교육과정(1992)에 와서는 우리말 가르치는 교사를 더욱 난감하게 하였다. 나라에서 모든 일을 틀어쥐는 이른바 국가 수준 의 국어 교육과정을 다 만들어 놓고 거기에 맞추어 교과서도 나라 에서 빈틈없이 만들어 내놓고는, 게다가 게 등에 소금 흩듯이 시·도 교육청에서는 '편성·운영 지침'을 만들고, 학교에서는 '학교 교 육과정'을 만들고, 교사는 '연간 교수·학습 계획'을 만들라고 했기 때문이다. 이른바 지역화 교육을 하자는 뜻이었지만 아무 데도 들 어갈 틈을 주지 않았으니 다리를 묶어 놓고 뛰라는 셈이었다. 교육 부에서는 전국 시·도 교육청 학무국장을 불러 모아 교육을 하고,

시·도 교육청에서는 교장, 교감, 교무과장을 불러 모아 연수를 하고, 온통 야단법석을 했지만 실상은 모두가 눈 감고 아웅 하는 짓이었다. 눈 뜨고 시키는 대로 해냈다 하더라도 내용과 방법은 말할 나위 없고 교과서까지 나라에서 꽁꽁 틀어쥐고 만들어 안겨 주는 마당에 허탕이 되기는 마찬가지였을 것이다.

제7차 교육과정(1999)에 와서도 그런 사정은 달라지지 않았다. 문서만 더욱 촘촘하고 까다롭게 만들어서 우리말 가르치는 교사들이 골치를 그만큼 더 앓게 하였을 뿐이다. 가르칠 알맹이가 없기 때문에 잘하고 잘못하는 바를 가늠할 수가 없는데도 수준을 가려서 보충과 심화를 따로 하라니 땀을 뜯을 수밖에 없는 노릇이다. 교육과정이 교과서를 틀어쥐고 단원마다 보충과 심화를 베풀어 놓았기 때문에 이 또한 눈 감고 아웅 하듯이 흉내를 내는 도리밖에 없었다. 게다가 한 발짝도 나가지 않은 지역화 교육을 한 술 더 떠서 제6차 교육과정에서는 빠져 있던 지역(시·군) 교육청에서도 '장학 자료'를 마련하라고 해 놓았기 때문에 공염불이 더욱 거세지기만 했다.

어째서 우리네 국어 교육과정은 반세기를 넘기고 환갑이 되어도 교사들의 머리만 아프게 하는 공염불에서 벗어나지 못했을까? 어린애라도 이런 물음이 목구멍을 밀고 올라올 일이다. 그만큼 간절한 물음이지만 대답은 식은 죽 먹기다. 우리말 가르치는 현장을 모르는 사람들이 만들었기 때문이다. 우리네 교육 현실과 국어 교육 현장을 알지 못한 채 서양의 책만 읽고 미국과 일본만 본뜨면서 머리로만 만들었다. 우리 겨레가 이 땅 위에 수만 년을 살아오면서 삶으로 일구어 얻은 우리말을 속속들이 알지도 못하고 만들었다. 무엇보다도 학생들이 나날이 주고받는 말을 알지 못하고, 교사가 우리말을 가르치면서 겪는 어려움을 알지 못하는 사람들끼리 만들었기 때문이다.

그러나 제6차 교육과정과 제7차 교육과정에 와서 국어 교육과정은 스스로 저도 모르는 사이에 커다란 탈바꿈을 하고 말았다. 실제로는 나라에서 교육과정과 교과서를 아무도 건드릴 수 없도록 틀어쥐고 있었으면서도 말로는 시·도 교육청과 시·군 교육청과 마침내 모든 학교까지 끼어들어야 한다고 다그치고 있었기 때문이다. 시·도 교육청에서는 '편성·운영 지침'을, 지역 교육청에서는 '장학자료'를, 학교에서는 '실정에 알맞은 학교 교육과정'을 편성, 운영한다고 했기 때문이다. 이런 틈을 놓치지 않고 전국국어교사모임에서는 나름대로 새로운 교육과정을 만들었고, 거기 기대어 《우리말 우리글》이라는 이름의 교과서를 비롯한 여러 가지 교재로 쓰일 책들을 만들 수도 있었다. 그리고 이제부터는 국어 교육과정, 곧 우리말 가르치는 길잡이를 나라에서 틀어쥐고 있어서는 안 된다는 사실이 널리 알려졌다. 그리고 몸소 가르치는 교사가 나서서 가르치는 길잡이를 스스로 만들어야 한다는 사실을 두루 알게 되어 버린 것이다.

3. 우리말 가르치는 길잡이로 탈바꿈하려면

이제 또 국가 수준의 국어 교육과정을 고치고 바꾼다며 수많은 사람들이 시간과 머리를 바치고 있다. 바라건대 이번에야말로 탁상공론이 아닌 문서, 교사의 머리를 아프게 하지 않는 문서, 교사의 길잡이 노릇을 제대로 하는 문서, 한마디로 다가오는 세상에 마땅한 우리말 가르치는 길잡이로서 새롭게 태어나기를 간절히 바란다. 지구 가족의 시대로 온전히 들어서서 세계를 이끄는 겨레로 일어서고 있는 우리가 이번에도 길잡이답지 못한 문서를 만들어 우리말을 제대로 가르치려는 교사들을 가로막게 해서는 안 된다. 그것은 우리 겨레와 우리 시대가 바라는 바를 저버리는 죄악이 될 것이다.

그러나 그런 바람을 이루려면 반드시 한 가지 고리를 풀어야 한다. 그 고리는 지난날의 국어 교육과정을 잊어버리는 것이다. 무엇보다도 이제까지 국어 교육과정을 만들며 고생한 사람들과 그런 틀 안에서 삶터를 꾸려 온 사람들이 거기에 얽힌 미련을 용감하게 끊어 버리는 것이다. 지난날의 국어 교육과정에 힘을 쏟은 사람들이 우리말 가르치는 일이 진실로 무엇인지를 깊이 헤아려서 스스로 해 오던 일을 깊이 뉘우쳐야 한다. 우리말 가르치는 일에 국어 교육과정이 올바른 길잡이가 되기는커녕 얼마나 큰 걸림돌이 되었는지를 깊이 헤아려야 한다. 이것은 쉬운 일이 아니다. 그러나 이 한 가지 고리를 풀지 않으면 이번에도 적잖은 사람들이 시간과 머리를 바쳐서 달려들어도 국가 수준의 국어 교육과정을 탈바꿈시키기는 어려울 것이다.

국어 교육과정을 버리고 우리말 가르치는 길잡이로 온전히 탈바꿈시키려면 국가 수준의 국어 교육과정이 스스로 틀어쥐고 있는 밧줄을 풀어 주어야 한다. 학교와 교사가 좀 더 자유롭게 뜻을 펼 수 있도록 넓은 길을 마련해 주고 스스로는 뒷짐 지고 물러나 주어야 한다. 그러잖아도 이번 국가 수준의 국어 교육과정은 처음부터 '간략화' 또는 '대강화'를 내세우고 있다 하니 그런 뜻을 반드시 현실로 이루어 내야 한다. 그리고 우리말 가르치는 일에 몸 바친 교사들이 일어나 스스로 길잡이를 마련해야 한다. 같은 지역의 교사들이 함께 손잡고 '지역의 우리말 가르치는 길잡이'를 만들고, 같은 학교의 교사들이 함께 손잡고 '학교의 우리말 가르치는 길잡이'를 만들고, 마침내 교사 혼자 저마다 남다른 길의 '우리말 가르치는 길잡이'(이것은 '교안'이라는 이름으로 이제까지 해 온 그것과 다르지 않으나 온전히 새로운 틀로 바꾸어야 하는 것이다.)를 마련해야 한다. 그것이 국어 교육과정의 굴레를 벗어던지고 우리말 가르치는 길잡이로 탈바꿈시켜 내는 길이다.

한마디로, 우리 모두 머릿속을 말끔히 비워서 처음으로 돌아가야 한다. 맨 처음으로 돌아가서 먼저 '우리말'이 무엇인가, '우리말 가르치는 일'이 무엇인가 하는 물음부터 붙들고 다시 씨름을 해야 한다. 이런 말을 들으면 자존심이 상하고 부아가 치밀어 오를 분들이 있을지 모른다. 그런 분들은 매우 높은 학문과 그윽한 슬기를 갖춘 사람들일 터이다. 그런 분들은 부디 내 뜻을 헤아려 주기 바란다. 나는 높은 학문과 그윽한 슬기를 갖춘 분들보다 교실 안에서 무럭무럭 자라는 학생들을 마음에 두고 또 그런 학생과 함께 '우리말 가르치는 일'에 매달려 살아가는 교사들에게 이야기를 하고 있다. 국가 수준의 국어 교육과정일지라도 그것은 교실에서 자라는 학생과 씨름하며 살아가는 교사들을 첫손 꼽는 임자로 모셔야 하기 때문이다.

4. 우리말이란 무엇인가?

우리가 이런 물음을 묻지 않을 수 없다는 사실은 참으로 가슴

아프다. 그것은 우리가 반세기 넘도록 우리말 가르치기(국어 교육)를 하면서도 우리말(국어)이 무엇인지를 똑똑히 물어보지 않았다는 사실을 고백하는 셈이기 때문이다. 그러나 나는 양심을 걸고 이런 고백을 하지 않을 수 없다. "우리는 이제까지 우리말 가르치기를 하면서도 정작 우리말이 무엇인지를 똑똑히 붙들려 하지 않았다." 내가 한 이런 고백이 헛소리가 아니라는 사실은 여덟 차례 국어 교육 과정을 두루 살펴보아도 알 수 있고, 국어 교과서와 국어 교과서마다 딸린 교사용 지도서를 모두 살펴보아도 곧장 알 수 있다. 심지어는 나라 생기고 처음으로 올해에 만들어 낸 '국어기본법'에서조차 국어가 무엇인지를 뜻매김한다는 것이 기껏 "'국어'라 함은 대한민국의 공용어로서 한국어를 말한다."(제3조 1항) 이렇게 하나 마나 한 소리를 했을 따름인 것으로도 알아볼 수 있다.

그러면 우리는 여태까지 '국어 교육'에서 무엇을 가르쳤다는 말인가? 우리가 이제까지 가르친 '국어'는 무엇이었다는 말인가? 이런 물음을 마땅히 던지고 싶을 것이다. 대답은 조금도 어렵지 않다. 우리가 주고받는 말이면 무엇이나 가르쳐야 한다고 보았기 때문이다. 좋은지 나쁜지는 따지지 말고 옳은지 그른지도 따지지 말고 참인지 거짓인지도 따지지 말고 그저 주고받고 있는 말이면 모두 가르쳐야 한다고 보았다. 우리 국민이 주고받는 말이라는 사실, 우리 나라에서 쓰고 있는 말이라는 사실, 이것이야말로 가르쳐야 하는 잣대로서 다시없는 것이었다. "국어과가 다루는 '국어'는, 즉 '사용으로서의 국어'이다."(초등학교 교사용 지도서) 또는 "국어 교과는 '인간의 언어 사용'을 다루는 교과이다."(중학교 교사용 지도서) 이렇게 '사용'이 곧 '국어'라고 못 박아 놓았으니 우리가 주고받는 것이면 무엇이나 가르친다는 것을 뚜렷이 하지 않았는가?

그러나 이런 잣대도 따지고 보면 헷갈림이 지나치다. 한자와 한자말, 곧 중국에서 들어온 한자와 중국이나 일본에서 들어온 한자말은 올바로 가르치지 못할까 봐 안절부절못하면서 로마자와 서양말에는 뜻밖에도 눈빛이 차갑다. 한자와 한자말을 가르치자고 '한문' 교과를 따로 떼어 세운 지가 서른 해를 넘어도 아직까지 국어 교과서는 단원마다 한자와 한자말을 가르치라고 다그치고 있다. 그러면서 로마자와 미국말은 온통 길거리를 메우고 있어도 거들떠보지도 않는다. 무엇보다도 기막힌 노릇은 우리 겨레가 조상 대대로 써 왔고 오늘도 수없이 쓰고 있는 토박이말은 가르칠 엄두조차 내지 않았다는 사실이다. 이런 헷갈림의 뿌리가 바로 '우리말'이 무엇인지를 똑똑히 붙들지 않았던 거기에 박혀 있다. 이런 헷갈림 때문에 우리말은 지금 온통 걷잡을 수 없는 뒤죽박죽이 되어 있다. 글자로는 한글과 한자와 로마자가 온통 뒤섞여 판을 치고 게다가 누리그물 세상에서는 온갖 기호와 암호까지 글자와 함께 어울려 춤을 춘다. 말로는 토박이말과 한자말과 미국말과 서양말이 뒤섞여 난장판이고 우리 말법까지 무너뜨린 말씨들이 어지럽게 춤을 추고 있다.

이런 우리말의 난장판에는 우리네 마음 깊이 뿌리박힌 질병이 또 하나 도사리고 있다. 우리 토박이말과 한글은 하찮고 더러운 것이라는 생각의 질병, 남의 말과 남의 글자는 훌륭하고 아름다운 것이라는 생각의 질병이 바로 그것이다. 이런 마음의 질병은 나이가 든 사람들과 많이 배운 사람들과 많이 가진 사람들과 많이 아는 사람들일수록 더욱 깊다. 대통령과 국회의장과 대법원장, 국무위원들과 국회의원들과 대법관들과 대학 총장들, 재벌 기업 우두머리들과 고급 관리들과 판검사들과 대학 교수들과 신문사와 방송국 상층부 사람들이 모두 그런 질병에 깊이 빠져 있다. 저들이 겉으로는 그럴 듯하게 한글과 우리말을 사랑한다고 말하지만 삶의 모습을 살펴보면 그런 소리는 모두 거짓말이다. 그들이 하는 말과 써 놓은 글을 보면 당장 알 수 있다. 아니, 그들 윗저고리 주머니에 넣어 다니며 만나는 사람마다 내미는 이름쪽지(명함)를 보면 훨씬 손쉽게 알 수 있다. 저들은 우리말과 한글을 몹시도 부끄러워하기 때문에 이름쪽지 앞뒤쪽에는 로마자와 한자로만 쓴다.

높은 자리에 앉은 사람들의 이런 질병이 아래까지 퍼져서 소젖은 우유보다 못하고 우유는 밀크보다 못한 말로, 뜰은 정원보다 못하고 정원은 가든보다 못한 말로, 돈은 금전보다 못하고 금전은 머니보다 못한 말로 떨어졌다. 이런 질병을 고쳐서 우리말과 우리 글자가 세상에서 가장 훌륭하고 아름답다는 사실을 올바로 알도록 하는 것이 우리말 가르치기에서 더없이 다급한 발등불이다. 서양말이나 한자말보다 우리 토박이말이 훨씬 훌륭하고 아름다우며 로마자나 한자보다 우리 한글이 더욱 아름답고 보배롭다는 생각을 하도록 바로잡는 것이야말로 우리 겨레의 얼과 삶을 살리는 일이다.

그러려면 우리말이 무엇인지를 똑똑히 알아야 한다. 우리가 입에 담는다고 모두 우리말이 아니라 우리가 입에 담는 말에도 뜨레가 있음을 알아야 한다. 우리가 입에 담는 말의 한가운데 자리 잡고 있는 노른자위는 토박이말이다. 우리가 쓰는 글자 가운데 가장 노른자위는 한글이다. 토박이말과 한글이 우리말의 알맹이다. 이것만이 우리 겨레의 얼과 삶에서 빚어진 우리의 피며 살이다. 이것을 올바로 부려 쓰도록 가르치는 것이야말로 이름 그대로 우리말을 가르치는 것이다. 그런 다음에 시간이 남으면 들온말도 가르쳐야 한다. 들온말에서도 일찍이 들온말부터 차례를 제대로 세워서 가닥을 잡아 가르쳐야 한다. 그것이 우리네 말살이의 뒤죽박죽을 막아 내는 길이다.

"국어과에서는 국어가 사용되는 맥락과 목적과 대상을 종합적으로 고려하면서 열린 마음으로 국어 사용 양상과 내용을 정확하고도 비판적으로 이해할 수 있는 능력과 사상과 정서를 효과적이고도 창의적으로 표현할 수 있는 능력을 기르고, 언어와 국어에 대한 기본적인 지식을 바탕으로 언어 현상을 탐구하고 국어 생활에 활용하는 능력을 기른다."(제7차 국어과 교육과정, 1. 성격)

보다시피 이 글월은 마흔세 낱말로 이루어졌는데 토박이 낱말은 '열린', '마음으로', '수', '있는', '기르고(기른다)', '바탕으로', 이렇게 여섯 낱말뿐이다. 온통 일본 한자말로만 이루어져서 그것들을 한자로 바꾸면 토와 씨끝만 우리말이라 고스란히 일본 글말과 같아진다. 게다가 '국어가 사용되는' 같은 일본 말법도 그대로 끌어다 썼다. 우리말본으로는 굳이 일본 한자말을 쓰더라도 우리는 '국어를 사용하는' 이렇게 능동으로 말한다. 우리말 가르치는 길잡이 문서가 이런 따위로 글을 쓰고 있으니 우리말 쓰임을 어떻게 올바로 가르칠 수 있겠는가?

5. 나라에서 내놓을 길잡이

나라에서도 '우리말 가르치는 길잡이'를 내놓아야 마땅하다. 그러나 그것은 머리 아프게 옴니암니 하지 말고 아주 요긴한 뼈대만 내놓아야 한다. 아주 빠뜨릴 수 없는 뼈대만 누구나 쉽게 알아볼 수 있도록 잘 간추려 내놓고 나머지는 온 나라 모든 학교에서 교사들이 채우도록 남겨 주어야 한다. 그래야 온 나라에서 저마다 남다른 문화와 삶을 담아 나름대로 새롭고 색다른 가르침을 펼칠 자리와 길이 열릴 수가 있다.

나라에서 내놓는 길잡이가 반드시 챙겨야 할 것은 뭔가? 첫째는 학생들이 가야 할 쪽(방향)이며 과녁(목적)이다. 온 나라 학교와 교사들이 아무도 엉뚱한 쪽으로 길을 벗어나 제멋대로 학생들을 데리고 내달리지 않도록 큰 길을 밝혀 주는 것이 나라에서 할 몫이다. 그러나 그것은 어려울 것이 없다. 온 세상 여러 겨레와 나라들이 저마다 저들 말을 가르치는 과녁으로 내놓은 것이 한결같기 때문이다. 우리말 가르치는 나라의 길잡이에서 내놓아야 하는 쪽과 과녁은 '우리말을 잘 알고(지식) 잘 살도록(능력+태도) 하는 것'일 수밖에 없다. 둘째는 학생들이 닿아야 할 곳(목표)이다. 학년마다 또는 두세 학년마다 학생들의 우리말 앎(지식)과 삶(능력+태도=말하기·듣기·쓰기·읽기)이 닿아야 할 곳을 차례차례 밝혀 놓아야 한다. 온 나라의 교사들이 힘과 슬기를 다하여 모든 학생들이 닿아야 할 곳에 닿아야 할 때를 맞추어 닿을 수 있도록 가르칠 수 있게 해야 한다. 이런 것을 밝혀서 내놓으려면 나라에서는 무엇보다도 먼저 학생들의 말살이가 어떻게 자라는지를 똑똑히 알아야 한다. 초등학교 1학년 또는 중학교 1학년을 끝내면 학생들의 말살이가 어디까지 가서 닿아야 하는지를 환히 밝혀서 내놓을 수 있는 잣대를 나라에서는 마련해 있어야 한다는 말이다. 셋째는 학생들이 닿아야 할 곳에 닿았는지를 알아볼 잣대(평가 기준)를 내놓아야 한다. 이 잣대는 말할 나위도 없이 가야 할 쪽과 과녁, 그리고 닿아야 할 곳에 맞추어 찾을 수밖에 없는 것이다. 나라에서 내놓는 길잡이에서는 그것을 제대로 찾아서 내어놓고 교사가 그것으로 학생들이 어디까지 닿았는지를 올바로 가늠할 수 있도록 해 주어야 한다.

　　나라에서 내놓는 길잡이에서도 학생이 '무엇(내용)'으로 가야할 곳으로 갈 것인지를 챙겨야 하고, '어떻게(방법)' 가야 할 곳까지 갈 것인지도 챙겨야 한다. 그러나 그것은 그야말로 변죽만 울려 놓는 것이 옳다. 학생이 가야 할 곳까지 가는 데 쓰일 '무엇'과 '어떻게'는 무한히 많기도 하고, 또 그것들은 학생 한 사람 한 사람의 힘과 뜻과 형편에 맞추어 한없이 달라져야 하기 때문이다. 나라에서는 '무엇'을 그저 '말(언어)'과 '말꽃(문학)'이라고만 해도 괜찮을 것이다. 지금 당장 그렇게 하면 교사들이 제대로 채워 나가기 어렵다면, 온 나라 학생이 누구나 다루어야 할 '말과 말꽃'을 갈래마다 가려서 학년에 맞추어 베풀어 놓아 준다면 커다란 도움이 될 것이다. 나라에서는 '어떻게'를 '말하기, 듣기, 쓰기, 읽기'로만 한다고 해 놓아도 나쁘지 않을 것이다. 이렇게만 해 놓아도 학교와 교사가 학생에게 알맞은 '말과 말꽃'으로 '말하고, 듣고, 쓰고, 읽도록' 하면서 가야 할 곳으로 얼마든지 이끌어 갈 수 있을 것이다.

6. 지역(시·도와 시·군 교육청)에서 마련할 길잡이

　　시·도와 시·군 교육청에서도 할 일이 없는 것은 아니다. 무엇보다도 시·도 교육청에서는 나라 길잡이에서 맡겨 준 '무엇(내용)' 가운데서 시·도 지역의 모든 학교가 반드시 다루어야 할 지역의

'말과 말꽃' 자료를 내놓아야 한다. 그리고 시·군 교육청에서는 또 시·군 지역의 모든 학교가 반드시 다루어야 할 자기 고을의 '말과 말꽃' 자료를 내놓아야 한다. 그러면 학교와 교사는 나라가 내놓은 길잡이를 바탕으로 삼고, 시·도와 시·군 교육청이 내놓은 자료를 받아서 저마다 학생의 사정에 알맞은 길잡이를 마련하여 마땅한 가르침을 자유롭게 베풀 수가 있을 것이다.

그러나 문제는 지금 당장 우리네 시·도와 시·군 교육청에서 그런 몫을 제대로 해낼 처지가 아니라는 사실이다. 사람이 없고 능력이 없고, 따라서 연구하고 찾아 놓은 자료가 없기 때문이다. 그러므로 앞으로 얼마 동안은 시·도와 시·군 교육청의 몫은 학교와 교사가 떠맡아서 하는 수밖에 없을 것이다. 그만큼 교사의 몫이 커지고 일이 많아진다는 뜻이지만, 한편으로는 학교와 교사의 보람과 값어치가 높아진다는 뜻이기도 하다. 어쩌면 본디부터 지역 교육청은 가르치는 길잡이를 마련하는 일에 끼어들 터수가 아닌지도 모른다. 내가 아는 유럽 여러 나라들도 나라에서 마련한 길삽이를 가늠으로 삼아서 학교와 교사가 마련하는 길잡이로 가르치는 것이었다.

7. 학교에서 마련할 길잡이

이제는 학교가 달라져야 한다. 먼저 교장이 달라지고 다음에 교감이 달라지고 마침내 교사 모두가 달라져야 한다. 교육법 안에 죽은 글자로만 누워 있는 말 그대로 학교가 펄떡펄떡 살아 숨 쉬는 마당으로 바뀌어야 한다. 교육과정도 나라에서 보내 주고, 교과서도 나라에서 보내 주고, 참고서도 출판사에서 만들어 주고, 문제집도

출판사에서 만들어 주고, 학교는 그냥 집으로만 남아 있으면서 교사는 주는 대로 받아서 전달하면 그만인 그런 노릇을 이제는 그만두어야 한다. 그래서 교장과 교감과 부장들과 모든 교사들이 함께 손잡고 '우리 학교만의 남다른 교육'을 하려고 일어서서 학교 교육의 길잡이를 마련해야 한다.

이렇게 달라지는 학교 안에서 국어 교사들은 국어 교사 모임을 만들어야 한다. 그리고 나라에서 내놓은 우리말 가르치는 길잡이에서 학교 몫으로 남겨 둔 자리를 따라 학교 나름의 우리말 가르치는 길잡이를 만들어야 한다. 이 길잡이는 무엇보다도 학교가 자리 잡은 지역, 아니 학생과 그의 가족이 살아가는 삶터의 말과 말꽃을 알뜰하게 찾아서 우리말 가르치는 길잡이의 '무엇(내용, 자료)'으로 삼아야 한다.

'말과 말꽃'이라고 널리 쓰는 두 낱말을 쉽게 썼지만 그 속내와 속살을 제대로 아는 것은 말처럼 쉽지 않다. 그저 사투리와 민요와 전설쯤으로 생각하는 것만도 고맙다. 그러나 사투리라지만 거기에는 소리와 소리 결, 음소와 음운, 음절과 낱말, 뜻과 느낌, 토와 씨끝, 말법과 월 짜임, 높임과 낮춤, 관용어와 속담, 땅과 푸나무와 자연물의 이름 같은 것들이 두루 싸잡힌다. 사투리의 이런 속살과 속내를 제대로 가르치는 것이야말로 참으로 살아 숨 쉬는 우리말을 가르치는 것이고, 겨레의 얼과 삶을 뿌리에서 알아보고 깨닫도록 가르치는 노릇이다. 삶터의 말꽃은 민요와 전설이 아니라 놀이와 노래와 이야기를 모두 싸잡아야 한다. 놀이는 '잼 잼, 조막 조막'에서 비롯하여 손뼉 마주 치며 주고받는 노래처럼 갖가지 아이들의 놀이 노래와 말들, 소꿉장난에서 비롯하여 숨바꼭질같이 여럿이서 벌이는 아이들의 놀이 노래와 말들, 그리고 어른들이 집 안과 집 밖에서 놀이하고 일하면서 주고받는 노래와 말들이 수없이 많은데 요즘 글말로 쓴 희곡과 시나리오도 없지 않다. 노래는 어린이와 어른들이 혼자서 또는 여럿이서 부르는 온갖 갈래의 민요를 비롯하여 글말로 쓴 동요와 현대시도 싸잡아야 한다. 이야기는 서낭 이야기와 조상 이야기를 비롯한 신화며 전설이며 설화가 마을마다 고을마다 숱하게 살아 있고, 요즘에 글말로 쓴 동화와 소설도 없지 않다. 이런 삶터 말꽃이야말로 참으로 살아 숨 쉬는 우리 말꽃이며 겨레의 얼과 삶을 고스란히 갈무리하고 있는 '무엇'이다. 우리말을 가르치는 노릇이 이제까지 이런 말과 말꽃을 돌보지 못한 것을 우리는 깊이 뉘우치지 않을 수 없다.

• 우리말 가르치는 길잡이 : 《함께 여는 국어 교육》 2005 겨울호

말하기·듣기와 언어 영역

1. 들머리

이 강좌를 맡기면서 나에게 보낸 자료의 '기획 취지'에는 '언어 지식 교육의 새로운 자리매김을 위해 이 강좌를 기획한다'는 전국국어교사모임의 뜻이 뚜렷이 담겨 있었다. 그리고 나에게 맡겨 준 제목도 '말하기·듣기와 언어 지식'이었다. 그러나 나는 제목에서 '언어 지식'이라는 말을 '언어 영역'이라고 바꾸어 잡았다. 국어 교육에서 우리를 혼란과 고민에 빠뜨리는 문제를 '언어 지식'으로 보았으나 그것은 먼저 교육과정의 '언어 영역'에서 말미암기 때문이다. 교육과정이 보여 주는 국어 교육의 내용 영역에서 '언어'라는 것이 도대체 무엇이며, 어떻게 다루어야 할지를 종잡을 수 없어서 우리가 혼란에 빠졌다고 보기 때문이다.

알다시피 교육과정은 국어 교육의 내용 영역을 '말하기, 듣기, 쓰기, 읽기, 언어, 문학'이라고 한다. 제5차 교육과정에서 그렇게 잡아 제6차 교육과정을 거쳐 지금 마련하고 있는 제7차 교육과정에서도 바뀌지 않을 모양이다. 그런데 국어 교육을 맡은 선생님들은 교실에서 언어와 문학이라는 두 영역이 자꾸 말하기, 듣기, 쓰기, 읽기라는 네 영역들과 겹쳐지기도 하고 부딪치기도 한다는 사실을 경험하게 된다. 말하기와 듣기와 쓰기와 읽기는 애초에 서로 떨어질 수 없는 하나의 언어 활동이지만 그들 사이에 겹치거나 부딪치는 일이 없다. 언어와 문학 사이에도 겹치거나 부딪치는 일은 없다. 그런데 언어는 말하기, 듣기, 쓰기, 읽기와 두루 얽히고, 문학 또한 말하기, 듣기, 쓰기, 읽기와 두루 부딪쳐 혼란이 일어난다.

그뿐 아니라 언어 영역에서 다루는 교육 내용 자체에도 의문이 없지 않다. 지난날 이른바 '문법'이라고 하면서 다루던 좁은 뜻의 국어 모습, 곧 음운(소리), 품사(낱말), 문장(글월)을 위주로 삼고 있는데 그것이 과연 언어 영역의 마땅한 내용인가 의문스럽기 때문이다. 그래서 요즘 들어 '의미'를 넣고 '이야기(discourse)'도 끌어와 다루는 내용을 넓혀 보지만 그것으로 개운해지지 않는다. 언어 지식이라는 말도 그 정체를 뚜렷하게 하자는 뜻에서 고쳐 보는 듯하지만 그렇다고 이 영역의 교육 내용이 만족스럽게 드러날 것 같도 않다.

말하자면 지금 우리 국어 교육의 언어 영역은 말하기, 듣기, 쓰기, 읽기와 얽힌 관계를 어떻게 가다듬어야 할지를 몰라서 불안하고, 그들과의 관계를 떠나서 애초에 언어 영역이 맡도록 마련되어 있는 몫이 과연 무엇인지를 몰라서도 불안하다. 그런데 전국국어교사모임은 나에게 앞의 문제, 곧 언어와 말하기, 듣기, 쓰기, 읽기 사이의 관계 가운데 일부인 말하기·듣기와 언어에 얽힌 매듭을 다루어 보라고 주문한 것이다. 물론 말하기, 듣기, 쓰기, 읽기와 언어 사이에 얽힌 관계를 제대로 밝히면 언어 영역의 몫이 훨씬 또렷하게 드러날 것이다. 그러나 그것으로 언어 영역의 자리매김이 온전히 이루어질 수는 없다고 본다. 언어 영역의 본질이 그것으로 모두 드러나지는 않기 때문이다.

따라서 나는 몫을 맡긴 선생님들의 기대에는 어긋날는지 몰라도 처음부터 다시 생각해 보고자 한다. 우리의 교육과정이 보여 주는 국어 교육의 내용 영역을 그대로 받아들이면서 언어의 자리를 찾을 것이 아니라, 국어 교육의 내용이 과연 무엇이며 그 영역을 어떻게 자리 매길 것인가를 다시 물어야 할 것이 아닌가 한다. 국어 교육의 내용과 영역을 올바로 잡은 다음이라야 언어라는 영역의 참 몫을 가늠할 수 있는 실마리가 나타날 것으로 보기 때문이다.

2. 국어 교육의 내용 영역

지난 반세기 동안에 우리가 겪은 국어 교육의 내용 영역은 세 가지로 간추려 볼 수 있겠다. 하나는 제3차 교육과정 때까지의 것으로서 국어 교육의 내용 영역을 말하기, 듣기, 쓰기, 읽기라고 보았던 사분법이다. 다음은 제4차 교육과정에 나타난 것으로서 표현·이해, 언어, 문학이 국어 교육의 내용 영역이라는 삼분법이다. 끝으로 제5차 교육과정 때에 나타나 제7차 교육과정까지 이어지는 것으로서 말하기, 듣기, 쓰기, 읽기, 언어, 문학이 국어 교육의 내용 영역이라고 보는 육분법이다.

1) 사분법의 내용 영역

국어 교육의 내용 영역이 말하기, 듣기, 쓰기, 읽기라는 논리는 말할 필요도 없이 '말의 세계란 말하고 듣고 쓰고 읽고 하는 활동으로 이루어져 있다'는 관점에서 말미암은 것이다. 이른바 경험주의라는 철학에 뿌리가 박힌 언어관에서 비롯되었다. 이 관점에서는 사람의 말살이가 모조리 움직씨로 나타낼 수 있는 활동의 영역에 싸잡힌다. 실용을 목적하는 생활의 말살이뿐만 아니라 창조를 목적하는 예술의 말살이도 모두 말하기, 듣기, 쓰기, 읽기로 영역 지워 싸잡을 수 있다고 본다.

그러나 말의 세계를 주고받는 활동으로만 바라보는 데에는 무리가 없지 않다. 알다시피 일찍이 소쉬르(1857~1913)도 말의 세계는 '나타난 말(parole)'과 '숨겨진 말(langue)'로 이루어져 있다고 밝힌 바 있는데, 촘스키는 그것을 '수행(performance)'과 '능력(competence)'이라는 말로 바꾸어 보았다. 말의 세계는 감각 기관으로 밖에 나타내어 주고받는 활동일 뿐만 아니라 안으로 감추어져 자리잡고 있는 존재이기도 하다는 사실을 밝힌 것이다. 이것은 사실 저멀리 희랍의 철학자들이 우주 만물의 존재가 '나타남(현상, phenomenon)'과 '숨겨짐(이념, idea)'이라는 두 세계로 이루어져 있다는 진리를 알아보았던 데까지 거슬러 올라갈 수 있는 매우 보편적인 논리의 연장에 지나지 않는 것이다.

이런 보편적 논리에 비추어 보더라도 국어 교육의 내용 영역을 말하기, 듣기, 쓰기, 읽기라는 사분법으로 생각하는 것은 말이 지닌 '감추어진 세계'를 놓치게 만들기 때문에 바람직하지 못하다고 판단할 수가 있는 것이 아닌가 싶다. 그래서 우리는 다시 말이 지닌 두 세계를 모두 건사할 수 있는 논리를 찾지 않을 수 없는 것이다. 삼분법은 그런 요구에 말미암아 나타난 것으로 보고 싶다.

2) 삼분법의 내용 영역

국어 교육의 내용 영역이 표현·이해, 언어, 문학이라는 논리는 '말의 세계란 숨겨진 말과 나타나는 말로 이루어져 있다'는 관점을 받아들인 데서 말미암은 것으로 볼 수 있다.[1] 나는 이미 이 삼분법의 논리를 살펴본 바 있지만[2] 여기서 다시 되풀이하지 않을 수 없겠다.

국어	존재하는 국어	언어	
	활동하는 국어	일상 국어	표현·이해
		예술 국어	문학

이것은 말(국어)의 세계를 마치 한 그루 나무에 비유할 수 있게 한다. 언어는 땅 속에 감추어져 있으면서 나무의 생명을 부지하는 '뿌리'와 같고, 표현·이해는 땅 위에 올라와서 나무의 존재를 드러내고 왕성한 생명 활동을 벌이는 '줄기와 가지와 잎'과 같고, 문학은 그런 뿌리와 줄기·가지와 잎에 힘입어 아름답게 뽐내고 탐스럽

1_ 물론 이런 관점이 교육과정을 마련한 사람들의 정신 안에 뚜렷이 의식되지는 않았던 것임이 틀림없다. 그것은 그들이 제4차 교육과정의 어디에서도 그런 논리를 밝혀 두지 않았을 뿐만 아니라 제5차 교육과정을 마련하면서 이런 관점을 쉽사리 내버린 것을 보면 충분히 짐작할 수 있는 일이다.

2_ 김수업, 〈교육과정(국어과)의 내용·영역에 대하여〉, 《모국어교육》 제2호, 모국어교육학회, 1984.

게 무르익는 '꽃과 열매'와 같다고 할 수 있겠기 때문이다.

'존재하는 국어'는 곧 소쉬르의 '숨겨진 말'이며 촘스키의 '능력인 말'에 어울리며, '활동하는 국어'는 소쉬르의 '나타난 말'이며 촘스키의 '수행인 말'에 맞닿는 것으로 생각할 수 있을 것이다. 그래서 이 삼분법은 국어 교육에서 말의 세계를 고스란히 다룰 수 있게 만들었던 셈이다. 그러나 이렇게 했을 때에도 문제가 온전히 사라진 것은 아니다. 무엇보다도 문학을 '활동하는 국어'의 일부로 알아야 한다는 것이 문제였다. 문학에도 '나타남'과 '숨겨짐'의 세계가 있고 '능력'과 '수행'의 세계가 있어야 온전하기 때문이다.

3) 육분법의 내용 영역

국어 교육의 내용 영역을 말하기, 듣기, 쓰기, 읽기, 언어, 문학으로 잡는 육분법은 앞에서 살핀 삼분법의 변형 또는 개선형으로 알려져 있는 듯하다. 삼분법의 표현·이해가 뜻하는 바를 그대로 풀어서 말하기, 듣기, 쓰기, 읽기로 했을 뿐이라고 생각한다는 말이다. 육분법이 나타난 과정의 역사적 실상은 물론 그렇지만 국어 교육의 내용 영역으로 자리 잡은 육분법을 그렇게 받아들이는 것은 논리를 돌보지 않는 태도라 할 수밖에 없다. 삼분법에서 표현·이해가 언어와 문학과 더불어 맺고 있던 논리는 말하기, 듣기, 쓰기, 읽기가 제각기 떨어져서 언어와 문학과 더불어 맺는 육분법의 논리와는 체계에서부터 전혀 다를 수밖에 없다. 육분법은 육분법 자체의 논리를 간직하지 않을 수 없게 된다는 말이다.

그런데 육분법을 국어 교육의 내용 영역이라는 하나의 체계로 마련해 주는 논리는 과연 무엇인가? 아무리 찾아보아도 그렇게 여섯 영역을 하나로 꿸 수 있는 논리를 나로서는 찾을 수가 없다. 말하기, 듣기, 쓰기, 읽기는 그것으로 완결된 말의 세계로서 거기에 다른 무엇이 끼어들 여지를 남기지 않는 논리를 갖추어 있다.[3] 그리고 언어, 문학은 또 그것대로 온전한 말의 세계이기에 달리 무엇이 끼어들 수 없는 논리로 묶여 있다.[4]

서로 다른 논리에 따라 제 나름으로 말의 세계를 온전히 드러내는 두 체계를 억지로 붙들어 꿰매놓은 것이 바로 이 육분법이다. 그러니 육분법을 하나의 체계로 마련해 주는 논리를 찾을 수 없는 것은 너무나 당연하다.

육분법의 내용 영역은 말하자면 사분법과 이분법이라는 각기 다른 체계를 포개 놓은 셈이라고 볼 수밖에 없다. 그러니까 말하기, 듣기, 쓰기, 읽기, 언어, 문학으로 나란히 놓일 수 없고, 말하기, 듣기, 쓰기, 읽기+언어, 문학으로 놓아야 한다는 말이다.[5] 언어와 문학이 교과서와 교육 현장에서 말하기, 듣기, 쓰기, 읽기와 서로 얽히고 부딪치는 까닭은 바로 이것이다.

3_ 말의 세계를 '활동'으로 보면서 매체(입말이냐 글말이냐)와 행위(주느냐 받느냐)라는 두 기준을 넣으면 이런 네 영역으로 갈라진다. 그밖에 남는 부분은 전혀 없다.
4_ 표현·이해, 언어, 문학이라는 삼분법일 때의 언어와 문학은 언어/문학이라는 이분법일 때의 언어와 문학과 본질이 전혀 다르다. 삼분법일 때의 언어와 문학이 무엇인지는 앞(2-2항)에서 말했거니와 이분법일 때의 언어와 문학은 아리스토텔레스 이래 기나긴 세월에 걸쳐 서양 사람들이 공인해 온 바의 그것, 곧 language와 literature이다.
5_ 제6차 교육과정의 고등학교 과정에서는 '내용 체계'를 언어 사용 기능, 언어, 문학으로 나눈 다음 그 언어 사용 기능을 다시 말하기, 듣기, 쓰기, 읽기로 나누어 이원화해 놓았다. 말하기, 듣기, 쓰기, 읽기가 언어, 문학과 나란히 놓일 수 없다는 사실이 어떤 모양으로든지 감지되었던 것이라고 생각할 수 있겠다.

3. 언어 영역의 자리 찾기

언어 영역이 국어 교육의 내용 영역으로 교육과정에 뚜렷이 나타난 것은 제4차 교육과정 때였다. 그러나 사실은 교수요목 때에[6] 벌써 그 영역의 교육 내용이 문법이라는 이름으로 들어와 있었던 것인데, 제1차 교육과정 때에 와서 '언어 과학'으로 이름을 바꾸었으나 제 자리를 찾지 못하고 떠돌기 시작하더니[7] 제3차 교육과정에 와서는 드디어 쫓겨나고 말았던 것이다. 제3차 교육과정은 전체의 짜임도 유례없이 단순하게 잡혔거니와[8] 국어 교육의 내용 영역도 말하기, 듣기, 읽기, 쓰기로 간명하게 잡아 언어 영역이 끼어들 틈을 남기지 않았다.[9] 제4차 교육과정에 와서 국어 교육의 내용 틀은 아주 새롭게 바뀌어[10] 언어라는 것이 국어 교육의 3대 영역의 하나로 나타났다. 그런데 제5차 교육과정에서 다시 국어 교육의 내용 틀을 바꾸면서 논리 없이 나열되었던 교수요목 때와 같은 현행의 육분법으로 되돌아가 버린 것이다.

이만해도 우리는 그동안 국어 교육에서 언어 영역을 자리매김하지 못하여 얼마나 헤맸는지 짐작할 만하다. 이제는 그 고달픈 역

6_ 〈중학교 국어 교수요목〉의 '(三) 교수 사항'에는 '교수 사항은 아래와 같음. 읽기, 말하기, 짓기, 쓰기, 문법, 국문학사' 이렇게 해 놓았다. 그리고 그 여섯 영역을 차례로 풀어 보였는데 다섯 번째인 '문법' 영역은 다음과 같이 되어 있다.
  5 문법 : 국어의 소리, 글자, 어법, 표기 등의 대요를 가르쳐, 국어의 됨됨이와 그 특질을 이해하게 하고, 또 현대어, 신조어, 고어, 방언, 표준어, 외래어 등에 대한 명확한 인식을 얻고, 국어의 사적 발달의 개요를 알게 함.
  중학교(그때는 중·고교를 나누지 않았다.) 국어 교육의 내용 영역을 읽기, 말하기, 짓기, 쓰기, 문법, 국문학사로 잡은 것도 제5·6차 교육과정과 비슷하고, 문법의 성격 풀이도 오늘의 언어에 대한 그것과 매우 닮았다는 사실을 확인할 수 있을 것이다.
7_ 제1차 교육과정의 중학교 국어 교육 내용 영역은 다음 그림표와 같이 정리할 수 있다.

내 용 영 역	지 도 요 소	기초적인 언어 능력	언어 소재의 면	발음
				문자
				어휘
				어법
				문학
			언어 운용의 면	말하는 힘
				듣는 힘
				쓰는 힘
				읽는 힘
				감상하는 힘
		언어 사용의 기술	말하기·듣기 기술(일곱 가지)	
			쓰기(짓기) 기술(여섯 가지)	
			읽기 기술(여섯 가지)	
		언어문화의 체험과 창조	문학 및 예술(여덟 가지 갈래)	
		언어 과학	국어의 본질	
			국어의 순화 발전	
	지 도 내 용	기초적인 언어 능력	언어 소재의 면	발음
				문자
				어휘
				어법
				문학
			언어 운용의 면	말하는 힘
				듣는 힘
				쓰는 힘
				읽는 힘
				감상하는 힘
		언어 사용의 기술	말하기·듣기 기술(일곱 가지)	
			쓰기(짓기) 기술(여섯 가지)	
			읽기 기술(여섯 가지)	
		언어문화의 체험과 창조	문학 및 예술(여덟 가지 갈래)	
		언어 과학	국어의 본질	
			국어의 순화 발전	
	각 학년의 지도 내용		말하기(1, 2, 3학년)	
			듣기(1, 2, 3학년)	
			쓰기(짓기)(1, 2, 3학년)	
			읽기(1, 2, 3학년)	
			언어	과학국어의 본질
				국어의 순화 발전

사의 경험을 피와 살로 하여 언어 영역의 자리를 올바로 찾아서 뿌리내리게 해야 할 때가 왔다고 본다. 그런데 사실은 지난 반세기에 걸쳐 국어 교육의 내용 영역이 이리저리 바뀌고 언어 영역이 이름과 더불어 자리를 찾지 못해 헤맸지만 그 과정이 토론과 탐구를 거친 논리에 따라 이루어지지 못했다. 정부가 일을 주관하면서 그럴 수 있는 환경과 여건을 마련하지 않았기 때문이다. 따라서 그동안의 고달픈 경험이 언어 영역의 자리 찾기에 이렇다 할 도움을 주지 못하는 것이 되고, 우리의 논의도 원점에서 다시 시작할 수밖에 없는 것이 실정이다.

그러니까 언어 영역의 자리 찾기를 제대로 하자면 우선 '언어 영역이 국어 교육의 내용에서 반드시 있어야 하는 것인가?' 하는 물음부터 물어야 할 형편이다. 제3차 교육과정에서와 같은 사분법 영역을 잡거나 또 다른 체계를 마련하거나 간에 언어 영역 없이도 국어 교육을 잘할 수 있는 것은 아닌가? 이 물음에 대한 논의를 충분히 해서 '언어 영역 없이는 온전한 국어 교육을 해낼 수 없다'는 해답을 얻은 다음이라야 비로소 국어 교육의 내용 안에 언어 영역의 자리가 어딘지 살피는 일이 의미 있게 된다는 말이다.

8_ 제3차 교육과정의 짜임은 '가. 목표, 나. 내용, 다. 지도상의 유의점'으로서 목표, 내용, 방법이라는 세 뼈대만 간추려 잡았다. 제2차 교육과정의 짜임인 'Ⅰ. 목표, Ⅱ. 학년 목표, Ⅲ. 지도 내용, Ⅳ. 지도상의 유의점'보다 많이 간추려진 셈이다.

9_ 제3차 교육과정에서는 목표(학년 목표)에서도 말하기, 듣기, 읽기, 쓰기만을 항목으로 세워 놓았으니 내용이 그 네 영역으로 베풀어진 것은 말할 필요조차 없다.

10_ 제4차 교육과정은 짜임이 '가. 교과 목표, 나. 학년 목표 및 내용, 다. 지도 및 평가상의 유의점'으로 되어 있다. 그리고 그 모든 부분을 표현·이해, 언어, 문학이라는 세 영역에 따라 마련해 놓았다.

4. 언어 영역의 자리매김

그러나 여기서 내가 그쪽 논의로 들어서는 것은 마땅하지 못할 것 같다. 우선 그럴 시간이 없다. 따라서 어쩔 수 없이 '언어 영역이 국어 교육의 내용으로 반드시 있어야 한다'는 결론이 났다고 보고, 그런 전제 아래 언어 영역의 자리가 어디인지 생각해 볼 수밖에 없는 사정이라고 본다.

그렇다면 우선 생각해 볼 수 있는 것은 이제까지의 교육과정에서 언어 영역이 가장 안전하게 자리 잡았던 제4차 교육과정으로 돌아가 표현·이해와 문학의 바탕으로 자리 잡게 하는 방안이다. 그러나 그것은 앞에서 살핀 바와 같이 문학 영역을 수행(활동)으로만 보게 하는 약점을 지니고 있어서 바람직스럽지 못하다는 판단을 이미 했다. 그렇다면 우리는 국어 교육의 내용 체계를 새롭게 마련하는 길을 찾아보지 않을 수 없다. 우리가 경험한 교육과정에서는 기댈 방안이 없기 때문이다. 국어 교육의 내용 체계를 새롭게 마련한다는 말은 국어 교육의 내용이 과연 무엇이며 그 영역을 어떻게 잡아야 옳은가 하는 원초적 물음부터 다시 물어야 한다는 말이다.

국어 교육의 내용은 무엇인가? 그것은 마땅히 '국어의 세계' 전체라고 대답해야 할 것이다. 그것은 논란의 여지가 없는 이치라고 생각하는데, 문제는 국어의 세계가 무엇인가에 있다. 우리 국민 또는 우리 겨레가 목소리와 글자로 주고받는 말을 통틀어 국어의 세계라고 볼 수 있을 것이다. 가정과 사회의 구석구석에서 온갖 형태로 주고받는 입말, 라디오와 텔레비전 같은 매체에서 쏟아져 나오는 입말, 신문과 잡지 같은 갖가지 인쇄물로 주고받는 글말, 온갖 출판사에서 수없이 쏟아지는 책과 컴퓨터 통신에 떠올라 있는 사이

버 글말이 모조리 국어의 세계를 이룬다.[11] 당장 눈앞에서 이루어지는 입말과 글말뿐만 아니라 이제까지 이루어진 지난날의 모든 입말과 글말은 물론이고 앞으로 이루어져야 할 입말과 글말까지도 마땅히 국어의 세계로 보지 않을 수 없다.

이처럼 엄청난 것이 국어의 세계인데, 국어 교육은 이 모두를 내용으로 삼아야 하는가? 물론 그래야 할 것이다. 그러나 그 모든 형태의 말들을 자료로서 다루는 것이 아니라 원리로서 다루고, 모조리 꼭 같은 무게와 일률적인 값어치로 다루는 것이 아니라 핵심에서 주변으로 다양하게 차별하여 다루어야 한다. 따라서 국어 교육의 내용을 가늠하자면 국어의 세계를 자료로서가 아니라 원리로서 파악하는 일이 먼저 필요하다.

국어라는 세계, 곧 말의 세계는 어떤 원리로 이루어져 있는가? 이 물음에 관한 대답도 사람들은 이미 여러 가지를 찾아 놓았다. 어느 것도 아직 정답은 못 되겠지만 우리는 그 가운데서 우리의 국어 교육에 가장 바람직한 것이 무엇인지를 따져 골라잡을 수 있다고 생각한다. 앞에서 살핀 사분법이니 삼분법이니 이분법이니 하는 것들이 모두 나름대로의 원리를 가지고 말의 세계를 파악한 방안들이다. 나는 이제까지 우리의 국어 교육에서 눈여겨보지 않았던 이분법, 곧 말의 세계는 언어(language)와 문학(literature)으로 이루어져 있다는 전통적 관점에 주목할 필요가 있다고 생각한다.

언어도 말이고, 문학도 말이다. 언어는 일상의 말이고, 문학은

11_ 이 글을 쓸 적에 나는 아직 라디오와 텔레비전 같은 전자 매체의 말과 컴퓨터와 인터넷의 사이버 세상의 말을 전자말(electron language)로서 제대로 알아보지 못하고 있었다.

예술의 말이다. 언어는 현실의 말이고, 문학은 상상의 말이다. 그래서 언어는 언어학의 대상이고, 문학은 예술론의 대상이다. 보다시피 말을 이렇게 두 세계로 나누는 원리는 '기능'이며 '용도'다. 말이 무슨 일을 하며, 무엇을 위해 쓰이는가에 따라 언어와 문학으로 갈라졌다. 이런 구분법은 너무나 오래되었고, 그만큼 상식적이다. 기나긴 세월에 걸쳐 수많은 사람들이 이 이분법을 받아들여 왔으므로 오늘 우리가 받아들인다 해도 잘못에 떨어질 까닭이 없고 오히려 가장 안전한 선택일 것이다. 그러므로 일단 국어 교육의 내용은 언어와 문학이라는 두 영역을 싸잡아야 마땅할 것이다.

그러나 '국어 교육의 내용 영역은 언어와 문학이다.' 이렇게만 해서는 그 속살이 도무지 드러나지 않는다. 그대로는 너무 막연해서 교육 활동에 받아들여 요리하기가 어렵다는 말이다. 따라서 이들에게 교육 활동의 두 가지 목적 항들을 주어 속살을 헤집어 보는 것이 필요하다고 생각한다. 교육 활동의 두 가지 목적 항이란 바로 삶과 앎이다. 교육은 사람에게 삶과 앎이라는 두 체계를 완성시켜 가도록 도우는 활동이라고 볼 수 있기 때문이다. 그리고 언어와 문학, 곧 말이란 삶의 수단인 것과 같이 앎의 대상이기 때문이다.

그렇게 하면 국어 교육의 내용 영역은 삶의 언어와 앎의 언어, 삶의 문학과 앎의 문학, 이렇게 넷으로 갈라질 수 있다. 그러면 이들은 다시 주는(표현) 언어와 받는(수용) 언어, 공시적 앎의 언어와 통시적 앎의 언어, 주는(표현) 문학과 받는(수용) 문학, 공시적 앎의 문학과 통시적 앎의 문학, 이렇게 갈라져 나간다. 이런 방식으로 국어 교육의 내용 영역은 더욱 구체적인 속살까지 헤집어 드러내어질 수 있을 것이다.[12]

이것을 알아보기 쉽도록 그림표로 나타내 보겠다.

		삶			앎	
		주기(표현)	받기(수용)		공시	통시
언어	입말	말하기	듣기	속내	철학	역사
	글말	쓰기	읽기	모습	문법	
문학	입말	말하기	듣기	속내	원리	역사
	글말	쓰기	읽기	모습	갈래	

이 그림표가 드러내는 세계를 국어 교육의 내용으로 받아들일 수 있으면 오늘 우리의 주제인 언어 영역의 자리는 아주 뚜렷하다. 앎의 언어가 바로 그것이기 때문이다. 공시적인 앎에서 이념을 다루는 철학과 현상을 다루는 문법, 그리고 통시적인 앎에서 역사를 싸잡으면 그것이 바로 언어 영역이다. 그것은 국어 교육 전체 내용의 4분의 1을 차지하는 셈이다.

5. 말하기·듣기와 언어

이제 사실 말하기·듣기와 언어 영역 사이를 두고 논란할 까닭이 없어졌다고 생각한다. 거듭 말하거니와 이런 분란은 말하기, 듣기, 쓰기, 읽기와 언어, 문학을 나란히 국어 교육의 내용 영역으로 세워 놓은 불합리에서 말미암은 것이었기 때문이다. 국어 교육에서

12_ 이때에 언어와 더불어 문학이 얼마나 뚜렷하게 드러나는지를 눈여겨보아야 한다. 이제까지 우리의 국어 교육에서는 '국어 사용 능력'이라는 좁은 테두리에 내용을 가두어 놓는 바람에 언어가 제자리를 잡지 못했던 것에 못지않게 문학도 발붙일 데를 찾지 못하고 있었기 때문이다.

다루어야 할 내용의 영역이 합리적으로 잡히면 그런 분란은 저절로 사라지는 것이었다.

그러나 기왕에 문제로 던져졌기에 논의의 마무리 삼아 다른 각도에서 이 문제를 잠시 생각해 보고자 한다. 우리가 언어 영역에서 국어의 공시적 모습과 통시적 모습을 다룬다고 할 때에 말하기·듣기를 제대로 다루는 일에 경종을 울릴 필요가 있기 때문이다. 알다시피 오늘의 학문은 동서양을 막론하고 글말에 힘입어 이루어지고 자라났다. 글말을 일찍이 잘 부려 쓴 나라나 겨레는 학문이 치솟았고, 글말을 부리지 못한 나라나 겨레는 학문이 뒤떨어졌다. 따라서 글말의 문화만이 학문의 주된 수단이며 대상이었다. 이런 상황은 그대로 우리 국어 교육의 발자취에도 커다란 영향을 미칠 수밖에 없었다.[13]

하지만 이제 우리는 생각을 바로잡아야 하지 않을까 싶다. 글말 문화에 빠져서 사실을 올바로 보지 못했다는 반성은 지난 한 세기에 걸쳐 세계 곳곳에서 온갖 영역을 대상으로 일어났다. 무엇보다도 말의 세계를 보는 눈도 크게 달라졌다. 새로운 전자말(electronic language)이[14] 놀랍게 나타나면서 여태까지 눈여겨보지 못했던 입말의 세계를 다시 보게 된 것이다. 누가 뭐래도 사람은 글말보다 입

13_ 이제까지 국어 교육의 현실이 교육과정에서 뜻하는 바와는 달리 늘 글 읽고 뜻풀이하는 일에 매달렸던 것은 말할 나위도 없고, 제5차 교육과정 이래 내용 영역에 따라 교과서 또는 단원을 베풀면서도 하필 말하기와 듣기만은 따로 세우지 못하고 묶어 놓은 것이 그런 사정을 말해 주는 하나의 보기다.

14_ 이 글을 쓸 적에 나는 영미 쪽에서 들어오는 책에 전자말을 보지 못해서 나름대로 electronic language라 했는데, 몇 해를 지나서 들어온 책들에 electron language라 쓰는 것을 보고 배워서 바로잡았다.

말에 더욱 힘입어 살아왔고 살아갈 수밖에 없는 존재라는 사실을 깨닫게 된 것이다. 지난날에는 사람으로 여기지도 않았던 가난하고 불쌍한 하류층 사람들뿐만 아니라 글말을 부려 뜻깊고 거룩한 삶을 누리며 살았던 상류층 사람들도 사실은 훨씬 절대적으로 입말에 의존하여 살았다는 사실을 새롭게 깨달은 것이다.

따라서 이제 우리가 국어 교육에서 언어 영역을 다룰 때에, 국어 철학이든지 국어 문법이든지 국어 역사든지 간에 먼저 입말에 무게와 바탕을 두고 다루어야 마땅하다. 입말, 곧 말하기·듣기에 먼저 터를 잡아 국어의 세계를 밝혀내고, 이론을 세우고, 체계를 잡은 다음에 글말의 세계를 곁들여야 언어 영역의 몫을 올바로 이루어 낼 수 있다는 말이다. 입말이 앞서고 글말이 뒤따르며, 입말이 가운데를 차지하고 글말이 가장자리를 잡을 때에 말의 세계가 참모습에 가까워지므로 언어 영역의 교육 또한 마땅히 그래야 한다는 뜻이다.

• 말하기·듣기와 언어 영역 : 《함께 여는 국어 교육》 1997 겨울호

이탈리아의 국어 교육과 라틴어 교육[1]

1. 들머리

닫힌 왕정 사회에 오랫동안 머물러 살다가 뒤늦게야 열린 민주 사회에 눈뜬 우리 겨레에게는 앞뒤를 가릴 겨를조차 없이 바쁘고 어려운 일들이 지난 한 세기 동안 엄청나게 밀어닥쳤다. 게다가 그 중 요긴한 부분의 반세기를 일본 제국주의자들의 마수에 내맡기게 됨으로써 그 일들은 말할 수 없는 어려움 가운데에 더욱 휩싸이고 말았다. 그래서 국권을 회복한 지 이제 겨우 한 세대를 넘긴 우리에 게는 여전해 해야 할 일들이 태산처럼 쌓여 있다.

그렇게 쌓여 있는 어려운 일들 가운데서도 요긴한 하나가 우리 '모국어 교육'의 문제다. 우리의 모국어는 우리 겨레가 이 땅에서

1_ 이 논문은 정부의 '해외 파견 연구 교수'라는 제도적 지원에 힘입어, 이탈리아에 가서 관찰하고 조사한 결과이다. 전문적 학술 논문이라기보다는 일종의 보고서라고 할 수 있다.

살아온 길고 긴 세월과 함께 쓰여 온 것이기에, 파란만장한 이 겨레의 역사와 더불어 변천해 온 겨레의 얼이며 넋이고, 전체 문화의 바탕임이 틀림없다. 겨레와 겨레의 말과 겨레의 문화 사이에는 서로 끊을 수 없는 필연의 상관관계가 있어서 겨레의 말이 풍성하고 아름답게 가꾸어지면 겨레의 삶과 문화도 함께 씩씩하고 넉넉하게 살아나고, 그중의 어느 하나가 병들고 상처받으면 다른 것들도 시들고 쇠망해 버리게 된다. 그런데 우리 겨레는 지난날의 긴 역사 안에서 늘 우리의 삶과 문화를 가꾸기 위해서는 무진 애를 썼을 뿐 아니라, 그것이 위협을 받을 때에는 있는 힘을 다하여 지키고 더러는 목숨을 걸고 싸우면서 오늘까지 버티어 왔다.

그러나 우리 겨레의 말 곧 모국어를 넉넉하게 키우고 아름답게 가꾸기 위해서는 아무런 힘도 기울이지 않았던 터이다. 19세기 말까지의 유구한 세월 동안 우리 겨레의 말은 누구 한 사람의 보살핌도 받지 못한 채 완전한 방임 상태에 놓여서 짓밟혀 왔고, 게다가 혹독한 외래어(주로 중국으로부터)의 침략을 견디며 시달려 왔었다. 인재를 양성하자는 교육 기관은 천수백 년 동안 점점 늘어나면서 있어 왔지마는, 그것은 오로지 중국의 글을 가르침으로써 우리말을 죽이는 일을 했을 뿐 '모국어 교육'을 위해서는 단 한 시간도 걱정하지 않았다.

19세기 말에 와서야 몇몇 사람들이 우리 겨레의 말에 대하여 눈을 뜨고 관심을 가지기 시작하였지마는, 그때에는 이미 겨레와 나라의 온 운명이 몹시 위태로운 지경에 이르러 있었고 게다가 사악한 일본 제국주의의 마수가 덮쳐 그 눈뜸과 관심마저 자랄 수가 없었다. 20세기에 들어와서 결국 일제는 우리나라를 빼앗고, 우리 겨레조차 온전히 죽여서 저희의 종으로 삼기 위하여 온갖 짓을 다 하고, 특히 우리 겨레를 죽여 없애는 데에는 우리말을 죽이는 길이 가장 요긴하다는 사실을 잘 알아서 용의주도하게 그 일을 반세기 동안 자행하다가 물러났다.

천수백 년 동안 중국 문화에 넋이 홀리어 스스로 그 말을 불러들여 우리말을 죽여 온 터에, 일제의 마수에 걸린 반세기 동안은[2] 저들이 우리 겨레를 없애고 저들과 한 동아리가 되도록 만들려는 나쁜 속셈으로 갖가지 악랄한 수단으로 우리말의 숨통을 끊으려 했던 것이다. 이리하여 우리의 모국어인 배달말은 기진맥진한 상처투성이가 되어서 광복을 맞이한 우리 세대의 품으로 와 안기었다. 그리고 비로소 '국어 교육'이 국민 교육의 중심이 되어서 이루어지기 시작했다. 유사 이래 처음으로 모든 국민에게 교육받을 기회가 주어지고, 방방곡곡에 초등학교를 세워서 누구나 의무적으로 6년 동안의 초등 교육을 받도록 했으며,[3] 중학교와 고등학교도 계속 늘리면서 머지않아 중학교 3년까지도 의무 교육으로 바꾸려고 애쓰고 있다. 전문학교와 대학교까지 통틀어서 광복 후 이 한 세대 동안에 이룩한 교육의 제도적 팽창은 실로 폭발적인 것이었다고 하겠다. 이 폭발적인 팽창으로 말미암아 교육의 내용적 충실은 얻어지기 어려웠고, 갖가지 부작용과 시끄러운 물의가 아직도 꼬리를 물고 교

2_ 일제가 총독부를 두어 우리를 짓밟은 기간은 35년이지만, 그들이 실제적으로 그들의 마수로서 우리를 옭아 못살게 군 것은 적어도 갑오년(1894)부터라고 보아도 50년이 넘는다.

3_ 초등 교육 6년을 의무화한 것은 1948년의 헌법에 명시하면서부터이나 실제로 수행된 것은 6·25 동란이 휴전된 뒤의 '의무 교육 완성 6개년 계획'(1954~1959)에 의해서였다.(중앙대학교 부설 한국교육문제연구소, 《문교사》, 중앙대학교출판국, 1974, pp.180~190)

육 현장에 나뒹굴고 있는 터이다. 따라서 모처럼 제자리를 찾아 앉은 '국어 교육'도 그 내용과 질에 있어서는 역시 한심스러운 상태에서 벗어나지 못하고 있다.[4]

이처럼 복잡하게 얽힌 우리의 역사적 현실 속에서 '국어 교육'을 어떻게 개선시킬 수 있을까? 이것이 중등학교의 국어 교육자를 양성하고 있는 사범대학 국어교육과의 숙제다. 이 숙제를 조금씩이나마 풀어 가기 위하여 여러 가지 노력들이 있어 왔고, 앞으로 더욱 적극적인 노력이 있어야 할 것이다.

이러한 노력의 일환으로써 나는 서양 문화의 종주국이라고도 할 수 있는 이탈리아에 가서 그들의 모국어 교육에 대하여 살펴보고 그를 통하여 우리 국어 교육을 위한 어떤 암시라도 받아 볼까 한 것이다. 특히 오랫동안 라틴어를 국어로 써 오다가 이탈리아어로 국어가 바뀐 그들이 그 두 언어를 어떻게 교육시키고 있는가를 살피는 것은 한문과 한자어 문제에 시달리고 있는 우리 국어 교육을 위하여 무슨 도움이 될는지도 모르겠다는 생각으로 이탈리아에 가 보고자 한 것이다.

한마디의 말로 '국어 교육'이라고 하지마는 거기 내포된 문제는 무수하다. 그 모든 문제들을 염두에 두고 이탈리아의 국어 교육을 살필 수는 없기 때문에 비교적 분명하게 문제의 테두리를 정해 놓고 살폈다. 그러나 그것을 지나치게 국한시키지는 않고 될 수 있는

4_ 1955년의 제1차 교육과정에서부터 줄곧 명시되어 온 국어 교육의 내용(말하기, 듣기, 읽기, 쓰기)이 아직도 거의 현장에서 교육적으로 실현되지 않고 있으며, 그 주된 원인은 교사 양성의 잘못에 있다고 보아야 할 것이다.

대로 광범위하게 살핌으로써 스스로의 견문을 넓히려고 했다. 미리 예정해 갔던 문제는 이탈리아 국어 교육의 내용과 형식에 관한 것이었다. 이탈리아에서는 그들의 모국어 교육을 무엇(내용)에 대하여 어떻게(형식, 방법) 하고 있는가를 살피고자 한 셈이다. 그리고 그들의 고대 국어였으며 근세까지도 귀족 언어로서 위력을 지녔던 라틴어에 대하여는 어떤 태도를 지니고 있으며, 그것의 교육은 어떻게 하고 있는지를 살피고자 했다. 이 점은 아직도 우리 국어 교육의 사소한 쟁점이 되고 있는 한자 내지 한문 교육에 대한 침고가 될까 해서였다.

2. 이탈리아의 국어 교육

이탈리아의 초등학교, 중학교, 고등학교에서 이루어지는 교육을 구경하면서 나는 예체능 교과와 외국어를 제외하고는 모두 국어 교육의 일환이라는 생각을 떨쳐 버릴 수가 없었다. 그것은 아마도 그들의 모든 교육 방법이 교과목의 특수한 지식들을 전달하는 것이 아니라, 교과의 내용을 적절한 크기의 문제로 환원시켜서(교과 내용을 이러한 문제로 환원하는 기술이 바로 교사의 능력일 듯하다.) 그 문제에 대하여 토론을 진행하면서 생각하고 말하고 듣고 판단하는 것으로 이루어지기 때문일 것이다. 유치원에서 대학까지 그 어느 급의 학교에서도, 수학이거나 역사이거나 그 어떤 교과라도(물론 외국어와 예체능은 예외이다.) 기성품으로 굳어진 지식을 교사가 학생들에게 전달하거나 주입시키려 하지 않고, 토론과 대화를 통하여 학생들의 내면에 깃들어 있던 그 무엇(심리적 에너지, 인격의 싹이나

움)을 '끄집어내게' 하는 활동이 교육이라는 우리의 구두선(口頭禪)이 그들에게는 상식적 현실이었다. 그러므로 대부분의 학교 교육은 학생들이 스스로 책을 읽고, 생각하고, 대화를 나누고(말하고 듣고), 판단함으로써 성장해 가는 것이고, 교사들은 유능한 협조자들이고 친절한 상담자들로서의 몫에 최선을 다할 뿐이었다.

　나는 늘 우리 교육이 벙어리 교육과 귀머거리 교육에서 벗어나지 못하는 현실을 안타까워 해 온 터라, 그들이 어떤 주제로 수업을 진행하고 있든지간에 진지하고 질서 있게 대화를 나눌 때마다 '저것이 바로 국어 교육이 아닌가?' 하는 생각에 빠졌던 것이다. 30여 년 동안 우리는 국어 교육이 '말하기, 듣기, 읽기, 쓰기'를 잘하도록 이끌어야 한다고 교육과정에 못 박아 놓고 있었음에도 불구하고 아직 그것이 교실 안에서 실현되지 못하고 있다. 왜 그럴까? 무엇 때문에 남의 말을 제대로 잘 알아듣고 제 생각을 조리 있게 잘 말할 수 있게 하고, 남의 글을 깊고 올바르게 읽어 내고 자신의 생각을 글로 잘 표현할 수 있도록 하는 것이 국어 교육의 일인 줄을 알았으면서도 그런 국어 교육을 실현하지 못했을까? 더구나 의사 교환(말을 주고받는 말하기와 듣기, 글을 주고받는 쓰기와 읽기)을 통하여 인간은 개인적으로 성숙해지고 사회적으로 강력해지는 것이기에, 올바른 국어 교육을 통하여 우리 사회의 구성원 개개인을 계발하고 전체 사회를 보다 강력한 것으로 만들 수 있는데, 왜 여태 올바른 국어 교육을 못하고 있는가? 이런 의문 속에 오랫동안 빠져 있던 터라, 대화와 토론을 통해서 이루어지는 그들의 학교 교육 전체가 하나의 국어 교육처럼 나에게는 의식되었던 것이다.

　그러므로 결국 국어 교육의 개선은 교육 전반의 방법론적 개혁과 함께 추진될 때에만 가능하고, 단독적인 개선이 이루어지기는 어려울 듯하다. 우선 이미 상급 학교 진학을 위한 이른바 '입시 지옥'에서 완전히 해방된 초등학교에서부터 참다운 교육, 곧 학생들은 스스로 탐구하고 토론하면서 그들의 내면에 깃들어 있는 가능성을 키우고, 교사는 유능한 협조자로서 그것을 돕고 학생과 더불어 그 가능성을 '끄집어내도록' 되어야겠다. 그래서 전반적인 교육 방법이 교사의 지식 전달 내지 주입에서 벗어나 학생 스스로 탐구하고 발견하는 것으로 바뀔 때에 학생들이 말하고 듣고 읽고 쓰는 참 국어 교육이 이루어질 수 있을 것이다.

이러한 전제를 염두에 두면서 이제 이탈리아의 중등학교 국어 교육을 살펴보기로 하자.

1) 주당 시간 수

이탈리아 '국어' 과목에 대해서 잠시 살펴보자.

먼저 중학교의 것을 보면, 1학년은 주당 전체 30시간에서 국어가 7시간, 2학년도 마찬가지이고, 3학년은 6시간이다. 백분율로 보면 1, 2학년은 전체 시간의 23.3%를 국어에 배정한 셈이고, 3학년은 20%를 배정한 셈이다. 이는 우리 교육과정에서 국어에 배정된 시간에 비해 많은 것이다. 게다가 이탈리아의 중학교에서는 '역사, 지리, 사회' 과목도 국어 교사가 담당할 뿐 아니라 그것은 방법론적으로도 완전히 국어 교육에 속한다. 역사든 지리든 사회든 학교에서 공부할 내용에 대하여 학생들은 집에서 교과서를 읽어 보고 와서 교실에서는 선생님과 더불어 토의를 진행한다. 공부의 주제는 역사거나 지리거나 사회이지만 결국은 말하고 듣고 읽고 그 내용들을 글로 적어서 정리하는 국어 공부를 하는 셈이다. 그러므로 이탈리아의 중학생들은 거의 역사, 지리, 사회를 국어 과목의 부분으로 여기고 있는 터이다.[5] 그러므로 이 과목의 시간도 국어 시간으로 간주하면 그것은 매 학년 11시간이 되어서 총 시수의 36.7%에 해당하는 분량이고, 우리의 국어 시간에 비해 두 배가 넘는 시간이 된다.

고등학교의 국어 시간 수는 계열에 따라서 조금씩 달라 한마디로 말할 수가 없다. 인문 고등학교는 1, 2학년이 주당 총 시수 27시간에 5시간씩, 3, 4학년은 주당 28시간에 4시간씩이고, 5학년은 주당 29시간에 4시간이다. 5개년을 통틀어 보아 국어 시간 수는 전체의 15.8% 정도 되는 셈이다. 한편 자연 고등학교는 1학년이 총 25시간 중 4시간, 2학년이 27시간 중 4시간, 3학년은 28시간 중 4시간, 4학년은 29시간 중 3시간, 5학년은 30시간 중 4시간이 국어에 주어진다. 총 시수에 대한 국어 시간의 비율은 5개년을 통틀어 13.7% 정도이다. 또 사범 고등학교는 1학년이 주당 총 시수 32시간에 4시간, 2학년이 33시간에 4시간, 3학년이 31시간 중 4시간, 4학년이 30시간 중 4시간씩이다. 따라서 4개년을 통틀어 총 시수에 대한 국어 시간 수의 비율은 12.7% 정도이다. 그리고 상업기술 고등학교는 1, 2학년이 다 같이 주당 31시간에 5시간씩이고, 3학년은 32시간에 3시간, 4, 5학년은 32시간에 3시간씩이다. 그래서 전체적으로 보아 12.2%의 시간이 국어에 주어진 셈이다.

5_ 내가 Perugia 제3중학의 3학년 학생에게 수업 시간표를 청했을 때, 그 학생은 주당 11시간을 국어로 적어 주었고 그 11시간의 내용을 설명해 달라니까 역사, 지리, 사회가 들었다는 것을 말해 주었다.

이것들은 우리의 교육과정에서 배정된 국어 시간 수와 비슷비슷한 시간 수라고 하겠다. 그러나 고등학교에도 역시 인문 과목인 역사, 지리, 사회, 철학은 더러 국어 교사가 담당하기도 할 뿐만 아니라, 그 인문 과목의 교육을 통한 성취 목표가 바로 의사 교환의 능률화와 언어를 통한 사고력과 판단력을 기른다는 국어 교육의 목표 그대로이기 때문에, 주당 2~5시간씩 되는 인문 과목의 시간을 국어 시간으로 본다면 그 비교는 아주 달라져야 한다. 뿐만 아니라 인문, 자연, 사범 고등학교에서는 그들의 옛말(고어)이리고 할 수 있는 '라틴어문'을 주당 3~5시간씩 또 가르치고 있으니 이까지 모두 포함하면 이들 고등학교에서도 역시 전체의 30% 이상을 국어에 바치는 셈이 된다.

2) 교과 내용

중학교의 경우 국어 교사가 담당하는 주당 11시간은 예외 없이 '역사' 2시간, '지리' 2시간, '문법' 2시간, '작품집' 3시간, '이야기' 1시간, 그리고 '신문' 1시간으로 된다. 그러니까 법적으로는 '역사·사회·지리' 과목을 1, 2학년에서 주당 4시간, 3학년에서는 5시간씩 가르치도록 해 놓았으나, 실제로는 '사회'를 역사나 지리에 넣어서 교사의 재량에 따라 가르치게 하고, 역사와 지리만 매 학년 2시간씩 가르치고 나머지 7시간을 국어에 할애하고 있다.

고등학교의 경우는 학교 계열에 따라 학년별 국어 시간 수가 다르기 때문에 교과 내용을 일률적으로 말하기 어렵지마는, 대체로 주당 5시간일 때에는 문법 1시간, 이야기 1시간에 작품집 3시간씩 하고, 주당 3시간일 경우에는 문법, 이야기, 작품집을 다 같이 1시간씩 하는 것이 보통이다.

순수 국어 과목이라고 할 수 있는 것들 가운데서 가장 중심은 역시 문법이 아닌가 싶다. 초등학교 5개년 과정에서 이미 철저히 교육받은 바탕 위에 보다 더 복잡한 원리를 습득시킴으로써(이론의 이해를 위한 것이 아니라, 철저하게 실용을 위한 문장과 작문 연습을 통해서 체득시키는 방법에 의한다.) 한결 세련되고 섬세한 국어를 사용할 수 있는 능력을 붙이게 한다.

참고로 초등학교 문법 교육을 잠시 보면, 첫 2년간은 '정서법'을 위주로 해서 음운(자음, 모음), 음절, 낱말을 깨닫게 한다. 문법적 술어는 전혀 쓰지 않으면서 낱말의 성과 수, 낱말의 품사, 단순한 동사의 시제, 그리고 묵음의 h라든지 특수한 악센트와 생략 부호 등도 깨닫고 익히게 연습시킨다. 다음 3학년이 되면 문장을 가르친다. 한 개의 월을 짓게 하는 바탕에서 구와 절, 주어와 목적어, 주부와 술부, 그리고 1, 2학년에서 익힌 낱말이 그 성질에 따라 품사로서 갈래짐을 깨우치게 된다. 게다가 그들 품사에 따라 성과 수를 가르치고, 기본 동사(Essre, Avere, Fare)의 격에 따른 기본 시제(현재, 과거, 미래)를 가르친다. 4학년이 되면 글자의 이름과 차례를 비로소 가르치고, 문장에 쓰이는 부호를 가르친다. 계속 한 개의 월을 짓게 하면서, 각 낱말을 품사적으로 올바로 사용할 수 있도록 하는데, 명사에서도 본래 명사, 파생 명사, 전성 명사를 가르치고, 관사에서도 정관사와 부정관사를, 형용사에서도 품질, 소유, 지시, 수량 형용사를 구별시키고, 대명사에도 인칭과 관계 대명사를, 전치사에도 단순 전치사와 관형 전치사를 제대로 사용할 수 있게 한다. 그리고 재귀 동사와 부사와 접속사와 감탄사를 이 4학년에서 비로소 가르친다. 4학년에서의 가장 두드러진 특징은 이때부터 문법 술어를 사용한다는 점이고, 4학년을 마치면 기초적인 문법의 얼개는 거의 알도록 한다는 것이다. 5학년에서는 4학년에서 배운 영역을 거의 그대로 되풀이하는데, 이제까지 익힌 문법 실력으로 보다 많은 글을 짓게 하고, 문법에 맞지 않은 글들을 고쳐 보게 하고, 짤막한 글들을 많이 읽히면서 문법적으로 분석, 이해하게 한다.

이와 같이 철저하고 조직적인 5개년의 초등학교 문법 교육의 바탕 위에 또다시 중학교 3개년의 문법 교육이 전체 국민에게 계속된다. 중학교 문법 교육의 내용은 그 질이나 양에 있어서 우리나라의 대학 전공 학과에서 공부하는 그것과 흡사한 수준처럼 보인다. 어쩌면 그보다 더 쉬운 말로 가르치지마는 훨씬 철저하고 완벽하게 이해시키는 것이 아닌가 싶었다. 중학교 문법 교육의 내용을 쉽게 알아보기 위하여 한 교과서의 목차를[6] 보이겠다.

우리말의 용법을 배우자

1. 국어
2. 구어와 사투리
3. 이탈리아어의 문장 구조와 라틴어의 문장 구조
4. 인간과 의사소통의 욕구
5. 언어와 기호들

6_ Amelia Amatueci 외, *Io Parlo Tu Parli, Marietti*, Torino, 1978. 이 책이 이탈리아의 중학교에서 사용되는 문법 교과서의 대표는 아니다. 그러나 어느 교과서를 선택하더라도 그들이 중학교에서 가르치는 문법 교육 내용의 정도를 짐작해 보는 데에는 큰 문제가 없다.

6. 말과 그의 음성적·문자적 형태 : 음운과 자모

7. 특수한 정서법

8. 음절과 강세

9. 쉼과 문장 부호의 용법

10. 감탄사

11. 위대한 스승 : 관찰

12. 의미 : 말의 뜻

13. 언어와 의사소통 기능

14. 언어와 사회적 기능

15. 언어에 대한 체계적 반영

16. 구문 관계 : 월에서의 주부와 술부의 기능

범주의 기능에 대한 시험 – 문법적 분석

17. 동사적인 것들

18. 명사적인 것들

19. 일치 : 남성과 여성, 단수와 복수

20. 한정어들

21. 수식어들

관계의 기능 : 논리적 분석과 시제의 분석

22. 문장과 그 변형

23. 보어 또는 보충적 확장

24. 상관적 문장

25. 동사의 특수한 법들

26. 시제

27. 직접 화법과 간접 화법

우리 시대의 이탈리아 언어

28. 이탈리아어와 그의 발전

29. 근원에서부터 오늘날까지

1항에서 16항까지, 그러니까 '우리말의 용법을 배우자'라고 한 첫 부분을 1학년에서 공부하고, 17항에서 21항까지의 '범주의 기능에 대한 시험'이라고 한 둘째 부분을 2학년에서 공부하고, 나머지 부분 곧 '관계의 기능 : 논리적 분석과 시제의 분석', 그리고 '우리 시대의 이탈리아어'를 3학년에서 공부하게 되어 있다.

1학년의 교육 내용은 전체적으로 언어 일반론에 바탕을 두어서, 말과 글 그 자체에 대한 이해를 구체적인 이탈리아 말을 통하여 얻도록 하고 있다. 2학년 교육 내용은 언어 일반론이 아니라 보다 직접적인 이탈리아어의 문법을 다루는데, 대체적으로 품사론이라 하겠다. 그리고 3학년의 교육 내용은 주로 문장론이라고 하겠는데, 게다가 상당한 수준의 자국어 역사를 공부하게 한다. 그런데 그 역사 공부가 무슨 이론적인 것이 아니라 이탈리아 말의 출발점이라고 할 수 있는 10세기부터 각 세기별로 당대의 말 모습을 잘 보여 주는 구체적 문헌들을 읽으면서 그 변화 과정의 모습들을 발견하도록 하는 것이다.

고등학교 문법을 5년 내내 주당 1시간씩 가르치는데, 그 내용의 정도는 중학교보다 훨씬 광범위하고 이론적이라고 하겠다. 여기서도 한 문법 교과서의[7] 중요 목차를 제시함으로써 그 교육의 내용을 미루어 보도록 하겠다.

1. 동물의 언어와 사람의 언어

2. 글자의 역사

3. 기호, 상징, 표지

4. 음운과 이탈리아어의 음운론

5. 여건과 명제

6. 서술의 구조

7. 말

8. 동사

9. 어구와 형태소

10. 이탈리아어 어휘

11. 의미

12. 라틴어

13. 이탈리아어의 발생

14. 표준 이탈리아어와 주(지역) 이탈리아어

15. 사투리

16. 이탈리아어의 사회언어학적 변태

17. 이탈리아 내의 소수민족어

18. 언어와 문화, 의사소통

19. 원전 : 기록과 구비

| 7_ Giulio Soravia, *Prima Lingua*, Principato Milano, 1980.

20. 문체와 수사

21. 언어의 사용 : 듣기

22. 언어의 사용 : 말하기

23. 언어의 사용 : 읽기

24. 언어의 사용 : 쓰기

25. 대중 전달의 수단 : 출판, 책과 신문

항목 1에서부터 11까지는 이탈리아 말을 바탕으로 한 언어 일반의 이론에 관한 것이고, 항목 12에서부터 17까지는 보다 직접적으로 이탈리아 말에 대하여 통시적, 공시적으로 파악하는 것이고, 항목 18 이후는 의사 교환, 곧 언어생활에 관한 공부라고 하겠다.

교과 내용에서 또 중요한 영역은 '작품집(Antolgia)'이라고 이름 한 것이다. 초등학교 과정에서 이미 상당한 분량의 문학 작품을 맛보게 했는데, 2학년 때부터 동시를 비롯한 쉽고 고운 시들을 외우게 하고 우화와 동화를 비롯한 짧은 산문 작품도 시시때때로 읽고 외우고 이야기하게 하지마는 그것들은 교사용 지침서에만 학년별로 선별된 작품이 제시되어 있을 뿐 '작품집'이라는 몫이 따로 있지는 않았다. 그러나 중학교에 오면 매주 3시간씩 작품집에서 문학 작품을 공부하도록 하고 있다.

작품집의 교육 내용은 방대한 분량의 문학 작품을 접하게 하여, 문학 작품을 통한 감성 교육 및 상상력 계발은 물론이고, 그것을 통하여 말하고 듣고 읽고 쓰는 언어생활의 능력을 키우게 한다. 문학에 대한 이론적인 주입이 아니라 작품을 통해서 생각하고 체험하게 하는 발견·탐구의 교육이다. 방대한 분량이라고 했는데, 몇 개의 교과서를 조사해 보니까 대체로 한 학년 동안 배울 것으로 300에서 400편의 문학적인 글을 모아 놓고 있다. 거기에는 시, 수필, 콩트, 단편, 희곡, 감상문, 관찰문, 우화, 그리고 중세와 고대의 수많은 작품들도 현대어로 잘 옮겨져서 실려 있었다. 반드시 이탈리아 사람들의 작품뿐만 아니라, 가위 전 세계 각국의 문학들이 많이 번역되어 실려 있었다. 그것을 문학의 장르별로 구분하여 단원을 만들지 않고 내용별로 모으되 학생들의 생활에 가까운 현실에 바탕하여 쉽게 다가갈 수 있게 해 놓았다.

참고로 한 교과서의 단원만을[8] 보이겠다.

1. 공동의 광장

   가족 안에 – 21편의 글이 담김.
   학교에 – 11편의 글이 담김.
   야외에 – 20편의 글이 담김.

2. 첫 대상

   동물 – 35편의 글이 담김.
   사물 – 17편의 글이 담김.

3. 전망의 길

   관찰하다 – 13편의 글이 담김.

8_ Alberto Pesce e Romano Colombini, *Proposte piu, Vol. 1*, La Scuola, Brescia, 1977.

방 – 7편의 글이 담김.

주택 – 17편의 글이 담김.

마을 또는 거리 – 20편의 글이 담김.

4. 변화

떨어지는 잎 – 23편의 글이 담김.

벗은 나무 – 29편의 글이 담김.

되살아남 – 16편의 글이 담김.

태양과 열매의 철 – 13편의 글이 담김.

5. 장면 전환

유럽의 우화 – 11편의 글이 담김.

현대의 마술 – 11편의 글이 담김.

6. 이중 영상

모험 – 10편의 글이 담김.

공상 과학 – 3편의 글이 담김.

7. 인기 상승

자연에로 : 놀라움에 차서 – 7편의 글이 담김.

자연에로 : 호기심에 차서 – 13편의 글이 담김.

인간과 자연 – 8편의 글이 담김.

이것이 중학교 1학년용의 한 '작품집' 교재 단원을 보인 것이다. 그 소년 소녀들이 흥미와 관심을 불러일으킬 만한 재미있고 아름다운 글들을 어떻게 모아 엮었겠는지 대강 짐작할 수 있으리라 믿는다.

여기 실린 글은 그러니까 모두 295편이 되는 셈이다. 물론 이 작품들을 빼놓지 않고 모조리 공부하는 것은 아니라 하더라도, 1년 동안 온갖 형태의 작품 갖가지 내용의 작품들을 접하면서 생각하고 토론하고 지어 보는 분량은 우리 중학생들의 그것과 비교하여 참으로 엄청나다고 할 수 있다. 2학년, 3학년에도 이 '작품집'이라는 과목의 내용은 크게 변하는 않는다. 다만 3학년에서는 역시 학생들의 현실에 밀착한 소재를 단원으로 삼고 있으면서도 시야와 관심을 더욱 넓혀서 국가와 사회의 정치, 경제, 문화, 예술 등에 관한 것과 신문, 텔레비전 등의 대중매체, 나아가서 세계의 문제인 전쟁과 평화, 자유와 억압, 가난과 인구 등에 관한 단원도 설정하고 있다는 점을 지적해 둘 만하다.

중학교에서의 '작품집'은 광범한 내용과 다양한 형식의 문학 작품을 접하고 공부하게 하는 반면에, 고등학교에서는 철저하게 이탈리아어 문학만을 역사적으로 음미하면서 그 역사적 흐름을 파악하게 한다. 자기네들의 문학사를 공부한다고 보겠는데, 그것이 이론을 위한 이론으로서가 아니라 어디까지나 시대적 순서에 따른 문학 작품들을 바탕으로 하여, 당대의 대표적인 작품들을 읽고 공부함으로써 그 시대의 문학적 현실을 실증적으로 이해하게 하는데, 그것이 세기별로 진행되어 결국 개인적 주관에 강요당하지 않고, 학생들 스스로가 하나의 역사 원리를 그 속에서 파악할 수 있게 하고 있다.

그런데 그것을 위하여 학생들이 읽어 내어야 하는 작품의 분량은 막대한 것이다. 예컨대 인문 고등학교의 1학년용 작품집의 한 교과서를[9] 보면 46배판을 8포인트 활자 양단으로 조판하여 무려 800페이지(정확하게는 본문만 829페이지)가 넘는 분량이다. 여기에는 이탈리아어 문학이 처음 시작되는 13세기에서부터 14세기와 15세기까지의 문학을 다루고 있는데, 13세기 말엽에 활약하여서 이탈리아어 문학의 기초를 닦은 거인 단테(Dante Alighieri)의 경우는 꼭 95페이지를[10] 차지하고 있다. 주당 3시간씩 공부하는 작품집의 수준과 분량을 짐작할 수 있으리라 믿는다.

이렇게 이탈리아어 문학이 비롯되는 13세기로부터 오늘 현재까지 7세기 동안의 이탈리아 문학을, 구체적으로 작품을 읽고 음미하면서 역사적으로 정리하고 이해하는 것이 고등학교 과정에서의 '작품집' 교육 내용이다.

이탈리아 국어 과목의 교육 내용에서 다음으로 중요한 것은 '이야기(Narrativa)'이다. 이 이야기 문학은 중학교 1학년에서부터 고등학교 5학년까지 끊임없이 주당 1시간으로 되어 있다.

'이야기 문학' 시간에 다루는 작품은 선생님들에 따라 얼마간의 차이는 있지마는 대체로 각 학년별로 그 대상이 묵시적으로 정해져 있다. 좀 더 구체적으로 살핀다면, 중학교 1학년에서는 그리스와 로마의 대표적인 고전 서사시들에서 가장 뛰어난 부분을 몇 도막 골라 현대 이탈리아 말로 뒤쳐서 공부한다. 2학년에서는 중세기의 대표적인 서사시에서 훌륭한 부분을 골라 현대어로 뒤쳐서 공부

9_ C. Salinari e C. Ricci, *Storia della letteratura italiana*, Laterza, Roma-Bari, 1981.
10_ C. Salinari e C. Ricci, 위의 책 pp.235~330.

하고, 3학년에서는 현대 20세기의 장편소설 가운데 선생님들의 판단에 따라 한 작품을 골라 가르치는 것이다.

중학교 1학년에서 공부하는 고대 서사시는 거의 예외 없이,《구약성서》중에서 '모세의 이야기', '여호수와의 이야기', '삼손의 이야기' 혹은 '다윗의 이야기',《일리어드》중에서 '아킬레스의 분노', '헥토르와 안드로마케', '최후의 결전',《오딧세이》중에서 '귀국에의 향수', '경이적인 모험', '복수',《아에네이스(Aeneis)》중에서 '트로이의 최후', '디도의 비극적 운명', '로마의 위대', '꺾여진 꽃처럼' 등의 대목들이다. 중학교 2학년에서 공부하는 중세의 서사시는 대체로《베어울프》중에서 '용과의 싸움', '베어울프의 죽음',《롤랑의 노래》중에서 '샤를르마뉴 궁에서의 의논', '가노의 배신', '샤를르마뉴의 귀국',《일 치드(Il cid)》중에서 세 대목 정도,《니벨룽겐의 노래》중에서도 세 대목 정도,《아더 왕의 이야기》중에서 두세 대목,《광인 오를란도(Orlando Furioso)》에서 몇 대목,《예루살렘의 해방》중에서 '경건한 전쟁', '여성의 용기', '고프레도의 승리',《동키호테》중에서의 몇 대목들이다. 그리고 중학교 3학년에서는 현대 장편소설에서 한 작품을 골라 공부한다.

한편, 고등학교에서 공부하는 '이야기 문학' 작품은 거의 고정되어 있는데, 1학년에서는 라틴 문학의 최고 서사시로 인정을 받는 베르질리우스(M. P. Vergilius, 70BC~19AC)의 〈아에네이스〉(이탈리아 말로는 Eneide)를 전편 모두 배운다. 그리고 2학년에서는 이탈리아의 현대어를 가장 완벽하게 구사했을 뿐 아니라 순수한 신앙심에 바탕한 사랑의 승리를 그린 만조니(A. Manzoni, 1785~1873)의 〈약혼자들〉을 배운다. 3~5학년에 걸쳐 단테(A. Dante, 1265~1321)의

〈신곡〉을 원문 그대로 배우는데, 3학년에서는 '지옥편', 4학년에서는 '연옥편', 5학년에서는 '천국편'을 공부한다.

국어 과목에서 교육하는 또 하나의 영역은 중학교에서 3년간 매주 1시간씩 공부하는 '신문(Gionale)'이다. 1962년에 중학교 과정이 의무화되기 전에는 국어 과목에서 '신문'을 가르치지는 않았다. 전체 국민이 중학교 과정의 교육을 의무적으로 받아야 되면서부터, 현대 생활(물론 언어, 문자 생활)의 중요한 필수 도구가 된 신문을 국어 시간에 가르치도록 한 것이다. 매주 1시간 '신문'을 공부해야 하는 날에는 등교하는 길에 판매소(edicola)에서[11] 그날 치의 지정된 신문을 한 부씩 사 가지고 오고, 수업 시간에는 선생님과 함께 기사나 해설을 읽고 그 내용과 문장에 대하여 토론과 비판을 벌인다. 신문의 체제와 형식, 편집 방법과 편집자의 태도, 세계 정세와 국내의 여러 가지 문제들에 대하여 토론할 뿐만 아니라 시사 용어와 신문 언어의 특징들에 대해서도 물론 공부하는 것이다.

고등학교에서는 신문을 공부하지 않는다. 스스로 올바르게 읽을 수 있다고 보기 때문일 것이다.

3) 국어 교과서

이탈리아의 국어 교과서는 초등학교에서 고등학교에 이르기까지 그 어떤 급의 것이거나 우리처럼 국가에서 일률적으로 제작하지 않는다. 주나 시에서도 교과서를 통제 편찬하지 않는다. 전통과 권

11_ 신문을 가정으로 배달하는 일은 없고, 어디를 가든지 마을 거리에는 곳곳에 잡지와 신문만을 판매하는 곳이 있다.

위를 지닌 출판사들이 순전히 사적으로 교과서를 펴내는데, 자못 심혈을 기울여서 전문가들에게 의뢰하여 만들어 낸다. 그리고 그렇게 만든 여러 가지의 교과서 가운데서 어느 것을 골라 교재로 삼느냐는 것은 전적으로 담당 교사의 개인 판단에 맡겨져 있다. 이와 같은 방법은 참으로 바람직한 것이지마는 어디에서나 통용될 수 있을 것으로 보이지는 않는다. 왜냐하면 출판사와 편집자들이 그것을 능히 감당할 만한 힘을 지녀야겠고, 모든 선생님들이 교육의 내용과 방법뿐만 아니라 참답고 올바른 길까지 잘 알고 있어야 되겠기 때문이다. 어쨌든 이탈리아의 국어 교과서는 굉장히 다양해서 일률적으로 설명하기가 몹시 어렵다. 그래서 대체적인 이야기만을 할 수밖에 없다.

　초등학교의 국어 교과서는 우리 것처럼 독본이 위주인데, 더러는 철저한 정서법과 문법의 교습을 위한 철자법 및 문장 연습의 교재를 곁들이기도 한다. 독본이라고 하더라도 그 내용은 문법 교육의[12] 단계에 철저하게 의존하여 마련되고 있다. 저학년에서는 낱말을 소재로 하여 음운, 음절, 낱말을 의식시키면서 말의 비밀을 깨우친다. 말은 소리이고, 소리는 음절로 나뉘고, 음절은 음운으로 나뉠 수 있다는 것이며, 음절이 되거나 음절이 모여 낱말이 되는 것은 뜻(의미)을 위해서라는 것을 알게 함으로써 말의 신비를 깨우친다. 그리고 말은 소리이지마는 그것을 글자라는 기호로 표시하게 되었고, 그래서 글자는 음운을 따라 자음과 모음으로 나뉜다는 것을 놀이와 비슷한 방법으로 익히도록 교과서를 만들어 놓았다. 그리고 글자는

12_ 초등학교의 문법 교육 내용에 대해서는 앞에서 간략하나마 설명했다.

인쇄와 필기를 위해서 다른 모양이 되고, 전달의 편리를 위해서 크고 작은 것과 여러 가지 체(글자 모양)를 구분한 원리도 알게 한다. 이러한 기초 단계를 거쳐서 단문의 글을 읽고 말하고 쓰고 한 뒤에 복잡한 문장의 글을 공부하도록 교과서가 짜여진다.[13] 초등학교의 국어 교과서에서 특기할 만한 것은 저학년에서부터 아름답고 단순한 동요, 동시, 우화 등을 많이 실어 외우게 하고, 고학년에 갈수록 다양한 문학 작품들을 많이 접하면서 친숙하게 해 준다는 점이다. 그리고 말을 하고 이야기를 꾸며 보도록 하는 자료와 글을 지어 보게 하는 글감의 자료들을 매 단원마다 구체적으로 빠짐없이 제시해 놓고 있다는 점이다.

중학교의 국어 교과서는 세분되어서 3년간 계속 공부하게 되는 한 권의 '문법책', 1년에 한 권씩 공부하는 세 권의 '작품집', 역시 해마다 바뀌는 세 권의 '이야기 문학책'으로 되어 있다.

중학교의 문법 교과서 분량은 대체로 46배판으로 600페이지 이상인데, 그것을 학년별로 가르치기에 편리하도록 3개의 큰 부분으로 갈라 놓고 있다. 각 단원에 들어가면, 먼저 예외 없이 문법에 맞도록 잘 쓰여진 글(시, 소설, 수필, 희곡, 연설문, 설화, 우화 등 내용은 아주 다양하다.)을 한두 단락 실어 놓고, 그 글에서 바탕하여 본 단원의 문법 항목을 공부하게 해 두었다. 그리고 단원의 끝에는 많은

13_ 우리의 국어 교육이 광복에서부터 제1차 교육과정(1955)이 나오기까지는 자모, 음절, 낱말, 단문을 통한 교육에만 치중했다가 제1차 교육과정 이후부터는 그런 기초 과정을 전혀 무시하고 바로 문장에서 출발하여 말하기, 듣기, 읽기, 쓰기의 의사 교환 교육에만 치중했는데, 이는 제4차 교육과정(1981)에서 '언어' 영역을 신설한 이상 그 정신에 따라 교과서와 교육 방법도 마땅히 재검토되어야 할 것이다.

연습 문제들을 제시하는데, 그것은 모두 학생들로 하여금 '말하게' 하거나 '글 짓게' 하는 실제적 문제들이다. 그러니까 문법 공부를 이론만 익히거나 이론에 맞게 조작된 문법가들의 문장으로 공부하는 것이 아니라, 말을 잘 부린 대가들의 좋은 글에서 출발하여 문법을 익히고 그를 바탕으로 학생들이 자신의 말과 글을 다듬어 가는 훈련이나 실습으로 나아가게 하고 있다. 이러한 내면적 원리는 어떤 문법 교과서에서도 예외 없이 잘 지켜지고 있다.

중학교의 작품집 교과서 또한 여러 종류로 다양한데, 대체로 분량은 46배판 600~700페이지를 넘는 정도에, 300~400편의 글이 실려 있다. 실린 글의 내용이 얼마나 풍요로운가는 이미 대충 말했거니와, 특기할 만한 것은 교사가 본문의 이해를 위해서 낱말이나 어구에 대한 풀이를 해 줄 필요가 없도록 미리 필요한 부분에 번호를 붙이고 곁에다 많은 풀이를 달아 놓고 있다는 점이다. 이 점은 모든 작품집 교과서에 공통적으로 보이는 현상인데, 이는 낱말의 뜻풀이가 모국어 교육에서 교사의 할 일이 아니라는 사실을 잘 알고 있기 때문이 아닌가 싶다. 그리고 대부분의 교과서에는 각 소단원에 학습의 안내가 문제의 형식으로 제시되어 있고, 혹은 본문을 구조적으로 분석하는 것이며 어학적으로 살피는 것이며 보다 깊이 따져 보고 자기의 생각으로 글도 지어 보게 하는 것 등을 문제로 만들어 자세하게 유도해 주기도 한다. 한편 단원의 배열은 대체로 한 달에 가르칠 정도의 분량으로 묶은 대단원이 7개(연간 8개월 이상 개학되지마는 실제 공부하는 것은 7개월 정도 된다.) 안팎이고, 그 안에 다시 한 주간의 학습 분량에 기준한 4개 정도의 중단원이 있는데, 그 중단원에 평균 10편 이상의 글이 실려서 각 소단원을 이룬다. 교과서에 실린 글을 모조리 공부하지는 않는다 하더라도 주당 3시간의 '작품집' 시간에 10편 이상의 글을 공부하도록 거의 모든 교과서가 짜여 있다.

중학교에 사용되는 이야기 교과서는 별로 언급할 것이 없다. 왜냐하면 1, 2학년에서 공부하는 고대와 중세의 것은 '작품집' 교과서와 다름이 없다. 다만 실린 글이 고대 또는 중세의 서사시를 현대어로 뒤친 것일 뿐이다. 그리고 3학년에서 공부하는 현대의 장편소설은 서짐에 나와 있는 소설을 골라 그대로 교과서로 삼는다.

중학교의 국어에는 '신문'이 있지마는 이는 앞에서도 말했듯이 그때그때의 일간 신문이 그대로 교재로 쓰이기 때문에 교과서로서 논의할 몫이 되지 않는다.

고등학교의 국어 교과서도 역시 중학교처럼 '문법책'(3개년을 1권으로), '작품집', '이야기'의 셋으로 되어 있다.

문법책은 모습과 분량이 중학교의 그것과 비슷하다. 대체로 46배판으로 600여 페이지의 크기에, 중학교의 차례와 비슷한 순서로 짜인다. 그러나 그 내용은 아주 이론적으로 전문화되어 있다. 때문에 문법적으로 잘 다듬어진 글을 바탕으로 한다든지, 학생들이 문법에 맞는 글을 직접 써 보도록 유도하는 연습 같은 것을 중시하지 않는다. 그보다도 언어 그 자체의 온갖 신비에 대해서, 이탈리아 말의 세부적인 문법 원리들에 대해서, 이탈리아 말의 역사에 대해서 깊이 있는 이론적 이해를 더 중시하고 있다. 그러므로 책은 훨씬 추상적으로 설명하는 이론 위주이다. 단원 끝에 있는 연습 문제도 역시 그런 이론에 대한 토론과 비판을 유도하는 것들로 되어 있다.

작품집 교과서는 이탈리아 문학의 역사이다. 13세기에서부터 오늘날까지의 전체 이탈리아 문학을 세기별로 역사적으로 이해하도록 하는 것이다. 그런데 그 분량을 살리나리와 릿치의 책으로 예를 든다면, 전체 4책을 모두 합하여 46배판 3500페이지에 달한다. 체제는 먼저 세기별로 대단원을 삼고, 그 세기 안에서 문학적 사건이나 대작가를 중심으로 중단원으로 나눈다. 그리고 그 중단원 끝에는 그 시대의 문학에 대한 연구나 비평 혹은 참고 문헌을 싣고 있다. 중단원은 다시 시대 순서에 따른 작가별로 나뉘어서 소단원을 이룬다. 이런 교과서에서도 역시 교사의 도움 없이 학생 스스로가 읽고 이해할 수 있게 풀이를 충분히 붙인다는 것은 특기할 만하다. 작품 자체는 말할 필요도 없거니와 중단원 끝에 붙은 연구나 비평문에도 풀이를 붙이고, 심지어는 저자 자신의 설명 글에도 흔히 풀이를 달아 주고 있다. 이러한 내용과 분량의 글을 풀이로써 학생들 스스로 읽어 내게 하지 않고, 우리들처럼 교사가 독해를 해 주려고 든다면 애초에 불가능한 일이 될 것이다.

고등학교의 이야기 교재는 앞에서 말한 바와 같이 대상이 정해져 있다. 그런데 그 작품들을 고등학생들이 교육적으로(음미하고 따져 보고 토론하면서) 읽을 수 있도록 여러 출판사에서 다양하게 편집하여 출판해 놓고 있다. 우선 1학년에서 공부하는 〈에네이데(Eneide)〉는 시의 모습을 그대로 살리면서 이탈리아 말로 뒤치고, 각 권마다 길잡이와 전문가들의 평설을 붙이고 작품 끝에는 그 작품 전체에 대한 여러 사람들의 비평을 모아 싣고 있다. 작품의 본문에도 필요한 모든 곳에 수많은 풀이를 붙이고 있음은 말할 필요도 없다. 각 출판사마다 사계의 최고 권위자에게 감수를 받으면서 수많은 전문가들의 도움으로 그와 같은 교육적 편집을 하여 출판해 놓고 있다. 2학년에서 공부하는 만조니의 〈약혼자들〉이나 3, 4, 5학년에 걸쳐 배우는 단테의 〈신곡〉이나 그러한 교육적 편집을 용의주도하게 해서 교과서로 쓰일 수 있게 하는 점에는 구별이 없다.

4) 학습 방법

우리는 1955년의 제1차 교육과정에서부터 말하고 말을 듣고 글 읽고 글 짓는 능력을 키우는 것이 국어 교육의 일이라고 알고 있었다. 뿐만 아니라 교사 혼자서 떠들어 대면 안 되고, 학생들이 말하고 듣고 읽고 짓고 하도록 교사는 도와주기만 하는 것이라고 줄곧 말해 오고 있다. 모름지기 학습의 방법은 학생 활동을 중심으로 이루어져야 하고 국어 교육에서는 시간 중에 늘 학생들이 말하고, 서로의 말을 듣고, 그들이 글을 읽고, 그들이 스스로의 생각을 글로 지어 보도록 하는 것만이 올바른 학습 방법이라고 주장하지 않은 사람이 없었다.

그러나 실제는 어떤가? 우리 모두 잘 알다시피 학생들은 숨을 죽인 채 보릿자루처럼 앉아 있게 해 놓고 교사 혼자서 한 시간 내내 열을 올리고 있지 않은가? 그래서 결국 초등학교만을 나왔거나, 중학교를 마쳤거나, 고등학교까지 졸업했거나, 대학마저도 졸업했거나를 막론하고, 남의 글 한 페이지를 정확하게 읽어 내지 못하고, 남의 말을 의도대로 알아듣지 못하기는 마찬가지가 아니었던가? 제 속의 뜻을 조리 있는 말로 전달할 수 있는 사람과 편지 한 장을 반듯하게 쓸 수 있는 사람이 여전히 희귀한 것이 아니었던가?

국어 교육은 그런 방법으로 해야 한다는 것을 다 알고 있으면서도 실행이 되지 않은 까닭은 어디 있는가? 복잡한 요인들이 섞였겠지마는 가장 큰 것은 교사의 능력 부족일 것이라고 판단하여 여러 해 동안 교사 재교육 기회에 그 능력 신장을 종용해 보았는데, 교사들은 거의 예외 없이 그 연유를 교육 제도, 특히 입시 제도에 있다고 하면서 책임을 피하는 것이었다. 그러나 입시 제도만이 방해꾼이라면 그 입시 제도에서 풀려난 초등학교에서는 이상적인 국어 교육이 이루어지고 있어야 하는데, 역시 오십보백보로 잘 되지 않는 것을 어떻게 설명할 수 있을까? 이렇게 매듭을 찾아내기 어려운 학습 방법 개선의 실마리를 찾고 싶어서 이탈리아에 갔다고 해도 좋을 것이다.

이탈리아에서는 어떤 급의 학교에서도 이상에 가까운 국어 학습의 방법이 이루어져 있는 것으로 내 눈에는 보였다. 물론 이 '이상에 가까운'이라는 진단은 목말라 있었던 나의 기준에 의한 것일 뿐 객관적인 것은 아니다.

어쨌든 이탈리아의 각급 학교에서는 국어 시간에 예외 없이 교사보다는 학생들이 글을 쓰고 글을 짓고 하고 있었다. 그래서 초등학생이나 중학생이나 고등학생이나 모두 기회가 주어지면 서슴없이 똑똑하게 청산유수처럼 말을 할 수 있고, 남이 말할 때에는 어김없이 눈을 빛내면서 조용히 그 말을 새겨듣고 있었다. 글을 지으라는 교사의 지시가 있으면 망설이지 않고 그 지시에 따라 글을 짓고, 지은 글을 서서 읽어 보라고 하면 잘 지었건 아니었건 자신 있게 칭찬을 기대하면서 읽고 있었다. 그것이 문법 시간이거나 작품집 시간이거나 이야기 문학을 공부하는 시간이거나 또는 신문을 공부하는 시간이거나 학습 방법에 별 구별이 되지 않았다. 손에 들고 있거나 책상 위에 놓인 교과서가 다를 뿐 학습을 진행하고 있는 방법과 모습은 별로 다를 것이 없었다. 학습의 내용과 주제가 어떠한 것이든 서로 말하고 듣고 글로 짓고 읽으면서 그것들이 소화되고 그래서 학생들이 변화되어 가고 있는 듯했다.

그럼 어째서 저들에게는 이 '이상에 가까운' 국어 교육의 방법이 가능한가? 물론 거기에도 여러 가지 연유를 찾아볼 수 있겠고, 무엇보다도 수백 년 동안 그런 방법으로만 교육해 온 문화적 바탕이 중요한 것이겠지마는 내 눈에 가장 크게 뜨인 것은 역시 그 학급 규모였다. 초·중·고등학교를 막론하고 한 학급에 15명 정도의 학생들을 데리고 앉아서 교육하고 있는 것을 보는 순간, 모든 의문이 풀린 듯한 기분이었다. 우리 교사들에게도 15명 정도의 학생을 맡겨 주고, 말을 시키고 듣는 태도를 바로잡고 글짓기를 시켜서 고쳐 주라고 하면 못 해낼 리가 없을 터이기 때문이다. 일본의 중·고등학교를 잠시 보고 얻을 것이 별로 없었던 것도 역시 학급 규모 때문이었던 것이다. 일대일로 지도를 하고 일대일로 말을 주고받을 수 있기 위해서는 그 집단의 구성원이 20명을 넘지 않아야 한다는 레벨리(Pietro Revelli) 교장의 말은 경험에 바탕한 진리처럼 들린다. 우리도 근래 저 산골 벽지에 가면 초등학교의 학급 학생 수가 20명 대로 줄어진 곳이 있으나, 거기 국어 교육이 이상적으로 이루어진다는 말을 듣지 못했으니 학급 규모만이 문제의 전부는 아니라고 할 사람이 있을는지 모른다. 옳은 말이다. 그러나 먼저 학급 규모를 줄여 놓고, 그 다음에 교사의 능력과 신념도 교재(교과서)의 개발도 수업 형태의 개선도 논의해 보아야 하는 것이 아닌가 싶다.

학급 규모를 당장 그렇게 줄이기 위해서는 엄청난 교육 투자가 필요하기 때문에 꿈도 꾸기 어려운 일로 보인다. 그러나 돈만이 문제라고 볼 수 없다. 오히려 의식의 문제가 아닌가 싶다. 왜냐하면 이탈리아보다 훨씬 높은 경제력을 지닌 일본이 돈은 많으면서도 학급 규모는 우리와 비슷한 정도에서 벗어나지 못하기 때문이다. 우리 겨레의 개인적 능력을 극대화시켜서 독창적 문화를 이룩하고 정신적으로 풍요로운 민족이 되기 위해서는 오직 참다운 교육에 의존할 수밖에 없다는 '의식'이 우리 모두에게 있다면 돈은 대수로운 문제가 아니라고 생각한다.

교육의 중요성은 깨달았다고 하더라도 근래의 풍조처럼 고학력주의로 간다면 이건 더 큰 문제를 잉태시키는 길일 것이다. 하루에 15시간씩 학교에 붙들어 두기만 하면 무엇하며, 인생의 보배로운 시기 절반 이상을(초·중·고등학교와 대학, 그리고 대학원 과정을 모두 마치는 데에 우리는 꼬박 21년이 걸린다.) 학교에서 보내면 무슨 소용이 있는가? 그 시간과 그 돈을 줄여서 초등학교와 중학교에서 (인간성이 굳어지지 않아서 교육의 효과를 얻을 수 있는 이 시기에) 교육다운 교육을 해야겠다는 깨우침만 있다면, 학급 규모를 저들처럼 줄이는 일이 반드시 불가능한 것만은 아니라고 본다. 저들이 오전 동안만 학교 공부를 시키면서도 어느 정도의 양과 질을 초·중·고등학교에서 교육시키고 있는가를 나는 이미 누누이 설명했다. 저들이 그렇게 참되고 밀도 짙은 교육을 할 수 있는 가장 큰 원인은 바로 학급 규모 때문이 아닌가 싶었다.

3. 라틴어문 교육

우리의 국어 현실에는 오랫동안 논란의 불씨가 되어 온 문제가 여럿 있는데, 그중 골치를 썩이는 것들 가운데 하나가 한자를 섞어 쓰는 문제이다. 이 문제는 우리 사회의 일상적인 문자(언어) 생활 현실의 쟁점이면서 동시에 국어 교육 현장에서의 쟁점이기도 하다. 그 사이 여러 차례 국어 교과서를 개편하는 동안 이 한자어는 일관성 없는 대우를 받았는데, 그것은 그대로 이 논쟁의 판도를 반영하는 것이었다. 어떤 때에는 한자를 깨끗이 몰아내고 한글만으로 쓰다가 최근에는 한자를 괄호로 묶어 놓으면서도 '공부할 문제'에서 국어 교육의 4대 영역의 하나로 다루게 하고 있다. 국어 교육은 주로 국어(물론 음성, 문자의 양면을 포함한) 생활의 원활화를 목표로 해야 하고, 국어 교육의 자료인 교과서는 그 목표를 실현시키는 데에 기여하도록 편찬되어야 한다는 원칙 아래에서, 편찬 책임자인 당국이 얼마나 고민해 왔는가를 쉬이 짐작할 수 있다.

이 고민의 근원적 해결을 위한 실마리를 이론적으로 얻어 볼 수 없을까 하는 기대를 가지고 이탈리아의 라틴어문 교육을 살펴보려고 했던 것이다. 그러나 우리의 한자 표기 및 한자 교육(한문 교육이 아니다.) 문제와 저들의 라틴어문 교육 문제는 성질이 전혀 달라서 별로 도움 될 것이 없었다. 그러나 '그 두 문제 사이의 근본적 차이가 무엇인지'라도 확인하고, 또 우리의 한문 교육(한자 교육이 아니다.)을 위한 암시라도 있을까 싶어 그들의 라틴어문 교육에 대한 언급을 잠시 해 보겠다.

1) 우리의 한자어와 이탈리아의 라틴어

한문이 우리에게 쓰인 기간은 어언 2000년이나 되었다. 따라서 그것이 우리말에 미친 영향은 대단한 것일 터이지마는 부끄럽게도 거기에 대한 체계적 연구도 없고 믿을 만한 결론도 없다. 중국 한문의 연속적인 충격으로 우리말의 음운은 어떻게 되었으며, 성조는, 음절은, 낱말은, 나아가서 말의 차례며 문장의 구조 원리는 어떻게 변화되었는지에 대하여 이렇다 할 연구가 없다. 풀어 보고 싶은 의문은 산처럼 쌓였으나 우리 국어학의 전체적 역량이 아직 그 모두를 만족시키기에는 부족하다. 그러므로 여기에서는 중국 한문이 우리말에 미친 영향과 그것으로 인한 우리말의 변화를 전문적으로 살피는 것은 포기하고, 단지 오늘날 우리의 국어 교육에 심각한 혼란을 야기한 한자어 문제의 정체만을 다시 한 번 확인해 두고 이탈리아의 라틴어에 대해서 살펴보기로 하겠다.

우리의 논쟁은 단순하고도 유치한 표기 기호의 문제이다. 우리말에 너무나 많이 들어와 있는 제1 외래어인 이 한자어를 어떻게 하여 보다 완전한 우리말로 되돌려 놓느냐 하는 시비가 아니라, 이미 들어와 있고 지금도 계속 밀고 들어오는 이들 한자어를 모두 그대로 용납하면서 단지 그것을 글자로 적을 때에 우리 글자(한글)로 표기하느냐 아니면 중국 글자(한자)로 적느냐 하는 시비이다. 그리고 이처럼 유치한 시비에 곡절을 가리지 못하고, 그사이 우리 국어 교과서가 표기 문자의 문제로 갈팡질팡해 온 것이다. '목탁 소리가 비늘진 금빛 낙조 속에 여운을 끌며 울창한 수림을 헤치고 구릉의 기복을 따라 아래로 흐르고 있었다'로 적느냐, '木鐸 소리가 비늘진 금빛 落照 속에 餘韻을 끌며 鬱蒼한 樹林을 헤치고 丘陵의 起伏을 따라 아래로 흐르고 있었다'로 적느냐, '목탁木鐸 소리가 비늘진 금빛 낙조落照 속에 여운餘韻을 끌며 울창鬱蒼한 수림樹林을 헤치고 구릉丘陵의 기복起伏을 따라 아래로 흐르고 있었다'로 적느냐 하는 것으로

40년 세월을 보낸 것이다.

그러나 이탈리아에서의 라틴어문 문제는 그런 것이 아니다. 적는 글자에 관한 한 그들에게는 아무 문제가 없다. 서양 사람들은 어느 나라를 막론하고 글자에 대해서 꼭 같은 생각을 가지고 있다. 글자는 말(소리이기 때문에 순간적으로 사라져 버리는)을 붙들어 적는 기호라는 것이다. 그러므로 그들은 수천 년을 두고 더욱 온전히 더욱 간편히 말소리를 적을 수 있는 글자로 다듬어 왔고, 그것이 결국 2000년 전의 이탈리아 사람들에 와서 마무리가 된 것이다. 그것이 오늘날 서양 각국이 두루 쓰는 이른바 로마 글자이다. 이탈리아에서는 라틴 말도 로마자로 적었고, 이탈리아 말도 로마자로 적을 뿐이기에 표기 문자는 애초에 전혀 문제가 되지 않는다.

그런데 그들은 특이하게도 말(소리로 표현하는 입말)이 몇백 년 사이에 아주 달라져 버린 것이다. 이탈리아에는 라틴 겨레들이 반도를 통일하기 이전, 그러니까 지금부터 3000년 전쯤까지는 여러 개의 겨레들이 서로 상당히 다른 말들을 쓰면서 살고 있었다. 그 각 겨레의 말들은 어족마저 아주 다른 세 부류로 나누어지는 것들이었다. 그러니까 대체로 아프리카 북단 페니키아에 인접한 시칠리아 북반과 샤르대냐와 반도의 중서부 지역에서 비인도·유럽어를 쓰는 겨레들이 살았고, 중동 알프스에서도 비인도·유럽어를 쓰고 있었다. 그리고 아드리아 해에 접한 동북 지방에서 포강 유역의 북부 평야 지대와 반도 남반부는 인도·유럽어에 속하는 몇 개의 토박이말을 쓰는 겨레들이 살고 있었고, 시칠리아 섬 주변과 반도의 서남 해안 지방에는 그리스의 식민지로서 그리스 사람들이 그들의 말을 쓰면서 살고 있었다.

    그런데 반도의 중부 서해안의 평야에서 농경 생활을 하던 소수의 라틴 겨레가 천천히 강성해져서 로마를 정복하여 새로운 도시로 건설하고, 기원전 3세기에는 드디어 이탈리아 반도를 거의 완전히 장악하기에 이른다. 이에 그들의 토박이말 라틴어는 이탈리아 반도 전역에서 관청 언어로 쓰이게 된 것이다. 곧이어서 그들은 남부 해안의 그리스 식민지를 수복하는 과정에 들어섰고, 그로 말미암아 3차에 걸친 포에니 전쟁의 승리로 남부 해안뿐만 아니라 시칠리아 섬 전체와 포에니(페니키아)의 지배 아래 있던 서부 지중해 전역을 손아귀에 넣게 되었다. 쉬지 않고, 그들은 사소한 말썽을 부리면서 스스로 파멸의 길로 가고 있던 동부 지중해의 헬레니즘 세계를 '이럭저럭 병합되는 과정'에 따라 기원전 2세기 중엽(정확히는 기원전 146년)에 완전히 손아귀에 넣음으로써 지중해 세계를 지배하기에 이른 것이다.

    이렇게 기적적으로 영토를 확대시켜 나간 로마는 공화국의 시대에나 제국의 시대를 막론하고 식민지에 대해서 몹시 관대한 정책으로 일관했다. 이탈리아 반도에 자리 잡은 여러 겨레들에 대해서뿐만 아니라 흑해와 지중해 연안의 전 세계를 광막한 제국으로 다스릴 때의 그 어떤 식민지에서도 토착민들의 생활 양식과 문화와 심지어 종교에 대해서 그 전통을 존중해 주는 데에 인색하지 않았다. 그러한 태도는 말에 있어서도 예외가 아니었다. 라틴어는 그 어느 식민지에서도 공용어로서 강요되지 않았고, 흔히 그곳에 이주한 플레브스('대중'이라는 뜻의 라틴어)들과 군인들과 관리들의 말로서 수세기를 지나는 동안에 원주민들 토박이말과 부딪치면서 변화되어 갔다. 물론 지역에 따라서 라틴어의 영향력은 아주 달라서, 이탈리아 반도를 중심으로 한 서부 지중해 연안과 마케도니아 제국의 서편 유럽 대륙에서는 라틴어가 강력한 힘을 발휘했고, 영국과 프랑스 서해안과 포르투갈 지방, 그리고 북서부 아프리카에서는 라틴어가 우세했으나 토박이말도 충분히 살아 있었고, 흑해 연안과 동부 지중해 연안의 헬레니즘 세계에서는 그리스어의 세력 때문에 라틴어가 근근이 명맥을 유지할 수밖에 없었다.

아무튼 애초에 소수 겨레의 말이었던 라틴어는 막강한 정치적·군사적 힘을 업고 있었으나, 너무도 광범한 지역에 퍼짐으로써 초국가적인 세계어가 되어 결국은 수많은 라틴적 토박이말로 바뀌어 버리고 어디에서도 순수한 라틴어를 찾아볼 수 없게 된 것이다. 이제 라틴어란 하나의 추상적 언어일 뿐인 것이다. 그러니까 결국 라틴어는 실제로 여러 지역에서 말해지는 라틴적 토박이말, 라틴 입말과 어느 지역에서도 대중들에게는 쓰이지 않는 추상적인 표준 라틴어의 둘이 된 셈이다. 그리고 후자는 권위를 세우고자 하는 귀족 사회의 보수주의자들과 하느님의 말씀을 불변의 것으로 유지하고자 한 가톨릭교회 안에서 오랫동안 쓰이고 있었다.

오늘날의 이탈리아 말은 물론 라틴적 토박이말의 하나에서 유래한 것이다. 게다가 5세기 중엽 야만의 게르만족에 의하여 로마 제국이 무너지고, 향후 200년 동안 그 게르만족의 침략과 지배로 라틴말은 더욱 많은 변화를 겪지 않을 수 없었다. 구개음화 현상이 일어나고(음성), 모음이 단순화되고(음운), 게르만족의 낱말이 들어오고(어휘), 곡용과 활용이 둔화되고(형태), 문장 끝에 오던 서술어가 주어 다음으로 자리를 옮기는(어순) 대변화들이 천천히 이루어지더니 드디어 13세기에 와서 이 토박이말이 글자로 적히고, 문학의 언어로 두각을 나타내기 비롯한 것이다.

이것이 오늘날 쓰이는 이탈리아 말의 시발이다. 이리하여 오늘의 이탈리아 사람들에게는 특이하게도 서로 다른 두 가지의 말로 이루어진 문화적 유산이 주어진 것이다. 하나는 기원전에서 비롯하여 대체로 17세기까지(세부적으로 보면 20세기 초엽까지도 라틴어의 문헌은 생산되었다.) 이루어진 라틴 말의 유산이요, 다른 하나는 13세기에 비롯하여 오늘날까지 이루어졌고 또 앞으로 영원히 이루어질 이탈리아 말의 유산이다. 그리고 라틴 말과 이탈리아 말은 모두 자기들의 말이고, 남의 말을 빌려 쓴 것이 아니다. 그러므로 그 두 말의 유산 또한 순수하게 자기 겨레의 것일 뿐, 그들의 체질과 직관에 어울리지 않는 이질적 요인이란 전혀 없는 것이다.

이탈리아 사람들에게 이 두 가지 유산의 관계는 우리들에게 있어서 한문 유산과 한글 유산의 관계와 비슷한 점이 있다. (물론 우리들에게의 한문 유산이란 훨씬 이질적이고 외래적인 것이지마는) 이 점을 마음에 두고, 우리가 지금 중학교 1학년에서부터 한문(한자가 아니다.)을 주당 1시간씩 가르치고 있는 것에 대하여, 앞으로의 이탈리아 사정이 참고가 되기를 바란다.

2) 이탈리아에서의 라틴어문 교육

현재 이탈리아에서는 전체 국민이 의무적으로 교육받아야 하는 중학교 과정까지에서는 라틴어문을 일체 가르치지 않는다. 이것은 중학교가 의무 교육으로 바뀐 1962년부터의 일이다. 그러니까 중학교 과정이 의무적으로 되기 전에는 인문 중학교에서 라틴어문을 가르쳤던 것이고, 1962년에 중학교가 의무화·단일화될 때에도 중학생들에게 라틴어문을 가르쳐야 한다는 여론이 강력했다고 한다. 그러나 교육은 미래 세계를 위한 노력이기 때문에 이미 죽은 과거의 말을 전체 국민에게 가르칠 수 없다는 진보주의자들의 주장이 채택되어, 라틴어문 대신 '신문'을 중학생들에게 가르치기로 한 것이다. 그리하여 이제 고등학교에서부터 라틴어문을 교육하고 있다.

그러나 모든 고등학교에서 라틴어문을 가르치는 것이 아니라 인문 고등학교, 자연 고등학교, 사범 고등학교에서만 가르친다. 앞의 두 계열 학교는 대학에 가서 이론적인 학문, 특히 라틴어 문헌을 읽어 내어야 하는 학문을 할 사람들을 교육시키는 곳이기 때문에 철저한 라틴어문 교육이 필요하다. 그리고 사범 고등학교는 초등학교 교사를 양성하는 것이 주된 목표인데, 초등학교 교사는 이탈리아의 전통과 역사의 유산, 곧 겨레의 과거를 깊이 이해하고 있어야 하기 때문에 라틴어문에 관한 소양이 필요한 것이다. 뿐만 아니라 사범 고등학교 졸업생도 1년의 보충 교육을 받고, 사범 대학이나 인문 대학에 진학할 수 있기 때문에 그 준비를 위해서도 라틴어문 교육이 필요한 것이다.

그러면 라틴어문을 교육받는 이 세 계열의 고등학생 수는 전체 학생 가운데 어느 정도 될까? 최근의 통계를 보지 못했기 때문에 현재의 상태를 정확히 말할 수는 없다. 그러나 1976년의 통계를 보면, 3년제 이상(1, 2년제의 각종 직업 학교들은 제외)의 모든 고등학교를 통틀어 계산하여, 1975~1976학년도 인문 고등학교의 학생 비율은 7.0%였고, 자연 고등학교 학생 비율은 15.2%였고, 사범 고등학교의 학생 비율은 10.1%였다. 합하면 32.3%가 되는 셈이다. 3년제 이상의 고등학교에 진학한 학생들의 30% 정도(32.3%에서 초등 사범 학교 학생들을 제외하고)가 라틴 말을 배우는 셈인데, 이는 같은 나이의 모든 이탈리아 청소년들의 20% 정도에 해당하는 숫자이다.

이 사람들이 어느 정도의 시간을 라틴어문 교육에 바치느냐 하면, 인문 고등학교에서는 139단위에서 22단위를, 자연 고등학교에서는 139단위 가운데 20단위를, 사범 고등학교에서는 4년간 126단위에서 12단위를 라틴어문 교육에 바친다.

라틴어문의 교육 내용은 주로 문법과 강독인데, 문법은 이탈리아 말의 그것과 다른 것들만을 항목별로 가르치고, 많은 영역들이 두 말 사이에 공통적이거나 유사하기 때문에 독립적으로 라틴어 문법 전체를 교육시키는 방법을 취하지는 않는다. 라틴어문 교육의 목적이 어디까지나 라틴어 문헌을 정확히 읽어 내자는 실용성에 있기 때문에 라틴어 문법 그 자체만을 이론적으로 교육시키지 않는 것은 마땅한 것으로 보인다. 따라서 문법보다도 훨씬 힘을 쓰는 것이 실제의 라틴어 문헌을 읽어 가는 강독이다. 한 교과서에 의하면, 첫 부분에서는 구문을 익히기 위한 강독으로 치체로네(Cierone)에서부터 성 아고스티노(S. Agostino)에 이르기까지의 대표적인 라틴 문헌 100편을 읽고 해석하도록 하고, 둘째 부분에서는 치체로네, 살루스티오(Sallustio), 리비오(Livio), 세네카(Seneca), 성 아고스티노 등 5대 산문가들의 글을 100편, 셋째 부분에서는 역사적인 관점으로 초기 라틴 문헌(기원에서부터 기원전 2세기까지), 고전 라틴어, 백은기의 문헌, 기독교도들의 라틴어, 4~5세기의 라틴어 등으로 나누어 100편을, 그리고 넷째 부분에서 다시 전체를 총괄하기 위해서 100편의 라틴 문헌을 싣고 있다. 모두 400편의 라틴어 작품을 공부하도록 되어 있다. 그리고 고급 학년에서는 라틴어로 작문을 할 수 있도록 하기 위하여, 전문 번역가들이 이탈리아 말로 뒤쳐 놓은 작품들의 부분들을 실어 놓고 학생들로 하여금 다시 라틴어로 뒤쳐 보도록 하고 있다.

비록 전체 학생의 20% 정도에게만 가르치지마는 가르치는 사람들에게는 아주 철저히 가르쳐서 조금고 불편함이 없도록 하고 있음을 알겠다.

4. 마무리

이제까지 지루하리만큼 장황히 이탈리아의 모국어 교육과 라틴어문 교육에 대하여 설명해 왔다. 이를 바탕으로 우리의 모국어 교육에 암시가 될 만한 점들을 몇 가지 지적함으로써 이 글의 마무리로 삼을까 한다.

올바른 국어 교육-생각을 깊고 바르게 하여 말로써 조리 있게 표현하고, 남의 말을 제대로 들어서 판단하여 받아들이고, 생각하는 바를 졸가리 세워 반듯한 글을 지어 표현하고, 남의 글을 잘 읽고 참되게 이해하는 능력을 키우는-이 이루어지기 위해서는 무엇보다도 토의와 대화의 형식으로 수업이 진행될 수 있도록 학급의 규모를 20명 선으로 만드는 일이 급선무라고 생각한다. 이것이 정책적으로 해결되면 우리의 교육은 전반적으로 혁명적 발전을 이룩할 수 있을 것으로 믿는다.

다음으로 교육 내용에 있어서 '말본(문법)'을 '국어 II'로 간주하여 고등학교에서부터 가르치는 것은 재고되어야겠다. '말본'은 글자 그대로 우리말의 표준 원리이기 때문에 그것이 모든 국어 교육의 뼈대가 되어야겠다. 초등학교에서부터 말본의 뼈대에 따라 교과서가 마련되고 말본 공부를 통하여 저절로 우리말의 근본 원리를 잘 깨우치도록 되어야겠다. 국어 교육의 목표가 언어생활(말하고, 듣고, 쓰고, 읽는 표현과 이해의 생활)의 능률화를 위한다고 하여, 그것이 말본의 원리를 도외시하고 이루어질 수 있다는 생각은 잘못된 것이다. 말본에 맞게 말하고, 말본에 맞게 쓰지 않으면 제대로 된 표현이 아니라는 교육이라야 할 것이다. 덧붙여 말한다면, 말본 교육이 말본 그 자체를 위한 것이 아니라 언어생활의 참된 뼈대요 주춧돌일진대, 그것은 초등학교 과정에서 보다 철저히 가르쳐서 생활화시켜야 할 것이다. 모국어의 말본 원리는 초등학교 취학하기도 전에 이미 실제적으로는 거의 익히고 있다는 사실에 다시 주목할 필요가 있겠다.

이를 위해서는 체계적이고도 교육적인(전문가들의 현학적이고도 자존에 빠진 이론이 아니라 초등학교 1학년에서 가르칠 것과 2학년에서 가르칠 것을 체계적으로 제시해 주는) 실용의 규범 문법책이 시급히 개발되어야 하겠다. 한 걸음 더 나아가서, 우리의 국어 교육에서는 그 교육 내용이 각 학교 급과 학년 급에 맞추어 체계적으로 마련되어야 하겠다. 그것은 말본의 내용에서, 낱말의 범위에서, 문장의 수준에서, 문학 작품의 선정에서, 독서물의 범위 등에서 다각적으로 마련할 수 있을 것이다.

다음으로는 교과서의 개혁이 필요하다. 물론 교과서는 체계적인 교육 내용이 확립되고, 그것에 맞추어 각 학년 급과 교과서 수준이 정해져야 할 것이다. 그런데 그보다도 우선, 우리의 국어 교과서는 분량에 있어서 모국어 교육용이 아니다. 하루나 이틀 정도면 다 읽어 치워 버릴 수 있는 분량을 가지고 1년 내내 들고서 낱낱이 뜯고 세세하게 파고드는 것은 외국어 교육, 그것도 지난 시대의 외국어 교육 방법인데, 우리의 모국어 교육 방법 개발이 없었던 탓으로 여태껏 답습해 온 것이다(이 점은 일본의 경우도 여태 그 모양으로 우리와 비슷하다). 모름지기 제 겨레에게 제 말을 가르치는 모국어 교육의 교과서는 말본에 맞고 아름다운 모국어를 잘 살려 쓴 글들을 풍성하게 실어서, 그 글들을 읽고 생각하고 이야기하고 그와 같은 글을 지어 보도록 할 수 있는 것이어야 하겠다.

적어도 초등학교와 중학교의 교육과정은 '국어 교육'을 중심으로 짜여야 하겠다. 현재 우리의 교육과정은(초등학교, 중학교, 고등학교를 막론하고) 모든 교과목에다 비슷한 중요성을 주고 극도로 세분되어 교육의 근원적인 핵심이 어디에 있는지 알 수 없게 되어 있다. 교육의 본원적인 핵심이 '국민 교육 헌장' 정도로서 실현되어 갈 수는 없다. 실제적인 교과목들 안에서 자연스럽게 실현되어 가야 하는 것이고, 자기 문화를 찬란하게 이루어 가고 있는 모든 선진국들은 하나도 예외가 없이 국민 교육의 핵심을 그들의 '모국어 교육'에다 두고 있다는 사실에 눈을 돌릴 필요가 있다고 본다.

우리는 하루속히 일상의 문자 생활에서 중국 글자(한자)를 완전히 없앰으로써 국민 모두가 누구나 문화적 언어(문자) 생활에 동참할 수 있도록 해야 하고, 따라서 국어 교육을 해야 할 시간에 한자를 가르치는 낭비를 막아야 하겠다. 한편 우리의 지난 역사와 문화적 전통에 비추어 한문('한자'가 아니다.) 교육은 불가피하고도 필요하다고 본다. 그러나 그것을 현재와 같이 중학교 1학년생부터 전체 국민에게 매주 1시간씩 가르치는 것은 현명한 방법이 아닌 듯하다. 전통 문화를 연구하고 현대화시켜서 온 겨레의 삶에 값진 자양분을 제공할 전문가들에게 실질적이고도 효과적인 집중 교육이 바람직하다고 본다. 예컨대 대학의 동양학 곧 동양 철학, 동양 사상, 동양 역사, 동양 예술, 중국 언어, 중국 문학, 일본 언어, 일본 문학 등이나, 한국 사상, 한국 철학, 한국 역사, 한국 한문학 등의 학과에 진학할 예정의 사람들은 고등학교 시절에 '인문 I'반으로 편성하여 주당 3, 4단위 이상으로 집중 교육을 시키는 방법을 연구해 봄 직하다.

끝으로 본 논지에는 약간 벗어나지마는 전체 국민 교육의 방향에 대한 언급이 허용된다면, 우리 교육이 너무 성급히 고학력주의로 내닫는 경향은 재고의 여지가 있다고 본다. 교육에 소모되는 시간을 아끼면서 초·중등 교육의 내용과 질을 최대한으로 높이는 것이 급선무가 아닐까 한다. 인간 형성이 20세 이전의 초·중등학교 시절에 거의 완료된다는 심리·생리학적 과학을 믿는다면, 인간 개혁을 위한 교육 또한 마땅히 그 이전에 완수되어야 하겠기 때문이다. 그런 뜻에서 우리의 초·중등 교육은 굉장한 개혁이 요구되고 있다.

• 이탈리아의 국어 교육과 라틴어 교육 : 《국어 교육의 원리》, 청하, 1989

셋. 교과서답게

그러나 이제 교과서는 교육 활동을 위한 '재료'에 지나지 않는다는 생각이 빠르게 퍼지고 있다. 교과서는 신성한 권위가 아니라 교사와 함께 비판하고 토론하면서 헤집고 뜯어보아도 좋은 하나의 교육 재료라는 생각이 일어나는 것이다. 교육의 알맹이가 담긴 그릇이라는 점에서는 바뀐 것이 없으나, 신성한 권위로서 받들기만 해야 할 문화 전승체가 아니라 토론과 비판을 통하여 바로잡고 고칠 수 있는 활동 매개체라는 것으로 바뀌어 가고 있는 듯하다. 지난날의 권위주의 교과서관이 무너지고 새로운 도구주의 교과서관이 마련되는 마당이라고 할 만하다.

빠른 세상에 느린 교육
- 국어과 교육과정과 교과서가 지닌 문제점들 -

1. 들머리

광복 뒤로 우리 교육은 아주 빨리 바뀌어 왔다. 교육과정과 교과서를 바꾼 사실로 보면 더욱 그렇다. 우리 정부가 들어서서 마련한 것만 치더라도, 1955년 8월 1일에 제1차 교육과정이 나온 뒤로 1997년 12월 30일에 제7차 교육과정까지 나왔으니, 평균 7년 만에 교육과정과 교과서가 한 번씩 바뀐 셈이다. 교육과정이 나오고 교과서가 모두 새로 나오는 데 걸리는 시간이 5년을 넘는다고 보면, 우리 정부가 얼마나 빨리 서둘러 교육을 바꾸려 해 온 것인지 헤아릴 수 있다.

그러나 현장에서 교육을 맡고 있는 우리가 모두 알다시피 교육과정과 교과서가 이렇게 바뀌었다고 해서 실제 교육이 뜻대로 바뀐 것은 아니다. 국어 교육을 두고 말한다면 지난 반세기에 일곱 차례 교육과정과 교과서가 바뀌었으나 실제로 교육 활동이 바뀐 것은 이렇다 하게 눈에 띄지 않았다. 그런대로 제5차 교육과정 때에[2] 와서 교과서에다 말하기·듣기와 쓰기를 교육하도록 마련해 놓는 바람에[3] 비로소 현장이 조금 흔들렸다고 하겠다. 그것도 교육과정이나 교과서가 바라는 대로 말하기, 듣기, 쓰기 같은 학생들의 활동이 제대로 이루어진 것은 아니고,[4] 그런 활동을 시켜야 하는가 보다 하는 인식이 교사들 가슴에 박히게 되는 정도가 아닌가 한다.

그만큼 우리네 국어 교육의 현장은 바뀌지 않고 있는데, 안타깝게도 세상은 눈 돌릴 겨를도 없이 너무도 빨리 바뀌며 내달려 간다.[5] 이처럼 재빠르게 바뀌고 달려가는 세상에 맞추자고 정부가 서둘러 제7차 교육과정을 마련했다고 본다. 그러나 나타난 결과는 뜻한 바와 아주 딴판이다. 무섭게 바뀌는 세상을 너무도 만만하게 보고, 어린 세대들의 잠재력과 가능성도 너무 얕잡아 본 것이 아닌가 싶다. 한마디로, 세상과 사람을 바꾸는 역사의 흐름이 얼마나 깊고

1_ 이때 교과서가 바뀐다는 것은 물론 교과서에 실린 글의 제목이나 그 지은이가 달라지는 것일 뿐이었다.

2_ 1987년 3월 31일에 중학교, 그해 6월 31일에 초등학교, 1988년 3월 31일에 고등학교 교육과정을 내놓았다.

3_ 초등학교에서는 말하기·듣기와 쓰기를 별도의 책으로 마련하고, 중·고등학교에서는 별도의 단원으로 마련했다.

4_ 교육과정은 물론 교과서에서도 말하기, 듣기, 쓰기 같은 영역을 교육하도록 마련해 두었는데 어째서 실제로 교육 활동이 이루어지지 않았는가? 이 물음을 제대로 밝혀서 그 까닭을 찾아내고 거기에 따른 처방을 내리는 일은 아주 요긴하다고 생각한다.

5_ 세상이 얼마나 빨리, 그리고 얼마나 속속들이 바뀌고 있는가를 여기서 이야기하고 있을 겨를은 없다고 생각한다. 전자말의 시대가 열리면서 통신의 속도는 빛의 속도에 버금가게 되었고, 항공술의 발전으로 교통의 속도가 지구 전체를 하루 생활 안에 잡아넣었다. '국경이 사라진 시대'라는 말은 이제 철 늦은 소리처럼 들리게 되었고, 기계 문명이 막다른 골목에 들어서서 새로운 문명—이 문명을 이끌 사람들을 '위대한 이야기꾼(great storyteller)'이라고 부르는 사람들이 있다.—의 문을 거세게 두드리고 있다.

빠른지를 제대로 가늠하지 못한 것이 아닌가 하는 느낌을 받는다.

게다가 국어 교육 쪽에서는 교과서마저 여전히 '국정'인지라 사정이 더욱 나쁘다. 정부에서 하나를 만들어 놓고 누구든지 그것만 쓰게 하는 국정 제도는 애초 국어 교육이 중요한 까닭에 정부가 책임지고 가장 좋은 것을 만들겠다는 뜻에서 비롯한 것이지만, 이제는 그것이 도리어 멍에가 되었다. 무엇보다도 자고 나면 새로운 날이 열리는 세상의 삶을 그처럼 굳은 제도로 마련하는 교과서가 담아내기는 어렵기 때문이다. 정부에서 만든다는 굴레 때문에 창의도 죽이고, 모험도 죽이고, 신기도 죽이고, 모라는 모는 모조리 죽여서 마침내 '두루뭉술'하게 내놓고 마는 것이 국정 교과서이다. 이렇게 마련한 교과서로 오늘 같은 세상에서 남 앞서는 교육을 하기는 참으로 어렵다고 본다. 그래서 우리들 각급 학교에서도 국정 교과서로는 좋은 교육을 못하겠다는 소리가 나온 지 오래고, 앞서 나가는 나라들에서 그런 제도를 내버린 지는 아득히 오래된 일이다.

물론 제7차 교육과정처럼 느긋한 자세도 아주 쓸모가 없는 것은 아니다. 소용돌이와 맞서 흔들리지 않고 버티려는 힘도 필요하기 때문이다. 그러나 모두가 느긋하다가는 살아남을 수 없는 소용돌이를 만나겠기에 앞장서 헤쳐 나가는 힘이 더욱 절실하다는 것이다. 바뀌는 세상을 발 빠르게 받아들이고 새로운 세기가 목말라하는 사람을 마땅하게 키워 내는 교육을 서두르는 마련이 있어서 한결 느긋한 국정 교과서와 서로 돕게 하면 그만큼 우리 국어 교육의 힘이 튼튼해질 수 있다고 생각한다.

세상이 걷잡을 수 없이 소용돌이쳐서 앞이 보이지 않을 때에는 언제나 일의 뿌리께로 찾아가는 것이 상책이라고 한다. 우리도 지금 소용돌이치는 세상을 만나 국어 교육을 어떻게 할 것인지 갈피를 잡을 수 없으니, 우선 국어 교육의 뿌리께로 돌아가서 생각해 보는 것으로 첫걸음을 떼어야 마땅할 듯하다. 우리가 돌아가야 할 국어 교육의 뿌리는 우선 '말', '교육', '세상' 이런 것들이지만, 말머리를 끄집어내는 내가 어리석고 게을러 뜬구름 같은 소리를 늘어놓는 데서 머물 수밖에 없어 부끄럽다.

2. 국어 교육의 뿌리

1) 말을 보는 눈

국어 교육은 '국어'를 교육하는 것이고, 국어는 '말'이다. 그러니까 국어 교육을 하자면 우선 맨 먼저 따져 두어야 할 것이 바로 '말'일 것이다. '말이 무엇이냐?' 하는 물음에 올바른 답을 찾은 다음 '국어(우리말)가 무엇이냐?' 하는 물음에도 해답을 붙잡고서야 국어 교육에 들어갈 수 있는 일이다. 그런데도 우리는 너무 바쁜 나머지 그런 물음 없이 국어 교육에 뛰어들었다고 생각한다. 그리고 이제까지 반세기 동안 그것은 덮어 둔 채 국어 교육에 매달려 허덕인 것이 아닌가 한다.

그래서 나는 새로운 세기를 내다보는 오늘 우리부터라도 '말이 무엇이냐?' 하는 물음을 우리답게 일으키고, 그 해답을 제대로 찾아보아야 한다고 본다. 우리 스스로 그럴 힘과 짬이 없다면, 다른 사람들이 지난 2000년에 걸쳐 그런 물음을 일으키고 해답을 찾아온 길이라도 더듬어 보아야 한다. 혹시라도 우리가 여전히 바쁘니까

2000년에 걸친 저들의 길을 더듬어 보지는 않고, 그처럼 먼 길을 걸어와서야 얻은 저들의 결과만을 붙들고 쫓아가려고만 한다면 이제나저제나 새로운 길을 열기는 어렵다고 생각한다.

그래서 제7차 교육과정을 들여다보았더니, 여전히 '말을 보는 눈이 도대체 어떤 것인가' 하는 생각이 든다. 우리가 터득하고 찾아낸 눈은 물론 아니고, 남들이 요즘 찾아 얻은 그런 눈도 아니고, 억지로 말하자면 20세기 초엽에 한때 미국에서 힘을 쓰던 이른바 실용주의니 행동주의니 하면서 보던 눈이라 할 수 있겠다. 말은 '행동'이며 '실용'이며 '생활의 도구'라는 눈 말이다. 이런 눈이 그릇된 것은 아니지만, 그것으로 말의 모든 것을 볼 수는 없다. 그것은 그때 미국에서 나타날 수밖에 없었던 눈이고, 말이 지닌 깊고 넓은 세계의 한 모를 바라본 눈일 뿐이다. 그런데 우리는 새로운 세기를 내다본다는 제7차 교육과정에서조차 여전히 그런 눈으로만 보고 있으니 걱정스럽다. 여기 옮겨 놓고 한번 들여다보자.

> 국어과는 한국인의 삶이 배어 있는 국어를 창조적으로 사용하는 능력과 태도를 길러,
> ㉠ 정보화 사회에서 정확하고 효과적으로 국어 생활을 영위하고,
> ㉡ 미래 지향적인 민족의식과 건전한 국민 정서를 함양하며,
> ㉢ 국어 발전과 국어 문화 창달에 이바지하려는 뜻을 세우게 하기 위한 교과이다.[6]

보다시피 '국어과는 (한국인의 삶이 배어 있는) 국어를 (창조적으로) 사용하는 능력과 태도를 길러, (㉠, ㉡, ㉢) 하기 위한 교과'라

고 한다. 국어 교육이 '국어를 사용하는 능력과 태도를 기르는' 일이라고 하는 말을 보면, '말'을 '실용주의' 또는 '행동주의' 쪽에서 바라본다는 사실을 누구나 짐작할 수 있다. 국어 교육이 '국어를 사용하는 능력과 태도를 기르는' 것이라면, 국어란 '사용할 무엇'이라는 말이고, 나아가 '말'을 삶에서 써야 할 연모라고 보는 것임이 틀림없기 때문이다.

말은 삶의 연모 가운데 가장 요긴한 것이지만, 그것만은 아니다. 말은 삶에서 사람끼리 생각과 느낌과 경험을 서로 주고받아 더나은 삶을 만들어 가는 데 없어서는 안 될 연모이면서, 또 한편으로는 '얼의 집'이기도[7] 하다. 누가 뭐래도 말은 그저 들리는 소리거나 그저 보이는 글자가 아니고, 소리와 글자에 뜻이라는 느낌과 생각과 마음을 담아 만들어 내놓는 무엇이다. 그리고 그런 느낌과 생각과 마음이라는 것은 바로 삶이며 얼이다. 그래서 말은 사람(들)의 생각이나 느낌이나 온갖 정신의 속살을 움트게 하고, 자라게 하고, 살게 하는 집이다. 말이라는 집 안에서 사람(들)의 얼이 깃들어 살아가는 것이기에, 집의 환경과 통풍과 채광 상태가 어떠하냐에 따라 거기 깃들어 살아가는 사람의 발육과 건강 상태가 달라지듯이, 말의 상태가 어떠하냐에 따라 얼의 형편도 달라진다는 말이다.

말을 연모로 보는 것을 마다 않는 야콥슨(R. Jackobson)의 눈을

6_ 제2장 국어과 교육과정, 1. 국어, 1. 성격.(교육부, 《제7차 교육과정》, 교육부 고시 제1997-15호, 1997. 12. 30, 28쪽.)

7_ '얼의 집'은 하이데거(M. Heidegger)가 바로 내놓고 쓴 것이지만, 서양의 수많은 철학자들이 일찍부터 이와 비슷한 뜻으로 '말'의 본질을 이야기해 온 것이다.

두고 이야기해도 그렇다. 그는 말을 사람과 사람 사이를 오고 가는 연모로 보고, 그 연모가 어떤 일을 하는 것인지를 찾아서 말이 문학과 하나라는 사실을 밝혔다. 그래서 말이라는 연모가 문학과 마찬가지로 여섯 가지 일을 한다고 밝혀서 많은 사람들한테 수긍을 받았다.[8] 그러나 우리가 눈여겨보아야 할 대목은 그런 여섯 가지 일이 '말'로 말미암아 일어난다면, 그것으로 사람(주는 사람과 받는 사람)과 세상(주고받는 사람들로 이루어지는)이 그만큼 달라질 수밖에 없다는 사실도[9] 생각해야 하는 것이다. 그러나 우리는 '말'의 물리 요소인 '신호 체계(code)'가 달라지면 나머지 다섯 요소가 이루어 내는 일도 모두 달라진다는 사실에 눈을 돌리지 않는다. '신호 체계'라고 말한 '말의 물리 요소'가 달라지면 그것이 이루어 내는 일의 모습도 달라지고 그것을 쓰는 사람의 얼도 달라질 수밖에 없다는 사실을 짐작하면, '말이 얼의 집'이라는 소리를 결코 헛되다 할 수 없을 것이다.

야콥슨이 아니라도 말은 사람(보내는 사람, addresser) 안에서 나오고, 사람(받는 사람, addressee) 안으로 들어가는 것일 수밖에 없다. 상식이랄 것도 없는 그 사실을 입말에다 좁혀서 물리와 생리 쪽으로 살핀 최근의 연구에서는,[10] 말이라는 것이 언어 단계(Linguistic level)에서 생리 단계(Physiological level)를 거쳐 소리 단계

8_ 로만 야콥슨, 〈言語學과 詩學〉, 《言語科學이란 무엇인가》, 문학과지성사, 1977, 144~183쪽.

9_ 이 점은 레닌(N. Lenin)에서 비롯하여 사회주의 세계에서는 일찍이 상식으로 자리 잡은 사실이다.

10_ P. B. Denes · E. N. Pinson, 《The Speech Chain : The Physics and Biology of Spoken Language》, W. H. Freeman and Company, New York, 1993.

(Acoustic level)를 지나고 다시 생리 단계를 거쳐 언어 단계로 가서 끝난다고 했다. 보내는 쪽의 언어 단계와 생리 단계는 '말하는 사람 (Speaker)' 안에, 받는 쪽의 생리 단계와 언어 단계는 '듣는 사람 (Listener)' 안에서[11] 이루어지는 것은 말할 나위도 없다. 말하자면 야콥슨이 '보내는 사람' 또는 '받는 사람'이라고만 했던 것을 여기 서는 '언어 단계'와 '생리 단계'라는 두 사슬(chain)씩으로 갈라 들 여다본 것이고, 그 단계들을 최근의 인지 과학이 밝혀낸 만큼으로 설명해 보이고 있다.[12] 그러나 인지 과학이라는 것도 아직은 사람의 골(brain) 안에 자리 잡은 '언어 단계'에서 무슨 일이 벌어지는 것인 지를 아주 모르고 있었다. 말이 입으로 나오기까지 골 안에서 무슨 일이 어떻게 벌어지며 그것을 어떻게 신경으로 보내서 소리를 만들 게 하는지, 또 말이 귀로 들어가서 어떻게 신경으로 골까지 들어가 며 골 안에서는 그것들을 어떻게 처리하며 마침내 얼(정신)을 어떻 게 바꾸어 놓게 되는지를 사람들은 아직 까맣게 모르고 있다는 말 이다. 그러나 틀림없는 사실은 거기서 놀라운 일들이 벌어지고 있 으며, 그것으로 사람의 얼이 끊임없이 달라지고 있다는 점이다. 그 런데 우리네 국어 교육에서는 말의 이런 쪽에 눈을 감고 도무지 모 르는 체하며 반세기를 지나온 것이다.

한 사람의 정신 안에서 말이 이처럼 큰일을 할 뿐 아니라 사람 들이 모여서 이루는 겨레 동아리의 얼 안에서도 마찬가지 일을 하

11_ 앞의 책 5쪽에 그것을 그림으로 잘 그려 놓았다.
12_ 앞의 책 111~137쪽에 〈제6장 신경, 두뇌, 그리고 말의 사슬〉이라는 대목을 세우고 설명해 놓았다.

고 있다는 사실은 더욱 요긴하다. 겨레라는 동아리의 얼이 말을 쓰는 모습과 말 그것 안에 배어 있어서 말을 들여다보면 겨레의 얼이 보인다는 말이다. 일테면, '기쁨'과 '즐거움'이라든지 '속'과 '안'이라든지 하는 이름씨, '뛰다'와 '달리다'라든지 '싸우다'와 '다투다'와 '겨루다' 같은 움직씨, '무섭다'와 '두렵다'라든지 '곱다'와 '예쁘다'와 '아름답다' 같은 그림씨, '아주'와 '매우'와 '몹시'와 '너무' 같은 어찌씨 낱말들을 제대로 들여다보면 거기에 우리 겨레의 정신세계가 고스란히 들어 있다. 낱말 하나만 들여다보아도 이렇게 우리 겨레의 정신세계를 더듬어볼 수 있으니, 낱말들이 모여서 만드는 월을 살펴보면 거기에서는 우리 겨레의 더욱 깊고 넓은 정신세계를 만날 수 있는 것이다. 우리네 철학이 참다운 모습으로 일어서려면 무엇보다도 먼저 우리 겨레의 말에 담긴 세계를 눈여겨 살펴보는 일에서 비롯해야 한다고 본다. 그리고 철학보다 먼저 국어 교육에서 이런 실마리를 풀어 주도록 교육해야 하는 것이다. 그러나 안타깝게도 우리네 국어 교육은 말에 사람과 겨레의 얼이 담겼다는 사실을 돌보지 않았고, 그런 쪽으로 눈을 돌리자고 하면 '무슨 얼빠진 사람의 소리냐'는 듯이 거들떠보지도 않았다.

사실, 말을 단순히 '뜻을 주고받는 연모'로만 여긴다 해도 우리의 국어 교육에는 잘못이 많다. 연모로 삶을 꾸려 간다고 보면 연모 그것이 얼마나 쓰기 좋게 마련되어 있는지를 살피는 일은 아무도 피할 수 없을 것이다. 그런데 우리 국어 교육은 여태 우리네 연모가 쓰기에 어떤 것인지, 나쁜 데가 있으면 어떤 쪽이 나쁜 것인지, 더 나은 연모로 바로잡고 가다듬어 가려면 무엇을 어떻게 해야 할 것인지, 이런 것들에는 도무지 마음을 쓰려고 하지 않았다. 국어를 가르치는 교사거나 배우는 학생이거나 그런 것들에 마음을 쓰도록 마련하지 않았고, 그런 일에 마음을 써야 하지 않느냐고 나서는 사람도 없었다. 그저 있는 대로 쓰면 그만이고, 있는 그대로만 쓰라고 윽박지르고, 이렇게 써라 저렇게 써라 하는 주문만 했을 뿐이다. 어쩌다가 누가 제대로 쓰기 어려우니 더 쓰기 좋도록 고치자고 하면 전문가라는 사람들이 이상한 눈빛으로 바라보는 풍토이다. 시골에서 농사짓는 사람들은 밭을 쪼려 하면 괭이 날을 세우고 꼴을 베러 갈 때에는 먼저 낫을 간다. 그것이 연모를 쓰는 사람의 마땅한 삶이다. 그런데 국어를 삶의 연모라고 하면서도 우리네 국어 교육은 그것을 살피는 일은 하지 말아야 하는 것으로 덮어 두고 왔다는 말이다.

2) 교육을 보는 눈

제7차 교육과정에서는 교육을 학생의 수준에 맞추어 하자고 해서 이른바 '수준별 교육과정'이다. 그렇게 하자는 바람과 뜻은 얼마든지 손뼉을 쳐도 모자란다. 그런데 그런 뜻이 교육과정에 담겨 나타난 결과는 참으로 걱정스러운 형편이다. 걱정할 수밖에 없는 까닭이 교육과정의 들머리에[13] 뚜렷하게 드러나 있는데, '추구하는 인간상'이라 하고 교육법 제1조를[14] 거의 그대로 옮겨다 놓은 것이 바로 그것이다. 한마디로, 반세기 전에 광복을 하던 그때 보던 교육을 이제도 그대로 보고 있다는 사실을 확인할 수 있기 때문이다.

13_ 제7차 교육과정은 크게 '제1장 교육과정의 편성과 운영'과 '제2장 교과별 교육과정'으로 짰였는데, 제1장의 첫머리에 '1. 교육과정 구성의 방향'을 놓고, 또 그것의 첫머리에 '1. 추구하는 인간상'을 놓았다.

제7차 교육과정이 해 보자는 교육은 뿌리에서부터 걱정스러운 말미가 자리 잡고 있기 때문에 그로부터 나온 방법들도 마찬가지로 걱정스럽다. 첫째는, 학생의 수준을 두 모둠으로만 보자는 데에 걱정이 있다.[15] 학생의 수준을 두 모둠으로 갈랐으니 이제까지 한 가지 수준으로만 교육할 때보다는 나아지는 것 아니냐 할 것이다. 그러나 그것은 참으로 어리석은 탁상공론이다. 잘하는 학생과 못하는 학생을 가려내는 데에 드는 시간과 고생과 상처는 따지지 않는다 하더라도, 잘하는 학생들끼리 모아서 '심화 학습'을 시키고 못하는 학생들끼리 모아서 '보충 학습'을 시킨다는 것은 결국 학급을 거듭 바꾸는 번거로움밖에 별로 얻을 것이 없다고 본다. '심화반'에 들어간 학생들이나 '보충반'에 들어간 학생들이나 모두 다시 그 안에서 제 수준에 맞지 않는 교육을 받을 수밖에 없기 때문이다.

우리가 참으로 학생의 수준에 맞추어 교육을 하자고 하면, 교사가 학생 한 사람 한 사람씩 눈 맞출 수 있는 교실 환경을 마련해야 한다. 말하자면 한 학급에 학생을 스무 사람 안쪽으로 넣어야 한다는 말이고,[16] 학생 한 사람 한 사람씩 눈 맞추면서 교육할 수 있는 교사를 양성해야 한다는 말이다.[17] 애초 수준에 맞추어 교육을 하자

14_ 광복하고 정부가 들어서자 곧바로 마련한 법률 가운데 손꼽힐 것이 교육법이다. 그러나 지난 반세기를 거치면서 교육법의 속살은 세상이 바뀌는 것에 따라 많이 바뀌었다. 그런데도 제1조 교육의 목적만은 끄떡없이 바뀌지 않았고, 그것을 제7차 교육과정에서도 당당하게 내세워 놓은 것이다.

15_ 알다시피 제7차 교육과정에서는 두 가지 모습의 수준별 교육을 하자고 한다. 하나는 수학과 영어 과목에 쓰는 것으로 '단계형 수준별'이고, 다른 하나는 국어와 사회와 과학 과목에 쓰는 것으로 '심화·보충형 수준별'이다. 어느 것이거나 학생들은 결국 '잘하는 학생'과 '못하는 학생'이라는 두 모둠으로만 갈라질 수밖에 없다.

던 것이 잘하는 사람과 못하는 사람을 가려서 교육하자는 것이 아니라 사람마다 다르게 타고난 머리, 마음, 느낌, 바람 같은 것들에 맞추어 교육하자는 것이었다면 제7차 교육과정은 그런 본뜻을 저버렸다고 말할 수밖에 없다.

누구나 알다시피 교육이란 더 잘 살아남으려는 마음에서 일어나는 '배움'의 힘과 더 잘 살아남게 해 주려는 마음에서 말미암는 '가르침'의 힘이 어우러져 벌어지는 움직임이다. 그런데 우리가 이제까지 해 온 교육은 앞으로 학생들을 더 잘 살아남게 할 수 없다는 사실을 모두가 어렴풋하게나마 느끼고 있는 듯하다. 그래서 이제부터라도 더 잘 살아남게 하는 교육을 하자고 학생들이 타고난 바탕에다 맞추어 교육하는 쪽에서 길을 찾아[18] 제7차 교육과정을 만든 것이라고 본다. 그런데 나타난 결과가 그런 바람을 받들기 어렵게 된 것이다. 하지만 우리는 어차피 그런 길로 나아가지 않을 수 없는 일이기에 이런 결과에 떨어진 까닭을 곰곰이 따져 볼 일이다.

어리석은 생각으로는 제7차 교육과정의 뼈대를 만든 사람들이 이것을 교육의 방책[19]으로만 생각하고 서두른 때문이 아닐까 싶다. 교육을 어린 학생들에게 맞추어 하자는 것은 교육의 방책 정도가

16_ 그러자면 나라에서 많은 돈을 교육에 쏟아 넣어야 하는데, 우리 정부가 그럴 마음이 없다는 것은 온 국민이 다 잘 안다. 정부가 교육에 돈을 쓰지 않고 바로잡겠다고 하는 것은 손을 대지 않고 코를 풀겠다는 것과 같아서 말이 되지 않는다.

17_ 우리나라는 지난 반세기 내내 대통령이 바뀌기만 하면 '교육 개혁'을 내세우고, 많은 돈을 들여 그럴듯한 계획을 만들어 내놓았다. 그러나 한 번도 어떻게 하면 교사를 바람직하게 '양성'할 수 있을지 고민하고 방안을 내놓은 바는 없었다.

18_ 이 길이라야 우리가 찾은 것이 아니라 서양에서 이미 200년 전부터 찾아서 오늘까지 그런 쪽으로 교육을 하느라 수많은 애를 쓴 길인데 우리도 따라가자는 것일 뿐이다.

아니라 그보다 훨씬 더 깊은 곳에 자리 잡은 '사람을 보는 눈'의 문제라는 사실을 깨닫지 못했던 듯하다는 말이다. 우리 사회에서는 사람을 '태어나서 점점 자라 완성으로 나아가는 존재'라고 보아 왔다. 태어나 시간이 흐르는 것에 따라 육신이 자라고, 지성이 열리고, 경험이 쌓여서 마침내 온전한 사람으로 성숙한다는 생각이다. 그래서 어른을 '성인(成人)'이라 하고 어린이는 '미성인(未成人)'이라고 한다. 사람을 이렇게 보는 동안에는 미성인인 학생에게 맞추어 교육을 한다는 것이 먹혀들 수 없는 논리이다. 온전한 성인이 아직 온전하지 못한 미성인을 이끌고 가르치는 것이라야 교육일 수 있기 때문이다.

학생에게 맞추어 교육을 해야 한다는 논리는 사람을 '태어날 때에 온전한 것이 자라면서 비뚤어지기 십상인 존재'로 보는 데서 생겨난 것이다. 태어나면서 사람은 제 나름대로 온전한 가능성을 받았는데 시간이 흐르면서 사람들이 만들어 놓은 온갖 인문과 사회의 환경 때문에 가능성이 짓밟히고 비뚤어진다고 보는 눈이다. 그래서 "어린이는 어른의 아버지"라는 노래를 부르고 손뼉을 치는 것이다. 사람을 이렇게 보아야 비로소 아직 덜 비뚤어진 학생들이 바라는 대로 많이 비뚤어진 교사가 맞추어 주는 교육을 하자는 논리가 먹혀들게 된다. 우리가 진실로 학생에 맞추어 교육을 하려면 사람이 무엇인지, 어른이 더 온전한지 어린이가 더 온전한지를 제대로 가늠하는 일부터 챙겨 보고, 거기서 어린이가 온전하다는 것에

19_ 요즘 교육학 하는 사람들은 이것을 전쟁하는 사람들이 많이 쓰던 'strategies(전략, 책략)'라는 말로 즐겨 쓰고 있다.

마음들이 모여야 한다는 말이다.

나는 어른보다 어린이가 얼이 맑고 깨끗해서 거기 맞추어 교육하는 것이 옳다고 본다. 그래서 제7차 교육과정이 애초에 바라고 뜻한 바가 마땅하다고 생각한다. 그런데 그것을 수준이라는 이름으로 잘하고 못하는 학생들을 가려서 해 보자는 방법은 바람직하지 못하다고 본다. 학급의 크기를 줄이고 교사를 제대로 양성하는 일을 줄기차게 밀고 나가면서, 우선 교사가 학생들의 '배움'에 눈을 맞추어 교육할 수 있도록 이끄는 교육과정과 교과서를 꾸며야 한다고 생각한다. 잘하고 못하는 학생으로 가를 일이 아니라, 이런 학생과 저런 학생을 두루 맞추어 교육할 수 있는 교육과정과 교과서와 교사를 마련해야 한다. 그런 것이라야 '수요자 중심 교육', '학생 중심 교육', '열린 교육'이라는 말에[20] 어울리는 것이다.

3) 세상을 보는 눈

앞에서 교육을 보는 눈을 이야기했지만, 제7차 교육과정이 세상을 보는 눈도 걱정스럽다. 우선 교육과정 안에 세상을 보는 눈이 제대로 드러나지 않는다. 세상을 보는 눈이 겉으로 드러나지 않는다면 숨은 눈으로나마 세상을 똑똑히 보고 있기는 해야 한다. 알다시피 제7차 교육과정은 그냥 한가롭게 흘러가는 세상에다 내놓는 것이 아니기 때문이다. 그런데 그런 숨은 눈조차 찾기가 어렵다. '추구하는 인간상'이나마 더듬어 다가올 세상을 어떻게 보는지 알

20_ 나는 일찍부터 이런 교육을 '배움 중심 교육'이라고 불러 왔다. 그리고 아직도 이 말이 뜻을 또렷하게 드러낸다고 생각한다.

아보자 해도 실망스럽기는 마찬가지다. 다가오는 '세상'을 너무도 만만하게 보면서 마련한 것이 아닌가 하는 생각마저 들게 한다.

가. 전인적인 성장의 기반 위에 개성을 추구하는 사람
나. 기초 능력을 토대로 창의적인 능력을 발휘하는 사람
다. 폭넓은 교양을 바탕으로 진로를 개척하는 사람
라. 우리 문화에 대한 이해의 토대 위에 새로운 가치를 창조하는 사람
마. 민주 시민 의식을 기초로 공동체의 발전에 공헌하는 사람[21]

이런 다섯 가지 인간상은 모두 흠잡을 데 없지만 어떤 논리 위에 이런 다섯 가지를 세운 것인지 가늠이 잘 서지 않는다. 억지로 논리와 질서를 마련한다면 '가, 나'는 한 사람이 안으로 사람됨을, '다, 라'는 한 사람이 홀로 세상으로 나감을, '마'는 한 사람이 남과 더불어 세상으로 나감을 말한다고 볼 수 있을 듯하다. 그러나 이런 사람이라면 어느 곳 어느 때에나 '추구'할 만한 보편 인간일 수 있으나, 두 나라로 갈라진 우리 한반도에서 소용돌이치며 다가오는 세기에 값지게 살아갈 수 있는 사람일 수 있겠느냐는 의문이 든다.

교육이란 잘 살아남자면 없어서는 안 되는 두 가지 가치를 아울러 붙들어야 한다. 하나는 언제나 쓰이는 보편 가치요, 다른 하나는 그때에 요긴한 당대 가치이다. 이런 두 가지 가치를 그때의 사정에

21_ 제1장 교육과정의 편성과 운영, 1. 교육과정 구성의 방향, 1. 추구하는 인간상.(교육부, 앞의 책, 2쪽.)

따라 설미 있게 아울러야 마땅한 교육을 할 수 있는데, 제7차 교육 과정에서 '추구하는 인간상'이라는 것에는 아무리 보아도 '보편 가치'가 드러날 뿐 '당대 가치'를 찾아보기 어렵다. 이 교육을 받고 살아갈 사람들이 몸담을 세상에서 힘이 될 가치를 제대로 붙잡지 못한 것이 아닌가 하는 생각이 든다.

제7차 교육과정이 쓰일 때는 무서운 소용돌이의 시대임이 틀림 없다. 이때에 우리가 잘 살아남으려면 두 가지 당대 가치를 반드시 붙들어야 한다. 하나는 '남다르게 뛰어난 상상력'이고, 또 하나는 '우리에게만 있는 삶의 빛깔'이다. 이제까지는 이미 알려진 정보를 더 많이 알고 널리 알려진 세계의 큰 흐름에 쉽게 따라가는 사람이 잘 살아남을 수 있었지만, 다가오는 세상에서는 알려지지 않은 정보를 꿈꾸며 만들어 내고 남들이 눈여겨보지 않았던 제 스스로의 빛깔을 드러내는 사람이라야 잘 살아남을 수 있을 것이라는 말이다.

이들 두 가지 가치는 우리가 실제로 붙들고 매달리기 어려운 것들이라고 생각한다. 왜냐하면 우리 겨레는 적어도 지난 500년 동안 이들 두 가치를 무서워하고 멀리하도록 교육하는 데에 익어 있기 때문이다. 알려지지 않은 세상을 꿈꾸는 사람에게 우리는 그동안 '믿을 수 없는 사람', '거짓말쟁이', 심지어는 '미친 사람'이라는 딱지를 붙여 짓밟고 몰아내었다. 제 스스로의 빛깔을 드러내는 사람에게 그동안 우리는 '잘난 체하는 사람', '철없는 사람', '건방진 녀석' 같은 딱지를 붙여 따돌려 버렸다. 따라서 이런 가치가 참으로 다가오는 세상에서 값지게 쓰일 것이라면 적어도 교육과정 같은 데서 굵은 글씨로 내세우고, 큰 소리로 외치며, 여럿이 나팔을 불어도 모자란다고 생각한다.

이들 두 가지 가치는 사실 내가 홀로 찾아낸 것이 아니라 다가오는 세상을 내다보려고 애쓰는 수많은 사람들이 곳곳에서 이미 말한 것들에서 빌어 왔다고 해야 옳다. 그러니까 내가 길게 이야기하지 않아도 좋을 것이다. 그러나 눈길을 좁혀서 국어 교육에 맞추어 다가오는 세상을 보면, 또 달리 해야 할 이야기가 적지 않다. 그 가운데서 우선 두 가지는 반드시 이야기하지 않을 수 없다. 먼저 하나는 전자말의 시대로 깊숙이 들어간다는 사실이다. 사람들이 전자말을 쓰기 비롯한 것은 일찍이 유프라테스와 티그리스, 인더스, 나일, 황하 같은 강가에 살던 사람들이 글자를 만들어 글말 시대를 열었던 것보다 훨씬 더 커다란 인류 문화사의 사건이라고 본다. 글말이 열었던 새로운 문명보다 훨씬 더 놀라운 문명을 전자말이 이루게 된다는 것이 불을 보듯이 뻔하기 때문이다.

그리고 또 하나는 우리말이 나라 바깥으로 빠르게 퍼져 나간다는 사실이다. 중국, 러시아, 일본, 미국같이 꽤 옛날부터 우리 겨레가 나가 사는 나라들은 말할 나위도 없고, 지난 30년 남짓한 사이에 지구 구석구석으로 퍼져 나간 우리 겨레들이 거의 세계 모든 나라에 흩어져 살고 있다. 이런 사실로 말미암아 그들과 어울려 사는 남의 나라 사람들도 이래저래 우리말에 눈을 돌리지 않을 수 없게 되었다. 따라서 세계 곳곳에 우리말을 배우고 가르치는 학교가 생기고, 우리말을 배우려고 우리나라로 찾아오는 사람들도 늘어난다. 미국 같은 나라에서는 대학 입시에 '한국어'가 합법적인 제2외국어로 자리 잡고, 이태 만에 한국어를 선택한 학생 수가 넷째로 뛰어오르더니, 마침내 한국어 교사를 양성하는 학과를 주립 대학에다 만드는 데까지 이르렀다. 따라서 이제는 국어 교육이 더 이상 한국 국민들에게 국어를 교육하는 일에만 머물러 있을 수 없고, 마땅히 남의 나라에 나가 사는 교포들에게 베푸는 '모국어 교육'과 남의 나라 사람들에게 베푸는 '한국어 교육'을 싸잡지 않을 수 없는 때가 이미 열렸다고 본다.

제7차 교육과정이 첫발을 내딛기도 전에 이미 전자말과 나라바깥 사정이 국어 교육의 잠긴 문을 무섭게 두드리고 있다. 앞으로 다가오는 세상에서는 이런 말미가 어떤 모습으로 커지고 바뀌어 나타날 것인지 내다보기조차 어렵다. 어쨌거나 생각을 뛰어넘는 소용돌이가 밀어닥치고 있다는 것은 틀림없다. 그런 세상에 더욱 잘 살아남을 수 있는 사람이 갖추어야 할 힘이 곧 '상상력'과 '제 빛깔'이라고 할 때, 국어 교육에서는 어떻게 그들 힘을 키울 수 있을 것인지 고민하지 않을 수 없다. 그러나 알다시피 제7차 교육과정의 국어 교육에서는 그런 쪽에 눈길조차 보내지 않고 있다.

3. 교과서

이제 교과서에 담을 속살을 두고 몇 가지를 얘기해 보겠다.

1) 다루어야 할 속살의 몫

나는 이제까지 우리 국어 교육에서 다루어 온 속살이 너무 좁다고 거듭 말했다. 그리고 국어 교육에서 다루어야 할 속살이 무엇인가 하는 점도 거듭 밝혔다. 내 생각이 반드시 올바른 것인지 그것도 많은 분들이 마땅히 따져 보아야 하겠으나, 제5차 교육과정에서 비롯하여 제7차 교육과정에 이르기까지 나라에서 거듭 내세우고 있는 국어 교육의 내용 영역은 반드시 따져 바로잡아야 한다고 본다. 우리가 국어 교육을 하면서 '무엇'을 다룰 것인지를 밝혀 잡지 않고는 다른 이야기를 더 해 나갈 수 없기 때문이다. 그래서 부끄럽지만 따져 보기 쉽도록 내가 내세워 온 국어 교육의 속살을 여기 다시 한번 보여 주겠다.

	삶		앎	
	주기(표현)	받기(수용)	공시	통시
일상 국어	말하기·쓰기	듣기·읽기	철학·문법	입말·글말 역사
예술 국어	말하기·쓰기	듣기·읽기	원리·갈래	입말·글말 역사

이것을 아래와 같이 나타내면 알아보기가 쉬울는지 모르겠다.

국어교육의 몫	삶	일상 국어	주기	입말	1. 일상 말하기
				글말	2. 일상 쓰기
			받기	입말	3. 일상 듣기
				글말	4. 일상 읽기
		예술 국어	주기	입말	5. 예술 말하기
				글말	6. 예술 쓰기
			받기	입말	7. 예술 듣기
				글말	8. 예술 읽기
	앎	일상 국어	이론	본질	9. 국어 철학
				모습	10. 국어 말본
			역사	입말	11. 입말 국어 역사
				글말	12. 글말 국어 역사
		예술 국어	이론	본질	13. 예술 국어 철학
				모습	14. 예술 국어 갈래
			역사	입말	15. 입말 예술 역사
				글말	16. 글말 예술 역사

그림표를 보면, 이제까지 우리 국어 교육이 다루어 온 몫은 여느 글자로 나타난 것들뿐이다. 밑줄 친 몫은 고등학교에 와서야 조금씩 다루고 있는 것이고, 겹 글자에 밑줄 친 몫은 제7차 교육과정에 와서야 새로 들어와서 앞으로는 다루게 될 것이고, *비스듬히 밑줄 친 몫*은 아직 도무지 다루지 않고 버려진 몫이다. 제대로 다루고 있는 몫은 절반에 겨우 미칠까 말까 하고, 제대로 다루지 않거나 아주 버려진 몫이 절반을 웃돈다 해도 지나친 말이 아니다. 나는 이런 몫들을 모두 온전하게 싸잡아 다루어야 국어 교육이 제자리를 잡는다고 생각한다.

2) 다루어야 할 속살의 차례와 뜨레

다루어야 할 속살이 무엇인가를 알았다고 해서 국어 교육이 쉽게 바로잡히는 것은 아닐 것이다. 그런 속살들의 세계를 밝혀서 거기 담긴 알맹이들을 낱낱이 붙들어 잡아 내는 일이 반드시 뒤따라야 한다. 그리고 그 속살의 알맹이들을 교육해야 할 차례에 맞추어 알맞게 베풀어 놓아야 하고, 그들 알맹이마다 그것을 얼마나 무겁게 다루어야 할 것인지 뜨레를 가늠해 놓아야 한다. 속살의 알맹이들을 제대로 잡아 내고, 그것들을 차례에 맞추어 베풀고, 다룰 무게로 뜨레를 가늠하는 일이 올바로 이루어져야 비로소 교육과정과 교과서를 만들 수 있다.[22]

일테면, '16. 글말 예술 역사'라는 몫이라 하더라도 거기 담긴 알맹이들은 사실 엄청난 것이 아닌가? 큰 덩이만 말하더라도, 한글을 만들어서 우리 입말을 그대로 적을 수 있게 된 뒤로 지나온 한글의 글말 예술 역사, 중국 글자를 빌어서 우리 입말을 적어 보려고 무진 애를 쓰면서 살아온 빌린 글자의 글말 예술 역사, 아예 우리 입말은 던져 두고 중국 글말에다 삶을 바로 담아 즐기며 살아온 한문의 글말 예술 역사, 이렇게 세 가지가 있다. '한글', '빌린 글자(借字)', '한문'이라는 이들 세 가지 연모로 만들어 낸 글말 예술은 저마다 다른 역사를 이루고 있는 것은 두말할 나위도 없다. 그런데 한글로 된 글말 예술이 500년 넘는 역사를 기록하며 오늘에 이르렀고, 빌린 글자로 된 글말 예술도 500년을 넘게 살아 있다가 사라졌고, 중국 글말인 한문으로 된 글말 예술은 2000년 가까이나 살아 있다가 이제 와서야 자취를 감추었다.

이렇게 나름대로 짧지 않은 역사를 지닌 세 가지 글말 예술의 속살에서 국어 교육이 다루어야 할 알맹이를 찾아 간추려 내는 일부터가 참으로 쉽지 않다. 다른 두 쪽은 덮어 두더라도, 우리 겨레의 글말 예술에서 가장 노른자위인 한글의 글말 예술만 하더라도 우리는 아직 국어 교육에서 다루어야 할 속살의 알맹이가 어떤 것들인지 제대로 찾아 간추려 놓지 못한 채로 있다. 말하자면, 〈용비어천가〉 또는 〈안락국전〉을 국어 교육의 글말 예술 역사에서 다루어야 하는가 다루지 말아야 하는가? 다루어야 한다면 중학교에서 다룰 것인가 고등학교에서 다룰 것인가? 어디서 다룬다는 가늠이 선다면, 거기에 담긴 속살의 알맹이에서 무엇을 먼저 다루고 무엇을 나중에 다룰 것이며, 무엇을 무겁게 다루고 무엇을 가볍게 다룰

22_ 물론 이런 일이 우리네 국어 교육에서는 아직 제대로 이루어지지 못했다고 생각한다. 그리고 이런 마련은 한두 사람이 멋대로 할 수 없고, 경험과 식견을 갖춘 여러 사람들이 시간을 바치고 마음을 모아 함께 애를 써야 조금씩 이루어질 수 있을 것이다. 이제부터라도 그런 사정에 뜻을 모아 우리부터 첫걸음을 내딛는 일이 무엇보다 값지다고 본다.

것인가? 이런 물음에 마땅한 대답을 마련하기는커녕 아예 그런 물음을 던져 보지도 않은 채로 반세기 넘도록 우리는 국어 교육이라는 일을 해 온 것이다.

그러나 언제까지나 마냥 이런 물음들을 덮어 두고 교육과정이나 교과서를 마련할 수는 없는 일이다. 그리고 첫술에 배부를 수 없다 하더라도 누군가 그 첫술을 뜨는 일에 머뭇거리지 말고 나서야 한다. 그런 뜻에서, 건방진 노릇이지만 내가 우선 실마리를 끄집어낸다는 마음으로 국어 교육에서 다루어야 할 속살의 알맹이를 찾아 세우는 잣대를 뜬금없이 말해 보고자 한다.

첫째, '앎'을 '삶'보다 앞세우고 무겁게 다루어야 할 것으로 본다. 말이 무엇인지 말의 예술이 무엇인지를 알 수 없도록 마련해 온 문화를 바로잡는 일이 크고 무겁기 때문이다.

둘째, '나'를 '남'보다 앞세우고 무겁게 다루어야 할 것으로 본다. 나를 업신여기고 남을 우러러보도록 마련해 온 문화를 바로잡는 일이 크고 무겁기 때문이다.

셋째, 우리 '빛깔'을 뚜렷하게 드러내는 것을 흐릿하게 드러내는 것보다 앞세우고 무겁게 다루어야 할 것으로 본다. 그것이 우리를 자랑스럽게 하고 남을 넉넉하게 살리는 길이 되겠기 때문이다.

3) 헤쳐 나갈 길잡이

당장 우리가 이런 일을 해 보기로 한다면 말로만 끝낼 수는 없다. 미련한 소견이라도 나갈 길을 찾아보는 것이 도리라고 생각한다. 그래서 어리석은 생각이지만 서슴없이 말해 보기로 하겠다.

우선, 크게 세 가지 모둠으로 일꾼들을 묶어서 할 수 있을 듯하다. 첫째 모둠은 국어 교육의 얼개와 틀을 짜는 일을 맡습니다. 둘째 모둠은 국어 교육의 속살을 밝혀서 베푸는 일을 맡는다. 셋째 모둠은 국어 교육의 길을 찾아 헤쳐 나가는 일을 맡는다. 그런데 첫째 모둠은 둘째와 셋째 모둠에서 뽑힌 우두머리들로[23] 이루어지게 하는 것이 바람직할 듯하다. 말하자면 둘째 모둠에서는 국어 교육이 다루어야 할 속살의 알맹이들을 찾아 밝히고 제대로 베풀어서 '교과서'를 만들어 가는 일을 맡고, 셋째 모둠에서는 그렇게 교과서에 담긴 속살의 알맹이들을 교실에서 학생들이 어떻게 더듬어가도록 할 것인지를 밝히는 '교사 길잡이'를 만들어 가는 일을 맡는 것이다. 이들 두 모둠은 반드시 여러 작은 모둠으로 이루어질 터이기에 그런 작은 모둠의 우두머리들이 모여서 국어 교육의 얼개와 틀을 짜는 첫째 모둠이 되게 한다는 것이다. 그래서 일은 어느 모둠이 앞서거나 뒤서지 않고, 세 모둠이 나란히 함께 나가면서 서로를 살피고 도울 수 있게 해야 한다.

　　그런데 둘째와 셋째 모둠의 일 몫은 국어 교육이 다루어야 할 속살의 몫에 따라 나눌 수밖에 없다. 말하자면 앞에서 말한 열여덟 가지 속살의 몫을 따른다고 치면, 열여덟 개의 작은 모둠들을 만들어 한 몫씩 맡도록 한다는 말이다. 일테면, 1모둠이 '1. 일상 말하기'를 맡는 것이고, 9모둠은 '9. 국어 철학'을 맡는 것이다. 그래서

23_ 작은 모둠의 우두머리는 물론 모둠마다 있으니 모두 열여덟이 될 것이다. 그래서 둘째와 셋째 모둠에서 모두 모이면 첫째 모둠은 서른여섯이나 되는 셈이다. 그렇지만 첫째 모둠의 사람이 너무 많다면 얼마든지 알맞게 가다듬을 수 있다. 왜냐하면 베풀어 놓은 국어 교육의 몫은 보다시피 둘씩 짝지어 있어서 두 몫, 네 몫, 여덟 몫으로 다시 묶이는 것이기 때문이다.

그런 모둠마다 제 몫의 속살에 담긴 알맹이를 찾아 밝히고 다루어 나갈 차례와 무게를 가늠해서 매겨야 하는 것이다. 매기는 것은 물론 학교 교육에 맞추는 것이니까 초등학교 1학년에서 고등학교 3학년까지 잇달아 베풀어야 한다고 본다. 그리고 여기서 우리가 잊지 말아야 할 것은 다루어야 할 속살의 알맹이를 의무 교육 안에서 한 차례 마무리하도록 한다는 점이다.[24] 그리고 의무 교육을 넘어 고등학교까지 그것들의 넓이와 깊이를 더해서 다시 한 차례 되풀이하는 깃으로 뼈대를 세워야 한다고 본다.

둘째와 셋째 모둠에서 열여덟 개씩 작은 모둠들이 저마다 맡은 몫의 속살을 찾아 밝히고 차례와 무게를 가늠해서 베푸는 일이 얼마간 이루어지면, 그것은 첫 단계 일을 마친 셈이다. 다음 둘째 단계는 짝을 이루는 두 몫들끼리 묶어서 이제까지 홀로 밝힌 속살과 차례와 무게를 짝과 더불어 다시 견주며 살피고 맞추는 일을 해야 한다. 이런 식으로 셋째 단계에서는 두 짝들(네 몫)을 묶어 다시 견주어서 살펴 맞추고, 넷째 단계에서는 네 짝들(여덟 몫)을 묶어서 다시 살피고 맞추어 가다듬는다. 이렇게 하여 마침내 국어 교육에서 다루어야 할 속살의 알맹이를 밝히고 차례와 무게를 가늠하는 일이 이루어지는 것과 더불어 '교과서'와 '교사 길잡이'도 모습을 드러낼 수 있을 것이다.

24_ 이런 잣대에서 제7차 교육과정이 마련한 국민 공통 기본 교육과정(10학년)은 올바른 것이 아니라고 생각한다. 나라에서 책임지는 의무 교육이 국민으로 살아가는 데 없어서는 안 될 기본 교육을 마무리하고, 다시 교육을 더 받고자 하는 사람들에게 깊고 넓은 교육을 베풀 수 있도록 마련해야 마땅하기 때문이다.

4. 마무리

새 교과서는 21세기에 들어서서 쓰일 것이다. 지난날에 교과서를 바라보던 태도에서 멀리 벗어나지 않으면 그런 시대에 알맞고 바람직한 교과서를 마련하기 어렵다고 생각한다. 그런 일은 아무나 할 수 있는 일이 아니라고 하겠다. 그러나 여러 선생님들이 그 사이 교단에서 마땅치 못하게 여기던 온갖 점들을 바로잡고 꿈꾸던 갖가지 바램을 담을 수만 있다면 훌륭한 교과서를 마련하지 못할 까닭도 없다고 본다.

우리가 마련해 보자는 교과서는 빠르게 바뀌는 세상에 뒤떨어지지 않고 발맞추어 함께 내달릴 수 있는 교과서이다. 거추장스러운 절차와 제도에 매여서는 그런 교과서를 마련하는 일이 어렵기 때문에, 거기서 벗어나 자유롭게 살아 움직일 수 있는 사람들이 곳곳에서 모여 함께 마련해 보자는 것이다. 교육 현장과 학생의 삶에서 떨어져 있는 학자가 현장 밖에서 만들어 던져 주는 교과서가 아니라 학생과 어우러져 함께 저들의 삶을 나누는 여러분들이 현장 안에서 손수 만든 교과서로 교육을 해야 할 때가 왔다. 남은 문제는 여러 선생님들의 마음이고 피땀이다.

우리가 손수 만든 교과서가 우리네 아들딸들이 제 빛깔을 제대로 드러내고 남다른 창의와 상상력을 꽃피우면서 새로운 세상에 앞장서 나가는 사람들로 당당하게 자랄 수 있도록 너끈히 이바지하리라 믿는다.

• 빠른 세상에 느린 교육 : 《함께 여는 국어 교육》 1999 가을호

국어 교과서의 짜임새와 속살

1. 국어 교과서를 바라보는 눈

동서양을 물을 것 없이 지난날에는 교과서를 '교육 재료(교재)' 이상의 것으로 보았다. 우리 겨레가 겪은 한문 교육, 고구려의 태학이나 신라의 국학 이래 고려와 조선 시대를 거쳐 서당 교육에 이르기까지 경험한 그 외국어 교육에서도 물론 교과서가 재료 이상이었다. 사회(엄밀하게는 지배 계층의 사회)가 나아가려는 이상 세계를 바라고, 그 세계로 가는 길을 밝히는 이념을 담은 신성한 책이었다. 그것은 결코 비판이나 토론의 대상이 될 수 없었고, 다만 충실하게 익혀서 마음에 새겨 간직하고, 나아가 삶 안에 실천해야 하는 지침이었다. 한마디로 교과서는 권위를 떨치는 책이었다.

교과서를 비판이나 토론의 대상이 아닌 권위로 바라보는 시각은 일제 침략 시대에 와서 더욱 강화되었다. 일제는 침략 통치의 목적을 더 잘 이루려고 학교 교육을 늘리고, 그런 학교 교육의 목적을 더 잘 이루려고 교과서를 이용했기 때문이다. 이 시절의 교실에서는 교과서의 내용을 비판하거나 토론할 수 없었을 뿐만 아니라 질문마저 용납하지 않았다. 교과서는 침략 통치의 이념으로 무장된 정보를 담은 책이기 때문에 저들로서는 우리나라 사람들에게 강제로 주입하지 않을 수 없는 것이었다. 비판이나 토론이나 의문을 허용하면 침략 통치의 이념이 드러날 수밖에 없으므로 엄중한 권위로 그걸 막아 두지 않을 수 없었음을 이해하고도 남는다.

우리의 교육 경험은 왕조 시대의 한문 교육과 일제 침략 시대의 식민지 교육뿐이므로 광복한 뒤에도 교과서를 보는 눈이 그런 권위주의에서 벗어날 수 없었던 것은 당연하다. 국어 교과서는 어떤 모로든지 모범이 되는 글을 뽑아서 싣고 있어야 하고, 국어 공부는 그것을 할 수 있는 데까지 올바로 알아보고 본뜨는 것이어야 한다고 여기는 것이었다. 광복한 지 반세기를 넘긴 요즘에도 많은 사람들은 그런 권위주의의 눈으로 국어 교과서를 바라보는 듯하다.

그러나 이제 교과서는 교육 활동을 위한 '재료'에 지나지 않는다는 생각이 빠르게 퍼지고 있다. 교과서는 신성한 권위가 아니라 교사와 학생이 함께 비판하고 토론하면서 헤집고 뜯어보아도 좋은 하나의 교육 재료라는 생각이 일어나는 것이다. 교육의 알맹이가 담긴 그릇이라는 점에서는 바뀐 것이 없으나, 신성한 권위로서 받들기만 해야 할 문화 전승체가 아니라 토론과 비판을 통하여 바로잡고 고칠 수 있는 활동 매개체라는 것으로 바뀌어 가고 있는 듯하다. 지난날의 권위주의 교과서관이 무너지고 새로운 도구주의 교과서관이 마련되는 마당이라고 할 만하다.

국어 교과서를 바라보는 눈이 이렇게 바뀐 데에는 제5차 교육과정에서 마련한 교과서의 영향이 크게 이바지했다고 생각한다. 알다시피 제5차 교육과정 때에 와서 국어 교과서는 비로소 읽기책〔讀本〕을 벗어났다. 말하기, 듣기, 읽기, 쓰기, 언어, 문학이라는 국어교육의 내용 영역에 따라 교과서를 꾸몄기 때문이다. 그 가운데서도 특히 말하기, 듣기, 읽기, 쓰기는 말 그대로 행동이며 생활이어야 하는 까닭에 무슨 권위 있는 글들을 모아 교육할 길이 없었던 것이다. 어떻게든지 행동하고 생활하도록 이끄는 수단을 담아 보려고 애쓰게 되면서 저절로 교과서의 속살과 짜임새가 재료와 도구처럼 바뀌어진 것이 아닌가 한다.

교과서를 보는 눈이 달라지면 그 짜임새와 속살에 대해서도 훨씬 자유스러워지는 것은 당연하다. 교과서가 시대의 이념을 담은 신성한 권위로 여겨질 때에는 그것이 흠 없는 본보기여야 하는 까닭에 짜임새나 알맹이를 엄정한 대중〔尺度〕에서 마련해야 했다. 그러나 교과서가 교육 활동의 재료며 도구일 때에는 그것이 흠 없는 본보기라도 좋고 흠 있고 모자라도 괜찮다. 어쩌면 모자람과 흠 같은 것들로써 교육 활동을 더욱 생기 넘치게 하는 계기를 마련할 수 있을지도 모르기 때문이다.

2. 국어 교과서의 짜임새

지금 우리의 국어 교과서 짜임새는 제5차 교육과정 때부터 교육과정이 제시하는 내용 영역에 따라 마련했다. 그러나 그 마련이 들쭉날쭉하다. 초등학교의 교과서는 내용 영역에 따라 《말하기·듣기》, 《쓰기》, 《읽기》라는 세 가지 책을 별도로 마련하고,[1] 중학교의 교과서는 한 책 안에다 '말하기·듣기, 쓰기, 읽기, 언어, 문학'의 다섯 가지 단원으로 마련하고, 고등학교에서는 '읽기, 언어, 문학'의 세 가지 단원으로 마련했다.[2] 초등학교에서는 언어와 문학이 드러나지 않았는데, 그것을 주로 쓰기와 읽기에다 덧붙여서 담았다. 고등학교에서는 말하기, 듣기, 쓰기가 드러나지 않았는데, 그것을 읽기와 언어와 문학 단원의 학습 활동으로 처리하게 해 놓았다. 초등학교에서는 삶(활동)을 내세우고, 고등학교에서는 앎(지식)을 앞세우자는 뜻으로 그런 짜임새가 되었다고 알아들을 수도 있을 듯하다. 또는 국어 교육의 경험이 없으므로 여러 가지 교과서 체제를 시험해 보고 효과가 큰 것을 찾아가자는 뜻으로 그랬을지도 모르겠다.

그러나 분명한 것은 언어와 문학이라는 영역이 말하기, 듣기, 쓰기, 읽기라는 영역과 얽히고 겹쳐질 수밖에 없다는 사실이다. 초등학교에서는 언어와 문학이 쓰기와 읽기에 들어가 섞여도 괜찮을 것으로 보인다. 그리고 고등학교에서는 말하기와 듣기와 쓰기가 언어와 문학 안에서 학습 활동으로 처리해도 무방할 것으로 보인다. 이것은 언어와 문학이라는 영역의 속살을 말하기, 듣기, 쓰기, 읽기라는 영역의 그것과 분별하기 어렵다는 사실을 드러내는 표지가 아닌가 한다. 읽기의 내용이 문학과 언어의 내용과 뚜렷이 갈라지지 않는다는 사실도 교과서 곳곳에서 찾아볼 수 있는 바와 같다.

그뿐 아니다. 말하기, 듣기, 쓰기, 읽기라는 네 영역을 현재의

1_ 제6차 교육과정에 와서는 1학년에서 4학년까지만 그렇게 나누고, 5, 6학년에 와서는 말하기·듣기·쓰기를 하나의 책으로 묶어서 읽기와 두 가지 책이 되도록 했다.
2_ 제5차 교육과정 때에는 중학교의 것과 마찬가지로 말하기·듣기, 쓰기, 읽기, 언어, 문학으로 단원이 베풀어졌던 것이다.

교과서에서는 공평하게 다루지 않는다. 초·중·고등학교 모두에서 말하기와 듣기를 한 영역처럼 묶어 놓았다. 교육과정에서 네 영역이라고 한 것을 교과서에서는 세 영역으로 바꾸어 버린 셈인데, 그 까닭을 알 수가 없다.[3] 아마도 말하기와 듣기는 함께 교육하지 않을 수 없는 것이라고 여겼을 듯하다. 그렇다면 바로 거기에 문제가 있다. 말하고, 듣고, 쓰고, 읽는 것은 모두가 서로 떨어질 수 없는 하나이기 때문이다.

매체를 기준으로 볼 때 '말하기·듣기'가 하나고, '쓰기·읽기'가 다른 하나다. 또 활동이라는 기준에서 보면 '말하기·쓰기'가 하나고, '듣기·읽기'가 다른 하나다. 그러니까 이들 네 영역은 하나씩 따로 떨어질 수도 있고, 둘씩 짝을 지어 네 쌍으로 설 수도 있고, 모두 묶어 하나일 수도 있는 것이다. 따라서 쓰기와 읽기를 따로 떼어서 교육한다면 말하기와 듣기도 마땅히 따로 떼어서 교육해야 하고, 말하기·듣기를 하나로 묶어서 교육하는 것이 바람직하다면 쓰기·읽기도 마땅히 하나로 묶어서 교육할 필요가 있는 것이다.

쓰기와 읽기는 따로 떼어 교육하면서 말하기와 듣기는 하나로 묶어 교육하는 것은 글말을 귀하게 여기고 입말을 업신여기는 우리네 인습에 말미암은 것으로 볼 수도 있다. 입말은 하찮은 사람들도

3_ 교사용 지도서의 교과서 편찬 방침을 살펴보아도 그 까닭을 밝혀 두지 않았다. 다만 "국어 교과서 편찬에 있어서의 기본 방향은 다음과 같다." 하고서 여섯 가지를 밝혀 두었는데, 그 첫 번째로 다음과 같은 결과만을 말하고 있을 뿐이다. "(1) 말하기·듣기, 읽기, 쓰기, 언어, 문학의 다섯 가지 영역으로 구성하고, 각 영역 내에 소단원을 둔다."(한국교육개발원,《중학교 국어 교사용 지도서 1-1》, 1989, 18쪽. 또는 서울대학교 사범대학 1종도서 연구 개발 위원회,《고등학교 국어 교사용 지도서 (상)》, 1990, 8쪽.)

너나없이 할 수 있으나 글말은 점잖고 유식한 사람만이 할 수 있다는 생각은 지난날 왕조 사회에 널리 퍼져 있었다. 글말에서도 남의 글말인 한문을 참글[眞書]이라 우러르면서 그 참글을 읽고 쓰는 것으로 부귀와 영화를 차지할 수 있었기 때문이다. 그러나 민주 사회로 세상이 바뀐 오늘에 와서 정신을 차리고 돌이켜 보면 그런 생각은 사리에 어긋나는 오해에 지나지 않았다는 사실을 깨달을 수 있다. 입말은 낮은 사람들이 쓰고 글말은 높은 사람이라야 쓴다는 차별이 사라지고 누구든지 입말과 글말을 손쉽게 부려 쓸 수 있는 세상이 되고 보면 입말이야말로 말의 본바탕이고 글말은 거기에 덧붙여진 곁가지임이 뚜렷이 드러난다. 따라서 국어 교육을 제대로 하자면 이제는 입말인 말하기와 듣기를 먼저 마땅하게 다루고, 글말인 쓰기와 읽기를 거기 맞추어 다루어야 옳은 것이다.

게다가 말하기·듣기를 하나의 교과서 또는 하나의 단원으로 베풀면서 거기에도 균형이 깨뜨려져 있다. 중학교 교과서를 보기로 든다면, 1~3학년에 걸쳐 말하기·듣기 단원이 모두 열둘인데 거기서 세 단원만 듣기 중심이고 나머지 아홉 단원은 말하기 중심이다. 그리고 모든 소단원에 나타나는 학습 활동 안에서도 말하기 활동이 3분의 2를 차지하고 듣기 활동은 3분의 1에 지나지 못한다. 말하기·듣기 단원에서도 말하기를 훨씬 무겁게 다루고 듣기는 아주 가볍게 다루었음이 뚜렷이 드러난다.

그런 점에서 고등학교 과정의 국어 교과 안에 '과정별 필수 과목'으로 베푼 화법, 독서, 작문, 문법, 문학도 마찬가지로 이치에 어긋나는 마련이다. 화법(話法)은 말 그대로 '말하기', 독서는 '읽기', 작문은 '쓰기', 문법은 '언어', 문학은 '문학'을 담은 것일진대 현행

국어 교육의 여섯 영역 가운데 '듣기'만 유독 빠져 있기 때문이다. '말하기·듣기'를 하나의 단원에 묶는 것처럼, 화법이라고 하면서 거기에 '말하기'와 '듣기'를 모두 다루겠다는 뜻인 줄 짐작하지만 그것은 옳지 못한 마련이다. 화법이 있다면 '청법(聽法)'도 얼마든 지 있을 수 있고, 또 마땅히 있어야 하는 것이기 때문이다.

우리는 아직 말하기, 듣기, 쓰기, 읽기 네 영역을 모두 따로 떼 어서 교육하는 것이 좋은지, 매체 또는 활동에 따라 두 영역씩 짝 지 어 교육하는 것이 좋은지, 아니면 네 영역을 모두 하나로 묶어 교육 하는 것이 좋은지 모르고 있다. 경험을 쌓으면서 주의 깊게 살피고 연구하여 밝혀 보아야 할 일이다. 그러나 분명한 것은 네 영역 가운 데 어느 것을 무겁게 다루거나 어떤 것을 가볍게 다루어도 좋다는 논리를 찾을 수 없다는 사실이다. 네 영역이 균형 있게 어우러질 때 라야 사람의 말살이가 맞갖고 올바르게 이루어질 터이기 때문이다.

그럼 국어 교과서는 어떤 짜임새로 꾸며야 할까? 그것은 두말 할 나위도 없이 국어 교육의 속살을 골고루 담도록 마련해야 하겠 다. 바람직한 국어 교육의 내용은 크게 일상 국어의 삶, 일상 국어 의 앎, 예술 국어의 삶, 예술 국어의 앎이라는 네 영역이라고 본다.[4] 교과서는 마땅히 이들 네 영역의 교육 내용을 골고루 담아야 하겠 지만, 학교 급과 학년 급에 따라 그것을 담는 차례와 무게를 제대로 가늠하여 담아야 할 것이다. 그러나 이런 문제를 제대로 가늠하는 일은 참으로 쉽지 않다. 오랜 고민과 연구와 경험을 쌓아 가면서 차

4_ 나로서는 이 주장을 거듭한 바 있다. 《국어 교육의 길》(나라말, 2001)에서도 자세하게 다루 었기 때문에 여기서는 접어 두기로 한다.

차로 바로잡아 갈 수밖에 없는 문제라고 생각한다.

하지만 대략의 얼개조차 잡을 수 없는 것은 아니라고 본다. 더구나 우리보다 훨씬 먼저 자기들의 국어 교육을 고민하고 연구하고 경험해 온 나라와 겨레들의 길을 더듬어 따라가는 것도 도움이 될 수 있다. 그런 사정을 두루 살펴 이야기해 보자면, 우선 '일상 국어'와 '예술 국어'라는 영역에서는 마땅히 '일상 국어' 쪽을 앞세우고 기본으로 삼아야 하겠다. 그 값어치의 높고 낮음에서가 아니라 국어의 세계를 본질에서 볼 때 실용을 예술보다 앞세우는 것이 올바를 수밖에 없기 때문이다. 그리고 '삶'과 '앎'의 영역 사이에는 마땅히 '삶'을 앞세워야 할 것이다. 본질에서 볼 때 앎이란 결국 삶에 뒤따르며 도우는 것일 수밖에 없는 까닭이다.[5]

그러면 이들 네 영역의 내용을 어떤 방법으로 교과서에 담는 것이 바람직한가?

우선 몇 가지 책으로 나누는 것이 좋은가? 생각해 볼 수 있는 방법은 다음과 같이 되겠다. 첫째는 네 영역을 하나의 교과서에 묶

5_ 그러나 우리에게는 다음과 같은 몇 가지 까닭에서 언어 영역의 삶과 앎을 뒤바꾸는 것이 바람직할 것으로 보인다. 첫째, 우리는 오랜 역사를 지닌 한 겨레로 좁은 땅에 어울려 산 때문에 일상 국어의 삶인 의사소통을 이미 놀라우리만큼 해내고 있다. 둘째, 그런데 그렇게 쓰고 있는 말을 두고 이제까지 알아보려고 애쓰거나 배우고 가르친 바가 거의 없어서 앎은 말할 수도 없이 모자란다. 셋째, 삶은 학교가 아닌 가정과 사회에서 훨씬 결정적으로 교육하고 있을 뿐 아니라 학교에서도 다른 교과목들이 모두 국어를 말하고, 듣고, 읽고, 쓰는 교육을 상당히 맡고 있는 것으로 보아야 한다.

따라서 국어 교육이 맡지 않으면 교육할 수 없는 국어 교육의 본령은 오히려 일상 국어의 '앎'이 아닌가 싶다. 겨레를 이루는 끈이요 사람됨의 본질이며 동아리의 문화 역량을 좌우하는 국어 그 자체의 신비한 세계를 더욱 깊고 넓게 알고 깨닫도록 하는 일은 국어 교육이 아니면 다른 어디에서도 교육할 수 없는 영역이다. 그러므로 일상 국어의 앎을 국어 교육의 중추로 삼는 것이 바람직하다고 생각한다.

는 것, 둘째는 일상의 국어와 예술의 국어를 따로 묶어서 두 책으로 만드는 것, 셋째는 네 영역을 모두 따로 갈라서 네 가지 책으로 만드는 방법이다.[6] 이들 가운데서 첫째는 바람직하지 못하다고 보고,[7] 둘째와 셋째의 방법을 생각해 볼 수 있겠다. 일상 국어와 예술 국어 또는 언어와 문학이라는 두 가지의 책으로 마련하는 방법이나 일상 국어의 삶, 일상 국어의 앎, 예술 국어의 삶, 예술 국어의 앎이거나 또는 언어 생활, 언어 지식, 문학 생활, 문학 지식이라는 네 가지 책으로 마련하는 방법을 받아들일 만하다는 말이다.

그러면 국어 교육의 네 가지 내용 영역은 학교 급과 학년 급의 차이와는 관계없이 언제나 일률적으로 교육해야 하는가? 국어 교육의 내용에 따라 두 가지나 또는 네 가지의 교과서가 마련된다고 할 때, 초등학교 1학년에서부터 고등학교 3학년까지[8] 그 영역을 어떤 비중으로 베풀지를 결정해야 한다. 그러나 국어 교육의 네 영역이 학생들의 성장 과정과 긴밀하게 관련되어야 하기 때문에 그 비중을

6_ 그밖에도 일상 국어의 삶 영역을 빼고 나머지 세 영역만으로 따로 교과서를 마련하는 방법도 있겠다. 일상 국어의 삶 영역은 다른 세 영역을 교육하는 과정의 활동으로도 교육할 수 있겠기 때문이다. 말하고, 듣고, 쓰고, 읽는 능력, 곧 일상 국어의 삶 영역에서 키우고자 하는 능력은 다른 세 영역을 교육하는 과정에서 학습 활동의 방법으로 다루어질 수 있다는 말이다.

7_ 그래서는 네 영역의 내용들이 지니고 있는 고유한 세계의 깊이를 건드리기 어려울 터이기 때문이다. '국어'라는 교과가 담고 있는 네 영역의 고유한 세계를 하나의 책에 담아서 소화할 수 없다고 본다는 말이다. 언어·문학, 삶·앎, 이들 두 짝은 굉장히 다른 세계를 담고 있는 까닭이다.

8_ 엄격하게 말하자면, 모든 국민이 누구나 받아야 하는 의무 교육 기간에 교육해야 할 내용과 개인이 판단해서 선택하는 기간에 교육하는 내용을 뚜렷이 갈라서 마련해야 마땅하다. 그러나 현실적으로 우리는 고등학교 교육까지를 거의 모든 국민이 받고 있어서 그냥 통틀어 다루어 보는 것이다.

174

구체적으로 어떻게 나누는 것이 좋은지를 올바로 판단하는 일은 매우 어렵다. 여러 가지 실제 경험과 연구를 거쳐야 가늠해 볼 수 있을 것이다. 이렇다 할 실험 연구의 결과도 없는 상태라 탁상공론에 지나지 못하지만 순전히 논리로만 보아서 네 영역을 학년 급에 따라 어떻게 배분할 것인지 그 방안을 하나 보이고자 한다.[9]

(수치는 %임)

영역/학년		1학년	2학년	3학년	4학년	5학년	6학년
초등학교	A	50	50	40	40	30	30
	B	50	50	40	40	30	30
	C			20	20	40	40
	D						
	합계	100	100	100	100	100	100
중등학교	A	20	20	20			
	B	40	40	40	30	30	30
	C	40	40	40	30	30	30
	D				40	40	40
	합계	100	100	100	100	100	100

너무 기계적인 계량이라는 비난을 벗어날 수 없겠으나 그림표를 산술적으로 읽어 보면 이렇다. 초등학교 동안에는 일상 국어의 삶 영역(A)이 240%, 일상 국어의 앎 영역(B)이 240%, 예술 국어의 삶 영역(C)이 120%로서 전체 600%를 교육하게 되는 셈이다. 다시 그것을 백분율로 환산하면, A가 40%이고 B가 40%이고 C가 20%인

9_ 네 영역을 모두 따로 교과서에 담는 방법을 전제한 것이다. 그림표에서 기호 A는 일상 국어의 삶, B는 일상 국어의 앎, C는 예술 국어의 삶, D는 예술 국어의 앎 영역을 나타낸다.

셈이다. 이것을 중학교까지 넣어서 계산하면, A가 33.3%이고 B가 40%이고 C가 26.7%로 나타난다. 이것을 또다시 고등학교까지 넣어 보면, A는 25%이고 B는 37.5%이고 C는 27.5%이고 D(예술 국어의 삶 영역)가 10%로 되는 셈이다.

그림표에서 우리는 또 이런 것을 읽을 수 있다. 12년 동안 줄곧 교육하는 영역은 일상 국어의 앎뿐이며, 그 다음으로는 예술 국어의 삶 영역을 10년 동안 교육하고, 일상 국어의 삶을 9년 동안 교육하고, 예술 국어의 앎은 마지막 3년 동안에서만 교육한다는 계산이다. 이렇게 나누고 갈라 베푸는 원칙들이 경험을 통한 검증을 거치지 않았다는 점에서 하나의 탁상공론에 지나지 못하는 것이다. 그러나 아직까지 국어 교육의 내용 영역조차 제대로 확인하지 못하고 있는 우리로서는 경험에서 검증된 길을 찾는다는 것이야말로 탁상공론일 수 있다. 국어 교육의 내용 영역들이 지닌 본질과 성격에 비추어 선험의 논리를 찾아보는 것이 오히려 바람직할는지도 모른다는 생각으로 이런 보기를 마련했다.

3. 국어 교과서의 속살

국어 교과서의 속살이 바람직스럽지 못하다는 논의는 근래에 활발하게 일어났다.[10] 1980년대에 들어 거세게 밀어닥친 이른바 민

10_ 박태순, 〈국어 교과서와 민족교육〉, 《한국사회연구 2집》, 한길사, 1984. / 채광석 외, 〈국어 교과서 이대로 좋은가(좌담)〉, 《민족문학》, 청사, 1986. / 문학교육연구회, 《삶을 위한 문학교육》-현장 교사들이 분석한 국어 교과서-, 연구사, 1987.

주화 운동의 물결을 타고 사회 구조와 정치 체제에 대한 반성이 불붙은 것에 발맞추어 일어났던 것으로 보인다. 국어 교육 가운데서도 문학 교육에 초점을 맞춘 이 논의들의 결론은 대체로 우리 국어 교과서가 귀족주의, 교양주의, 관념주의, 순수주의라는 이념에 기대어 편찬되었기 때문에 바람직스럽지 못하게 되었다고 진단하고,[11] 이것을 바로잡자면 '민족주의'와 '현실주의'라는 새로운 이념에 따라 문학 작품을 선정하고 교육해야 한다고 처방했다.[12]

　이런 진단과 처방은 모두 귀담아 들을 만하고, 할 수만 있으면 실천하도록 힘쓸 만했다고 생각한다. 그러나 그 뒤로 두 차례나 교육과정과 교과서가 바뀌었지만 크게 귀담아 들었다는 흔적을 찾을 수 없었다. 그런 논의를 좀 더 확산시키고 진전시키려는 노력이 뒤따르지 못한 탓이라고 생각한다. 다만 앞에서도 말한 바와 같이 교과서의 체제가 권위를 떨치는 읽기책(독본)에서 벗어나 자료와 도구로 탈바꿈하는 까닭에 폐해의 심각성이 묽어졌다는 데에서 위로를 찾을 수는 있을지 모르겠다. 그러나 10년 전에 일어났다가 그만둔 국어 교과서 내용에 관한 반성의 성과는 아직도 효력을 잃지 않고 그대로 살아 있다고 생각한다. 비록 교과서가 교육의 자료와 도구로 바뀐다 하더라도 그 내용이 무엇이냐에 따라 교육의 결과가 아주 달라질 수 있는 까닭이다.

　따라서 10년 전의 그것을 이어받는 곳에서 논의를 다시 시작할 수 있을 듯하다. 말하자면 국어 교과서를 민족주의[13]와 현실주의[14]

11_ 문학교육연구회, 앞의 책, 168쪽.
12_ 앞의 책, 173쪽.

라는 두 가지 이념에 충실하도록 하자는 제안으로부터 논의를 시작해 볼 수 있겠다는 말이다. 국어 교과서에는 남의 삶이 아니라 우리 겨레의 삶을 담아야 하고, 과거나 미래의 삶보다는 오늘 눈앞의 삶을 담아야 한다는 주장은 새롭게 귀담아 들어야 마땅하다고 생각한다. 여전히 우리의 국어 교과서는 우리 겨레의 삶보다 남들의 삶을 떠받들고 있으며 오늘을 사는 학생들의 삶이 아니라 지나간 어른들의 삶을 앞세우고 있는 것으로 보이기 때문이다.

그러나 10년 전의 논의를 이제는 좀 더 바로잡고 기워야 할 부분도 없지 않은 듯하다. 무엇보다도 먼저 그때의 논의는 문학 교육에서 출발하여 문학 교육에서 끝나고 말았다. 문학 교육이라지만 기실은 문학 작품을 '읽는' 교육만을 생각하면서 논의가 이루어졌다. 이제나 그제나 우리는 문학 작품을 '읽고 이해하는 것'만이 문학 교육이라고 생각하고 있는 까닭이다.

그러나 문학 교육이라면 작품을 읽고 이해하는 것뿐만 아니라

13_ '민족주의'라는 말은 뜻넓이가 어름어름해서 오해를 줄이자면 잠시 매김을 하고 들어가야겠다. '우리 겨레의 모습을 온전하게 간직하고, 우리 겨레의 정신을 참되게 드높이고, 우리 겨레의 삶을 올바르게 이끌 수 있는 마음'이라고 풀이해 두고 싶다. 겨레의 모습을 일부 계층의 시각에 얽매여 바라보거나, 겨레의 정신을 병들게 만들거나, 겨레의 삶을 나쁜 길로 빠지게 하는 내용이 국어 교과서에 실려서는 안 된다는 것이 '민족주의'라는 말에 담긴 뜻이었다는 말이다. 일제 침략 시대에 살았던 사람들의 문학 작품, 무엇보다도 일제의 앞잡이 노릇을 한 사람들의 작품이 국어 교과서에 많이 실렸다는 사실을 두고 '민족주의'를 따졌던 것으로 그런 짐작을 할 수 있었다.

14_ '현실주의'는 말 그대로 지금 눈앞에서 벌어지고 있는 우리들의 삶, 더욱이 교과서를 들고 배우는 학생들이 날마다 겪으며 부딪히는 문제를 그대로 담아야 한다는 뜻으로 볼 수 있겠다. 오늘 우리가 살아가는 데에는 아무런 상관도 없는 문제를 다루거나, 학생들이 부딪히며 괴로워하는 것과는 동떨어지게 어른들이 멀리서 바라보는 이야기를 국어 교과서에 실어서는 안 된다는 것이 '현실주의'에 담긴 뜻이었다는 말이다.

작품을 쓰고 표현하는 것까지 싸잡아야 마땅하다. 올바르게 되자면 자신의 삶을 작품으로 말하고 쓰는 표현이 앞서고 남이 말하고 쓴 작품을 듣고 읽는 이해가 뒤를 따르도록 해야 한다고 생각한다. 게다가 작품을 말하고 쓰고 듣고 읽는 활동, 곧 문학을 사는 일뿐만 아니라 그것을 아는 일도 문학 교육의 소중한 속살이라고 생각한다. 그래서 문학의 삶과 앎이 알맞게 어우러진 가운데 교육할 때에 문학 교육이 올바르게 이루어질 수 있다고 보는 것이다. 그러니까 민족주의와 현실주의가 문학 교육의 이념으로 자리 잡아야 한다면 그것은 삶과 앎의 영역에 두루 미쳐야 하고, 삶의 영역에서도 듣고 읽는 이해 쪽뿐만 아니라 말하고 쓰는 표현 쪽에도 싸잡아 미쳐야 한다는 말이다.

또한 우리는 문학 교육뿐만 아니라 국어 교육의 다른 한 영역인 언어 교육에도 이 논의를 그대로 적용해야 한다고 생각한다. 언어 영역의 교육에서도 삶과 앎을 빠뜨리지 않고 싸잡아야 하며, 삶에서도 듣고 읽는 이해 쪽만이 아니라 말하고 쓰는 표현 쪽을 제대로 싸잡아야 마땅하다고 본다. 그리고 민족주의와 현실주의라는 이념은 언어 교육의 영역에서도 문학 영역과 마찬가지로 절실하게 필요하다고 생각한다. 예술의 말인 '문학'에만 '민족'과 '현실'이 요긴한 것이 아니라 일상의 말인 '언어'에도 그것들이 긴요하기 때문이다. 핏줄로서 민족을 떠나지 말아야 하고 삶으로서 현실을 붙들어야 한다면 그것은 예술의 말인 문학에서보다 오히려 일상의 말인 언어에서 더욱 간절한 요구가 아닐 수 없는 까닭이다.

오늘날 우리의 학교 교육은 일제 침략자들이 시작한 것이거니와 시작하는 그날부터 언제나 우리 자신의 삶을 떠나게 만들었다.

학교에 간다는 것은 개화기의 신식 학교 시절에서부터 지금까지 언제나 나의 삶, 내 가정의 삶, 우리 마을의 삶을 떠나는 것이 아니면 적어도 접어 두어야 하는 것이었다. 그래서 학교 교육을 받으면 집을 떠나고 고향을 버리지 않을 수 없었다. 많이 받으면 멀리 떠나야 하고 적게 받으면 가까이 떠나야 했다. 제 것을 버리고 무시하고 떠나게 만드는 것이 한결같은 우리네 학교 교육의 길이었는데, 이 또한 남북국 시대 이래 지배 계층의 한문 교육에서 끊임없이 되풀이 되어 길들어진 바로 그 길이다.

그러나 요즘 들어 우리는 제 것을 버리고 남에게로 가는 삶이 얼마나 위태로운 노릇인가를 똑똑히 배우고 있다. 5·16 군사 정부 이래로 남의 이론과 남의 돈에 기대서 이룩한 경제 성장이라는 것이 얼마나 허망한가를 이른바 'IMF 시대'를 맞아 뼈저리게 배운다. 경제와 산업뿐만 아니라 정치와 사회, 예술과 문화, 학문과 교육 같은 모든 부문에서 우리네 삶은 속속들이 남의 정보와 이론 위에 쌓아 올려져 있어서 언제라도 무너져 내릴 수밖에 없는 것임이 드러났다. '선진국을 따라가야 한다'는 것이 지난 반세기 동안 우리네 삶의 지침이었지만 이제 그것을 의심하지 않을 수 없는 상황을 맞이한 것이다. 남의 삶을 쫓아가는 어리석음에서 깨어나 내 삶의 알맹이를 붙들 수 있는 기회가 눈앞에 다가왔다는 말이다.

이런 세상의 흐름에 발맞추어 국어 교육의 속살도 온전히 바꾸어야 할 때가 온 듯하다. 반세기 동안에 이루어진 우리네 국어 교육의 내용도 우리 스스로의 삶이 아니었기 때문이다. 국어 교육의 속살을 바꾸려면 무엇보다도 먼저 광복 이후 우리의 국어 교육이 갈수록 서양 이론 쪽으로 기울어졌다는 사실을 뉘우쳐야 할 것이다.

말하는 것도 듣는 것도, 쓰는 것도 읽는 것도 서양 이론에 맞추지 않으면 한 발짝도 나가지 못하는 것으로 여기고, 문학도 언어도 서양 이론과 정보에 기대지 않으면 내세울 수 없는 듯이 여기는 한국어 교육의 현실을 심각하게 반성해야 하겠다.[15]

국어 교육의 내용을 우리의 삶으로 바꾸고, 국어 교과서의 속살을 학생들 스스로의 삶으로 채워야 한다는 것을 민족주의라든지 현실주의라든지 하는 거창한 이념의 문제로 생각할 것은 아니라고 본다. '나'가 이 세계와 우주의 중심이며 출발이라는 지극히 상식적이고 자연스러운 원칙에서 출발하는 것일 따름이기 때문이다. 내가 있기 때문에 세상이 있다는 것, 내가 살기 때문에 세상의 모든 것이 의미 있게 작용한다는 평범하면서도 엄숙한 진리를 바탕으로 삼아서 '나를 찾는 것'으로 국어 교육의 속살을 채워야 한다는 논리가 나올 수 있는 까닭이다.

그러나 읽는 이들에 따라서는 뜬금없는 소리로 받아들일 사람도 있을 듯하여 좀 더 구체적인 이야기를 해 보기로 하겠다. 일테면, 일상 국어의 삶을 초등학교 첫 학년에서 교육한다고 할 때에[16] 우선 아이들이 서로 저들의 입말을 귀담아 듣고, 들은 말들을 서로

15_ 이런 세태에서 한국글쓰기연구회의 노력은 아주 돋보인다. 이 모임은 1997년 12월로 스물아홉 권째의 《우리말과 삶을 가꾸는 글쓰기》라는 월간 잡지를 펴내었는데, 이것은 겉으로 보기에 보잘것없는 듯하지만 알고 보면 서양 이론에 눈이 먼 우리네 정수리에 찬물을 끼얹는 경종이다. 남의 흉내를 내지 말고 제 삶을 정직하게 붙들고 제 말을 살려 써야 비로소 정신이 살아난다는 사실을 깊이 깨닫고 쓰기 교육의 올바른 길을 마련하고 있기 때문이다.

16_ 중학교나 고등학교의 어느 학년을 보기로 들고 이야기할 수도 있겠으나 그러면 읽는 이들이 뜬금없다고 할 듯하다. 앞뒤가 연결되지 않아서 참뜻이 드러나기 어려운 까닭이다.

견주면서 같고 다른 바를 찾아보게 한다.[17] 누구의 말 소리는 크고 또는 작은지, 빠르고 또는 느린지, 또렷하고 또는 흐릿한지를 견주어 살피고 서로 이야기하며 따지고 바로잡게 할 수 있다. 어찌 소리뿐이겠는가. 음운과 문법과 의미도 그렇게 스스로 저들의 입말로써, 바로 자신이 무의식 가운데 나날이 쓰는 입말이 신비하고 복잡한 원리와 규칙과 의미를 만들어 내면서 주고받는다는 사실을 살피고 찾아가게 할 수가 있다.[18] 말하고 듣는 태도와 버릇과 마음까지도 얼마든지 그런 모양으로 다루어 교육할 수 있을 것이다. 또 어찌 입말뿐이겠는가. 글말도 자음 글자와 모음 글자를 보태어 음절을 만드는 데서 비롯하여 자기 스스로 마음속에 있는 생각을 글말로 써 보는 공부를 하게 할 수 있다. 그리고 꼭 그렇게 남들이 써 놓은 글말을 읽고, 무엇이 잘되었으며 무엇이 잘못되었는지 따지고 살펴서 자신의 글말을 더 잘 쓰도록 만들어 가게 할 수 있는 것이다.

일상 국어의 앎 영역을 교육한다 하더라도 마찬가지다. 우선 저들의 입말을 듣고 거기서 비슷한 소리의 말들을 잡아 보게 할 수 있다. '하늘'이라는 낱말을 잡았다면, 그것을 '바늘'이라는 낱말의 소리와 견주어 얼마나 비슷한지를 밝혀 보게 할 수 있다. 그리고 그런 낱말의 '소리'는 나타나자마자 그대로 사라져 버리는데, 그것을 '글자'로 바꾸어 나타내면 사라지지 않고 언제까지나 눈앞에 남아 있다는 사실을 깨닫게 할 수 있다. 그래서 사람들은 입말을 붙들어 두고

17_ 그들은 아직 입말로밖에 살아 보지 못한 사람들이기에 마땅히 입말에서 시작해야 한다.
18_ 물론 '음운'이니 '문법'이니 '의미'니 하는 어려운 말을 저들에게 써서는 안 되지만 교과서를 꾸밀 때에 그런 내용을 잘 살펴서 담아 놓을 수 있다는 말이다.

싶어서 글말을 만들어 내었다는 비밀을 깨우치게 할 수 있다. 그리고 나아가 '하'라는 소리를 내는 데는 'ㅎ'이라는 자음과 'ㅏ'라는 모음이 어우러져야 하고, '바'라는 소리는 'ㅂ'이라는 자음과 'ㅏ'라는 모음이 어우러져야 나타난다는 사실을 찾게 할 수 있다. 또한 '하'와 '바' 소리를 낼 때에 입의 모양이 어떻게 서로 다르며 입 안 어디에서 소리가 생겨나는지를 알아보게 하고, 그 차이가 결국은 'ㅎ'과 'ㅂ'에서 말미암는다는 사실을 알게 할 수 있을 것이다. 그러면 마침내 'ㅎ'과 'ㅂ'이라는 이 첫 자음 하나가 달라서 '하늘'이라는 소리도 되고 '바늘'이라는 소리도 될 뿐 아니라, 곧 그 조그만 차이 때문에 '지구를 둘러싸고 있는 저 높고 넓은 우주 공간'이라는 뜻과 '실을 꿰어서 바느질을 하도록 가늘게 만든 쇠꼬창이'라는 아주 다른 뜻을 담게 된다는 사실을 깨닫게 할 수 있다. 이렇게 제 스스로의 말을 가지고 입말과 글말이 지닌 신비를 속속들이 깨우쳐 알게 하는 일상 국어의 앎을 얼마든지 교육할 수 있을 것이다.

예술 국어의 삶도 마찬가지다. 학생들이 자기 스스로의 삶을 예술의 국어로 나타내고 받아들이게 할 수 있다. 우선 입말부터 보자면, 잊히지 않는 일을[19] 이야기하게 하고, 그 이야기를 듣고 서로 느끼고 생각한 바를 나누게 할 수 있다. 그런 일을 노래로 만들어 부르게 할 수도 있고, 놀이로 만들어 그대로 다시 되풀이하게 할 수도

19_ 우스워 배꼽을 잡았던 일, 놀라서 온몸이 오싹했던 일, 서러워 엉엉 울었던 일, 창피해서 쥐구멍이라도 찾고 싶었던 일, 억울하고 분해서 평생 잊지 못하겠는 일, 아무에게도 말할 수 없어 혼자 가슴에 묻어 두고 있는 실수, 이런 것은 누구에게나 있게 마련이고 모조리 예술 국어의 좋은 감이 된다.

있다.[20] 글말의 예술 국어도 그냥 입말의 그것들을 스스로 써서 발표하게 하면 그만이다. 이야기도 쓰고, 노래도 쓰고, 놀이도 쓸 수 있다. 써서 발표한 것을 읽어 보고, 서로 고치고 다듬어 보기도 하면서 함께 어울려 생각을 모아 더 낫게 써 볼 수도 있다. 이런 공부를 하면서 자기 스스로의 삶이 얼마나 소중하고 아름다운 것인가를 저절로 깨닫게 되고, 입말이나 글말로 나타내는 일이 얼마나 재미있고 값진 것인가를 절로 알게 되는 것이다. 그래서 저절로 개인이나 학급의 문집 같은 것을 만들 수도 있다.

이런 방법으로 학생들이 제 자신의 삶을 예술의 국어로 나타내고 받아들이는 경험을 쌓았다면 예술 국어의 앎에 대한 교육도 그런 방법으로 얼마든지 할 수 있을 것이다. 예술 국어를 나타내는 것은 무엇이며 받아들이는 것은 무엇인지 그 참뜻을 어지간히 체험한 바 있어서 앎의 교육은 그것을 체계와 논리 안에 간추리게 해 주면 그만이다. 나타낼 때에는 무엇이 어렵고 무엇이 재미있는지, 받아들일 적에는 어디를 조심하고 무엇에 힘써야 하는지, 입말로 할 때에는 어떻고 글말로 할 때에는 어떤지, 이런 실제의 문제들을 간추려 해답을 마련하는 것이 바로 예술 국어의 앎이다. 무엇보다도 무엇이 어째서 좋은 예술이 되고 좋지 못한 예술이 되는지를 따지고 밝혀 보게 하는 것이 앎의 알맹이다. 이런 내용들을 얼마든지 국어 교과서 안에 담아서 예술 국어의 앎을 학생들 스스로의 작품으로 밝히고 알아가게 할 수 있다고 생각한다.

20_ 소꿉장난이 바로 어린이들의 놀이며 연극이기 때문에 저들에게 놀이 문학은 뜻밖에도 익숙한 것이다.

필요한 것은 우리가 당장에 '나'를 찾고 '나'를 알게 하는 교육을 서둘러야 한다는 깨달음일 뿐이다. 교육이란 남의 삶을 뒤쫓아 따라갈 것이 아니라 우리네 삶을 찾고 밝혀야 한다는 더없이 상식적인 깨달음만 뚜렷하다면 국어 교과서가 그런 속살을 담아내도록 만드는 일은 어렵지 않다고 본다. 하루아침에 흠이 없는 교과서를 마련하지 못한다 하더라도 실망할 일이 아니다. 이제까지 쌓은 경험이 그릇되었다 하더라도 그런 경험을 거울삼아 쉽사리 좋은 교과서를 마련할 수 있는 힘이 우리에게 있기 때문이다.

4. 국어 교과서를 펴내는 제도

교과서가 하나의 매개체에 지나지 않는다 해도 그것은 교육 활동에서 가장 요긴한 도구임에 틀림없다. 교과서의 질이 교육의 질을 가장 크게 좌우할 수 있다는 말이다. 그러므로 국어 교육에 희망을 거는 사람이라면 누구나 국어 교과서를 고치는 일에 무관심할 수는 없다. 그리고 국어 교과서를 고치려고 하면 어쩔 수 없이 펴내는 제도에도 생각이 미치지 않을 수 없게 된다. 지난 반세기에 걸쳐 국어 교과서는 나라에서만 펴내었으나 그 제도가 이제는 바람직스럽지 못해 보인다.

무엇보다도 교과서의 속살을 학생 스스로의 삶으로 채우자면 '국정'의 틀에서 벗어나는 것이 좋겠다. 학생들 개인이나 가족의 언어와 문학에서 출발하여, 살고 있는 마을과 고장의 언어와 문학을 바탕으로 국어 교과서의 속살을 채워 가자면 전국을 싸잡는 국정 교과서로 꾸미는 것은 바람직스럽지 못하다. 지역의 언어와 문학을 교과서의 속살로 살려 내는 데에는 지역마다 나름대로 좋은 교과서를 자유스럽게 꾸밀 수 있는 제도가 필요하다고 본다. 교과서를 자유롭게 꾸미도록 풀어 주고, 지역과 학교의 형편에 맞추어 교사가 골라 쓸 수 있는 제도로 나아가는 것이 바람직할 것이다. 이런 제도는 환상적 바람이 아니라 머지않아 다가올 현실이라고 생각한다.

그러나 머지않아 반드시 나타날 이런 제도가 올바로 이루어지려면 서둘러 갖추어야 할 일들이 적지 않다고 생각한다. 무엇보다도 교사들의 의욕과 역량이 성숙해 있어야 할 것이다. 교과서는 국가에서 만들고 교사는 그저 그것을 충실히 가르치면 그만이라는 태도라든지 타성에 빠져 개미 쳇바퀴 돌듯 시험 점수에만 매달리는 태도에서 빨리 벗어나야 한다. 교과서가 도구며 매체라면 마땅히 그 도구와 매체를 부릴 임자인 교사들이 개발해 나가야 하고, 그러려면 무엇보다도 교사들이 그만한 역량을 갖추고 있어야 하겠다.

그보다도 더욱 큰 책임은 교사를 양성하는 교육대학과 사범대학의 교수들에게 지워져 있다고 보아야 하겠다. 교수들이라고 하여 그럴 겨를이 넉넉한 것도 아니지만 맡은 바 직분에서 볼 때에 교과서를 꾸미는 일에 가장 가까운 사람들은 역시 양성 기관의 교수들이기 때문이다. 교육대학과 사범대학의 교수들이 힘을 모아서 이 일을 이끌고 현장의 교사들이 거든다면 더없이 좋은 결과를 얻을 것이 아닌가 싶다. 이렇게 하여 국어 교과서를 자유화하는 것은 국어 교육의 발전을 위한 중요한 디딤돌이 되지 않을까 한다.

• 국어 교과서의 짜임새와 속살 : 《함께 여는 국어 교육》 1998 봄호

제7차 교육과정의 국어 교과서와 교육 방법

1. 들머리

제7차 초·중등학교 교육과정은 1997년 12월 30일에 교육부 장관이 고시하여 나타났다. 거기에 따라 초등학교 1·2학년의 국어 교과서는 1999년 신학기부터, 3·4학년은 2000년 신학기부터, 그리고 초등학교 5·6학년과 중학교 1학년은 2001년 신학기부터 쓰도록 마련하였다. 2002년이면 중학교 2학년과 고등학교 모든 학년에서 새로운 국어 교과서를 쓸 수 있게 되고, 2003년 신학기면 중학교 3학년까지 새 국어 교과서를 쓰면서 온전한 제7차 교육과정 시기에 들어간다.

오늘 이 자리는 이런 사정, 곧 제7차 교육과정과 거기 따른 교과서를 새로 마련한 사정을 살펴보면서 국어 교육이 새롭게 맞이한 '오늘'의 뜻을 밝히려는 자리가 아닌가 싶다. 경북대 이상태 교수님이 지나온 국어 교과서의 발자취를 되돌아보면서 '오늘'의 국어 교과서가 차지하는 자리와 그 뜻을 밝혀 주실 것이고, 전국국어교사 모임 김주환 선생님이 현장 교사들의 손으로 만든 국어 교과서《우리말 우리글》이 차지하는 자리와 뜻을 밝혀 주실 줄 안다.

나에게 맡겨 준 몫은 제7차 교육과정에 따라 나타난 국어 교과서와 그것에 어울리는 교육 방법을 이야기하라는 것이니 적잖이 복잡하다. 마땅히 교육과정을 먼저 살피고, 이어서 교과서를 살피고, 마침내 교육 방법을 생각해야 하겠기 때문이다. 게다가 이런 것들을 살피자면 두말할 나위도 없이 초·중등학교를 모두 싸잡아서 다루어야 한다.

그러나 이야기가 이렇게 퍼져 버리면 손에 잡히는 것이 허술하게 마련이다. 어떻게 하든지 이야기의 초점을 한 곳으로 모아야 쓸모가 생길 수 있다. 그래서 우선 초등학교를 덮어 두고자 한다. 중등교육연구소에서 벌이는 일이기에 우선 중등학교에만 눈길을 돌려도 크게 나무라지 않을 듯하기 때문이다.

그런데 아무래도 더는 잘라 낼 데를 찾을 수가 없다. 중등학교에만 과녁을 맞추어 교육과정과 교과서와 교육 방법을 두루 살피는 수밖에 없겠다. 그렇다 하더라도 교육과정과 교과서는 사실을 이야기할 수 있지만 교육 방법은 소망을 이야기할 수밖에 없으니 이야기가 졸가리 서게 풀릴 수 있을지 자못 걱정이다. 게다가 교육 활동은 이제 겨우 중학교 1학년에서 처음 한 학기를 끝내었을 뿐이기 때문이다.

2. 제7차 교육과정

교육과정을 바꿀 적에는 언제나 지난 교육과정에서 모자란 데를 새로운 무엇인가로 보태겠다는 뜻을 세우게 마련이다. 제7차 교육과정이라고 그런 점에서 벗어날 까닭이 없으니, 제7차 교육과정이 무엇을 새롭게 보태겠다고 노리고 있는지를 살펴보지 않을 수 없다. 전체 교육과정에서 노리는 것과 국어 교과에서 노리는 것으로 나누어 살펴보기로 한다.

1) 전체 교육과정에서 노리는 것

제7차 교육과정이 전체로서 노리는 것은 크게 두 가지라 할 수 있다. 하나는 학생들이 살고 있으며 학교가 자리 잡고 있는 지역의 삶을 교육 자료로 삼자는 것이고, 다른 하나는 학생들의 능력과 소질과 희망, 곧 학생의 수준에 맞추는 교육을 베풀자는 것이다. 첫째 노림은 제6차 교육과정에서 이미 노렸던 것이다. 그러나 준비와 바탕을 제대로 마련하지 않았기 때문에 헛된 소리로만 그치고 말았는데, 제7차 교육과정이 다시 그것을 이어받은 것이다.

(1) 살고 있는 지역을 담자 (제6차에서 내려온 것)

전국의 모든 초·중·고등학교에서 학생들이 살고 있는 지역의 삶을 담은 교육을 할 수 있도록 하자는 뜻을 제7차 교육과정에서는 다음과 같은 말로 표현했다. 이른바 '학교 교육과정'을 마련하여 교육 내용을 편성하고 교육 방법을 운영하라는 뜻이다.

이 교육과정은 교육법 제155조 제1항에 의거하여 고시한 것으로, 초·

중등학교의 교육 목적과 교육 목표를 달성하기 위한 국가 수준의 교육과정이며, 초·중등학교에서 편성, 운영하여야 할 학교 교육과정의 공통적, 일반적인 기준을 제시한 것이다.[1]

이런 말은 이른바 지역화 교육과정이라고 불렀던 제6차 교육과정에서 아래와 같이 말했던 것을 좀 더 또렷하게 다시 말한 것이고, 그때에 제대로 이루지 못한 학교 교육과정을 이루어 보려는 의지를 한결 뚜렷하게 드러낸 것임에 틀림없다.

이 교육과정은 중학교의 교육 목적 및 교육 목표를 달성하기 위한 국가 수준의 교육과정으로서, 교육법 제155조 제1항에 의거하여 고시한 것이다.[2]

교육과정의 성격을 싸잡아서 이렇게 말해 놓았을 뿐 아니라, 안으로 들어가 보면 학생들이 살고 있는 지역의 삶을 교육과정 안에 담아야 한다는 뜻을 아주 힘주어 말해 놓고 있다.

제7차 교육과정의 총론(교육과정의 편성과 운영)에서 가장 뼈대가 되는 '교육과정의 편성·운영 지침'을 보면 누구든 한눈에 그런 의지를 읽을 수 있다. 아래에 우선 그 지침의 짜임을 항목만으로 보이겠다.

1_ 〈교육과정의 성격〉, 《제7차 국어과 교육과정(별책 5)》, iii쪽.
2_ 〈교육과정의 성격〉, 《제6차 중학교 교육과정》, 1쪽.

4. 교육과정의 편성·운영 지침

   (1) 기본 지침

     가. 국민 기본 공통 교육과정

     나. 고등학교 선택 중심 교육과정

   (2) 지역 및 학교에서의 편성·운영

     가. 시·도 교육청

     나. 지역 교육청

     다. 학교[3]

이렇게 뼈대만 보아도 교육과정의 편성과 운영 지침에서 학생들이 살고 있는 지역과 학교의 삶을 얼마나 무겁게 다루고자 했는지 짐작하고도 남는다.

실제로 '가. 시·도 교육청', '나. 지역 교육청', '다. 학교'에서 마련해야 할 교육과정의 편성과 운영을 제7차 교육과정은 참으로 꼼꼼하게 이야기해 놓았다.[4] 이 또한 지역화 교육과정이라고 불렀던 제6차 교육과정에서 다음과 같이 베풀었던 것보다 훨씬 힘들인 것임을 쉽게 알 수 있다.

3_ 앞의 책(《제7차 국어과 교육과정》), 12~23쪽.

4_ 일테면, '가. 시·도 교육청'에서는 [편성]에 다섯 항목(여기서도 첫 항목에는 22개의 작은 항목이 있다)과 [운영]에 열세 항목을 베풀어 놓았고, '나. 지역 교육청'에는 [편성]에 세 항목(여기서도 첫 항목에는 8개 항목이 있다)과 [운영]에 일곱 항목, '다. 학교'에는 [편성]에 '공통 지침' 여섯 항목에다 학교 급별 지침이 초등 다섯에 중학 둘에 고등학교 열네 항목이고 [운영]에 열세 항목을 베풀어 놓았다.

5. 편성·운영의 기본 지침

　가. 편성

　　〈시·도 교육청〉

　　〈학교〉[5]

그러나 교육과정이 이만큼 힘써 내세운 노림이 교실 현장에서 얼마나 이루어질 수 있을지는 아직 알 수 없다. 뜻한 바가 얼마라도 교실 현장에서 이루어지리라는 낙관을 할 수 있을 만한 조짐은 눈에 잘 띄지 않는 것이 현실이 아닌가 싶다.

　(2) 학생에게 맞추자 (제7차에서 새로 노린 것)

학생이야 좋아하든 싫어하든 어른들이 분별해서 가르쳐야 한다는 것이면 어떻게든 학생들에게 떠먹여야 한다는 것이 여태까지 우리네 학교 교육의 큰 흐름이었다. 그러나 이제 제7차 교육과정에 와서 그게 아니라고 했다. 학생 쪽에다 잣대를 세우고, 학생에게 맞추어 교육을 해 보자는 것이다. 그것은 오늘날 인류 문화를 이끌고 있는 서유럽 사람들이 지난 300년에 걸쳐 애태우며 해 온 바로 근대 교육의 그 길이다. 그런 뜻을 제7차 교육과정에서는 맨 첫머리 '교육과정의 성격'에서 다음과 같이 말해 놓았다.

　나. 학습자의 자율성과 창의성을 신장하기 위한 학생 중심의 교육

| 5_ 앞의 책(《제6차 중학교 교육과정》), 3~6쪽.

과정이다.[6]

그리고 다시 교육과정의 핵심인 '교육과정의 편성·운영 지침'에서 다음과 같이 밝혀 놓았다.

(2) 국민 공통 기본 교과 중 다음의 교과는 수준별 교육과정을 편성, 운영한다.

(가) 수학 교과는 1학년부터 10학년까지 10단계, 영어 교과는 7학년부터 10학년까지 4단계를 두고, 각 단계별로 학기를 단위로 하는 2개의 하위 단계를 설정하여 단계형 수준별 교육과정을 운영한다.

(나) 국어 교과는 1학년부터 10학년까지, 사회와 과학 교과는 3학년부터 10학년까지, 영어 교과는 3학년부터 6학년까지 심화·보충형 수준별 교육과정을 운영한다.[7]

그뿐 아니라 국민 공통 기본 교육으로 마련한 1학년부터 10학년까지 '국어' 과목의 학년별 내용을 들여다보면, 학년마다 그리고 영역마다 '수준별 학습 활동의 예'라는 자리를 낱낱이 마련하고 '기본'과 '심화'로 나누어 교육 내용을 베풀어 놓았다. 학생에게 맞추어 학생의 수준에 맞는 교육을 베풀고자 하는 뜻은 짐작하고도 남을 만큼 내세워 놓았음을 넉넉히 알 만하다.

6_ 앞의 책(《제7차 국어과 교육과정》), iii쪽.
7_ 앞의 책(《제7차 국어과 교육과정》), 12쪽.

2) 국어 교과에서 노리는 것

국어 교과에서 노리는 것은 '국어' 과목의 성격과 목표에서 찾아보는 수밖에 없다. '성격'과 '목표'는 줄글로 적어 놓았기 때문에 얼핏 눈에 잘 띄지 않으나 가만히 들여다보면 제6차 교육과정과는 아주 달라진 것을 알아볼 수 있다.

(1) 성격

국어과는 한국인의 삶이 배어 있는 국어를 창조적으로 사용하는 능력과 태도를 길러, 정보화 사회에서 정확하고 효과적으로 국어 생활을 영위하고, 미래 지향적인 민족의식과 건전한 국민 정서를 함양하며, 국어 발전과 국어 문화 창달에 이바지하려는 뜻을 세우게 하기 위한 교과이다.[8]

보다시피 한 문장으로 마련했지만 곰곰이 뜯어보면, 하나의 바탕에서 세 가지 겨냥을 하고 있다. 하나의 바탕이란 '한국인의 삶이 배어 있는 국어를 창조적으로 사용하는 능력과 태도를 기른다' 하는 것이고, 세 가지 겨냥은 ① '정보화 사회에서 정확하고 효과적으로 국어 생활을 영위하고', ② '미래 지향적인 민족의식과 건전한 국민 정서를 함양하며', ③ '국어 발전과 국어 문화 창달에 이바지하려는' 것이다. 국어 교과의 성격을 이렇게 매김한 것은 제6차 교육과정에서 다음과 같이 내세웠던 것과는 꽤 달라진 듯이 보일 수 있다.

| 8_ 앞의 책(《제7차 국어과 교육과정》), 28쪽.

국어과는 언어 사용 기능을 신장시키고, 국어에 관한 기본이 되는 지식을 가지게 하며, 문학의 이해와 감상 능력을 길러 주는 교과이다. 또한 국어과는 국어의 발전과 민족의 언어문화 창조에 이바지하려는 뜻을 세우고, 올바른 민족의식과 건전한 국민 정서를 함양하는 교과이다.[9]

보다시피 여기서는 두 문장으로 마련했다. 앞에서는 '언어 사용 기능', '언어 지식', '문학 감상 능력'을 길러 주는 교과라 하고, 뒤에서는 '국어의 발전과 민족의 언어문화 창조에 이바지하려는 뜻'과 '민족의식과 국민 정서'를 길러 주는 교과라고 했다.

그런데 제7차 교육과정은 뒷 문장의 내용을 고스란히 받아들였으나 앞 문장의 내용은 거의 받아들이지 않고 버렸다. '언어 사용 기능'이니 '언어 지식'이니 '문학 감상 능력'이니 하면서 나누었던 영역의 구별을 부수어 버리고 '국어를 창조적으로 사용하는 능력과 태도'라는 말로 뭉뚱그려 놓았다. 그러면서 '국어' 앞에다 '한국인의 삶이 배어 있는'이라는 매김말을 덧붙였다. 그리고 물론 '정보화 사회에서 정확하고 효과적으로 국어 생활을 영위하고' 하는 시대적 요청을 하나의 겨냥으로 보태어 놓았다.

그러나 세 가지로 나누어 놓은 영역을 두루뭉술하게 하나로 묶어 말한다든지, '정보화 사회의 국어 생활'이라는 겨냥을 하나 덧보태 놓는다는 것이 국어 교과의 성격에서 무엇을 바꾸었는가. 그것으로 국어 교과의 성격을 새롭게 밝혀서 바꾸어 내세웠다고 보기는

9_ 앞의 책(《제6차 중학교 교육과정》), 23쪽.

어렵다. 그보다는 차라리 '국어' 앞에다 '한국인의 삶이 배어 있는' 이라는 매김말을 덧붙인 것을 눈여겨볼 일이다. 사실, 국어에다 '한국인의 삶이 배어 있다' 는 말을 매김하는 것은 쓸데없는 짓이다. 본디 말이란 삶이 배어 있게 마련인 것이기 때문이다. 그러나 우리네 국어 교육에서 여태까지 말을 이른바 의사소통의 도구와 수단으로만 여기고 거기 배이고 담긴 겨레의 삶과 얼을 거들떠보지 않았던 사실을 뉘우쳐서 이런 매김을 붙였다면 그것은 뜻이 있는 일이라고 보아야 마땅하겠기 때문이다.

(2) 목표

이제 국어 교과의 목표를 교육과정에서 어떻게 매김하고 있는지 살필 차례다. 제7차 교육과정의 국어과 목표를 제6차 교육과정의 그것과 견주어 살펴보자.

　가. 언어 활동과 언어와 문학에 대한 기본적인 지식을 익혀, 이를 다양한 국어 사용 상황에서 활용하는 능력을 기른다.
　나. 정확하고 효과적인 국어 사용의 원리와 작용 양상을 익혀, 다양한 유형의 국어 자료를 비판적으로 이해하고 사상과 정서를 창의적으로 표현하는 능력을 기른다.
　다. 국어 세계에 흥미를 가지고 언어 현상을 계속 탐구하여, 국어의 발전과 국어 문화 창조에 이바지하려는 태도를 기른다.[10]

| 10_ 앞의 책(《제7차 국어과 교육과정》), 29쪽.

가. 말과 글을 통하여 생각과 느낌을 정확하게 표현하고 이해하게
한다.

나. 국어에 관한 기초적인 지식을 익히고, 국어를 바르게 사용하게
한다.

다. 문학에 관한 기초적인 지식을 갖추고, 작품 감상력과 상상력을
기르게 한다.[11]

7차 교육과정과 6차 교육과정의 국어과 목표를 견주어 보면 비
슷한 구석을 찾기 어려울 지경으로 달라졌음을 알겠다. 보다시피
제6차에서는 '표현·이해', '언어', '문학'이라는 세 영역을 하나씩
항목으로 내세워 놓았다. 그런데 제7차에서는 그것들을 '언어 활동
과 언어와 문학'이라고 묶어서 '활용하는 능력을 기른다' 하여 하나
의 항목에 싸잡아 버렸다. 그리고 제6차에서는 볼 수 없던 두 항목
을 새롭게 세웠는데, 하나는 '이해하고 표현하는 능력을 기른다' 하
는 것이고, 다른 하나는 '국어 발전과 문화 창조에 이바지하려는 태
도를 기른다' 하는 것이다.

그러나 가만히 들여다보면 이것도 전혀 새롭게 밝혀서 내세운
것들이 아니다. '이해하고 표현하는 능력을 기른다'는 소리는 제6차
의 목표 '가'에서 '표현하고 이해하게 한다' 했던 그것을 가져다 놓
은 것이고, '국어 발전과 문화 창조에 이바지하려는 태도를 기른다'
는 소리는 제6차의 교과 성격에서 '국어의 발전과 민족의 언어문화
창조에 이바지하려는 뜻을 세우고' 했던 그것을 옮겨다 놓은 것일

11_ 앞의 책(《제6차 중학교 교육과정》), 24쪽.

뿐임을 환히 알아볼 수 있기 때문이다.

　그러니까 한마디로 말하자면, 제7차 교육과정에 와서 전체 교육과정은 두 가지를 뚜렷하게 내세운 바가 있지만, 국어과로 들어와서 보면 이렇다 하고 새롭게 내세운 것이 아무것도 없는 셈이다. 그만큼 국어 교육을 맡은 사람들이 전체 교육과정의 뜻한 바를 가볍게 여기고 넘어갔다는 것으로 보지 않을 수 없다.

3. 국어 교과서

　교육과정이 그렇다면 교과서는 어떨까. 제7차 교육과정에 와서 국어 교과서는 어떻게 나타났을까.

　초등학교의 국어 교과서는 1999학년도에 1, 2학년의 것을, 2000학년도에 3, 4학년의 것을, 2001학년도에 5, 6학년의 것을 모두 펴내었다. 그러나 중학교의 국어 교과서는 올해에 비로소 7학년의 것을, 2002학년도에 8학년의 것을, 2003학년도에 9학년의 것을 펴낼 것이고, 고등학교의 국어 교과서는 2002학년도에 10학년의 '국어'와 11, 12학년의 '국어 생활'을, 그리고 2003학년도에 11, 12학년의 여러 선택 교과서를 펴낼 것이다.

　이처럼 제7차 교육과정의 국어 교과서는 아직 펴내고 있는 중에 있으나 그 체제와 내용의 얼개는 모두 마련되어 있어서 살피는 데 어려움은 아무것도 없다. 중등학교 국어 교과서의 갈래, 짜임, 속살, 관리를 가볍게 훑어보기로 한다.

1) 교과서의 갈래

(1) 중학교

제7차 교육과정에 와서 중학교의 국어 교과서는 갈래부터 바뀌었다. 우선 중학교에서는 이전까지 '국어' 한 가지에 싸잡았던 것을 '국어'와 '생활 국어'라는 두 가지로 나누었다. 무슨 까닭으로 두 가지 교과서를 만들었는지 들어 보자.

> 국어과 교육의 여러 하위 영역들을 그 성격에 맞추어 더욱 충실히 지도할 수 있도록 종래의 단일 국어 교과서를 《국어》와 《생활 국어》 두 권으로 분책하였다. 이미 초등학교 1~3학년의 국어 교과서가 3권(《말하기·듣기》, 《읽기》, 《쓰기》 교과서), 4~6학년의 국어 교과서가 2권(《말하기·듣기·쓰기》, 《읽기》)으로 분책된 점을 생각한다면, 그리고 고등학교 선택형 과정이 교과목에 따라 5종(《화법》, 《독서》, 《작문》, 《문법》, 《문학》)으로 분리된 점을 생각한다면, 중학교 국어 교과서의 2책 분책은 오히려 늦은 감이 들 정도이다.[12]

국어 교육의 내용에 담긴 하위 영역들을 '더욱 충실히 지도할 수 있도록' 분책하였다고 밝히고 있다. 또 초등학교와 고등학교에서도 분책하고 있으니 오히려 중학교의 분책은 늦은 감이 든다고 했다. 그러면 두 가지 책에 무슨 영역을 어떻게 나누어 담았는지 들어 보자.

12_ 하위 영역의 특성을 고려한 교과서 분책, 《중학교 국어과 교사용 지도서》, 교육부, 2001, 34쪽.

종래의 단일 교과서 체제에서 벗어나 다교과서 체제를 택하여, 국어 교과서를 매 학기별 《국어》와 《생활 국어》의 2권 체제로 하여 지도와 학습의 전문화를 꾀하였다. 《국어》 교과서(약 300여 쪽)에서는 '읽기'와 '문학' 영역을 다루고, 《생활 국어》 교과서(약 200여 쪽)에서는 '말하기', '듣기', '쓰기', '국어 지식' 영역을 다루고 있다.[13]

'더욱 충실히 지도할 수 있도록' 한다는 말을 여기서는 '지도와 학습의 전문화를 꾀하였다' 하는 말로 나타냈다. 그런데 과연 분책을 하면 지도와 학습이 더욱 충실히 이루어지는 것인가. 그리고 어째서 여섯 영역을 '말하기, 듣기, 쓰기, 국어 지식'과 '읽기, 문학'이라는 두 묶음으로 나누어야 하는가. 이런 물음에 마땅한 대답이 있을 것 같지 않다.

뿐만 아니라 교육의 내용을 영역으로 갈라 보고 그런 영역들을 골고루 교육할 수 있도록 애를 써야 하는 것은 두말할 나위가 없는 일이지만, 그렇다고 영역을 따로 떼어 내고 다른 책을 만들어 가르쳐야 하는가. 과연 내용 영역이라는 것이 교육 활동 안에서 그처럼 따로 떨어질 수가 있기나 한 것인가. 더구나 다 같이 글말을 다루는 것이면서 '읽기'와 '쓰기'를 서로 다른 책에다 넣어서 교육한다는 것이 올바른가. 이런 물음에 속 시원한 대답을 내놓기는 어려울 듯하다.

| 13_ 다교과서 체제를 통한 지도의 전문화, 앞의 책, 36쪽.

(2) 고등학교

제7차 교육과정에 들어 고등학교의 국어 교과서도 갈래가 달라졌다. 무엇보다도 고등학교 세 학년을 국민 공통 기본 과정과 선택 중심 과정이라는 두 과정으로 갈라 놓았다. 고등학교 1학년은 국민 공통 기본 과정의 마지막인 10학년으로 잡고, 고등학교 2, 3학년은 선택 중심 과정이라 하여 서로 갈라서 세워 놓았다.

그리고 국민 공통 기본 과정인 고등학교 1학년에서만 예전과 다름없이 《국어》를 교육하게 했다. 고등학교 2, 3학년에서는 '일반 선택 과목'이라 하여 《국어 생활》을[14] 하나 새로 세웠고, 심화 선택 과목이라 하여 앞서도 있던 《화법》과 《독서》와 《작문》과 《문법》과 《문학》을 내세우게 했다. 말하자면 고등학생들은 《국어》를 1학년에서만 배우고, 2, 3학년에서는 모두 《국어 생활》을 새로 배우면서 《화법》과 《독서》와 《작문》과 《문법》과 《문학》에서 하나를 골라 더욱 깊이 배우게 한다는 것이다.

2) 교과서의 짜임

중학교의 국어 교과서는 학기 단위로 짜였다. 그러니까 두 가지 (《국어》·《생활 국어》) 교과서를 학기마다 따로 하여, 한 해에 네 책씩을 마련했다. 중학교 학생들은 세 해 동안에 열두 책에 담긴 국어를 배운다는 말이다.

14_ '국어 생활'은 '국어 사용의 실천적 능력을 신장시키는 과목'이며 '국어 실천에 대한 성숙한 국민적 소양을 더욱 세련화하여 다지고 익히는 과목'이라고 한다.(《국어과 교육과정》, 교육부, 1997, 117쪽.)

고등학교의 국어 교과서는 1학년에서 공부해야 하는 《국어》를 '상·하' 두 책으로 마련했다. 1학년 동안에 두 책을 배우게 했으니 학기별로 마련한 것과 비슷하게 되었다. 2, 3학년에서 공부하는 공통 기본 과정의 《국어 생활》을 비롯하여 《화법》과 《독서》와 《작문》과 《문법》 교과서들은 모두 한 책으로 마련했다. 다만 《문학》만을 《국어》처럼 다시 '상·하' 두 책으로 마련했다. 그러니까 고등학교의 선택 중심 교과에서는 교과서를 학년과 학기를 모두 무시하고 마련해 놓은 셈이다. '상·하' 두 책으로 마련한 것이라도 그것은 오직 분량 때문에 갈랐을 따름이고 내용의 차례나 뜨레에 무슨 질서가 있어서 그렇게 마련한 것은 아니다.

3) 교과서의 속살

여기서는 중학교 국어 교과서의 속살을 잠시 더듬어 제6차 교육과정의 국어 교과서와 무엇이 얼마나 달라졌는지 살펴보도록 하겠다.[15]

한마디로 제7차 교육과정의 중학교 국어 교과서는 제6차 교육과정까지의 국어 교과서에 견주어 겉모습이 많이 달라졌다. 우선 책의 크기가 국판에서 46배판으로 훌쩍 커지고 종이도 질이 아주 좋은 것으로 바뀌었다. 바탕글과 그림도 검정색에서 울긋불긋 빛깔 나도록 만들어 눈부시게 되었다. 그리고 무엇보다도 바탕글에는 옆

15_ 발표를 준비할 적에는 고등학교의 국어 교과서가 아직 나오지 않았고, 선택 중심 과정의 교과서들은 영역에 따라 여러 가지인지라 여기서 살핀다는 것에 이렇다 할 뜻이 없다.

쪽에다가 날개를 붙여서 여러 가지 도움말을 적어 주기도 하고, 아래쪽에다가는 풀이를 달아서 학생들이 스스로 공부할 수 있도록 이끌었다.

겉모습이 달라지면 속살도[16] 달라질 수밖에 없다. 국어 교과서를 꾸민 사람들은 속살을 다음과 같은 여덟 가지에 뜻을 두고 바꾸려 했다고 한다.

① 학생들의 학습 동기 유발
② 학생 활동 중심 교과서
③ 학생의 창의성을 강조하는 교과서
④ 결과가 아닌 과정을 지도하는 교과서
⑤ 학생들의 수준에 적합한 수업을 지향하는 교과서
⑥ 자기 점검을 통한 초인지 기능의 신장
⑦ 지식, 기능, 태도를 지식으로 정리해 주는 교과서
⑧ 학습 과정에서 학생의 깨달음을 이끌어 주는 교과서[17]

그러나 저들이 뜻한 바가 얼마나 제대로 담겼는지를 가늠하기는 어렵고, 교실 현장에서 교사와 학생들이 교과서를 놓고 공부해 보면 저절로 드러날 것이다.[18]

16_ 속살이라면 마땅히 알맹이가 되는 바탕글의 속내를 다루어야 하지만, 그것은 여기서 다루기에 어울리지 않을 만큼 큰 것이다. 따로 그것만 다루는 자리를 마련해야 할 것으로 보고 여기서는 속살의 짜임새만 이야기하기로 한다.
17_ 국어 교과서 편찬의 기본 방향, 《중학교 국어과 교사용 지도서》, 교육부, 2001, 34~36쪽.

그래서 여기서는 속살의 짜임새만 살피기로 한다. 짜임새는 이른바 대단원[19] 하나를 살피면 그만이다. 알다시피 대단원은 여럿이라도 짜임새가 한결같기 때문이다. 그런데 마당의 짜임새는 크게 보아 세 도막으로 나뉘기 마련이다. 먼저 '들머리'로 들어가서 '알맹이 공부'를 하고는 '마무리'로 빠져나가는 차례일 수밖에 없기 때문이다. 그렇게 볼 적에 제7차 교육과정의 중학교 국어 교과서는 '들머리'에서 거의 달라진 바가 없고, '알맹이 공부'에서는 조금 달라지고, '마무리'에서는 매우 많이 달라졌다.

우선 알맹이 공부에서는 소단원마다 전에 없던 '읽기 전에'를 두어서 길잡이를 하고 있는 것과 학습 활동을 '내용 학습', '목표 학습', '적용 학습'의 세 갈래로 밝혀 내놓은 것이 달라졌다. 그런데 마무리는 '생각 넓히기'와 '보충·심화'와 '이 단원을 마치며'를 마련하여 예전과 아주 달라져 버렸다. 마무리가 이렇게 달라져 버린 것은 제7차 교육과정이 수준별 교육을 겨냥한 까닭에 국어과에서 이른바 '보충·심화형 수준별' 교육을 해야 하기 때문이다. 그런데 사

18_ 다만 여기서 한마디 덧붙이지 않을 수 없는 것이 있다. 그것은 뜻한 바 여덟 가지 가운데서 일곱째 것은 여간 잘못된 것이 아니라는 점이다. '지식, 기능, 태도를 지식으로 정리해 주겠다'는 것인데, 이것은 국어 교육이 무엇인지를 잘못 알았을 뿐 아니라 교육이 무엇인지 나아가 사람의 내면세계가 무엇이며 어떻게 자라는지를 잘못 알아서 나온 생각이기 때문이다. 이른바 '기능'이니 '태도'니 하는 것은 본디 지식으로 정리할 수 없는 것일 뿐 아니라, 국어 교육이란 말하고, 듣고, 쓰고, 읽고, 하는 활동 바로 그것이며, 그런 활동을 부지런히 하는 동안에 학생들의 마음과 정신, 곧 내면세계가 자라는 것이다. 그래서 이른바 '수행 평가'라는 것으로 활동 과정을 살피고 가늠해야 한다는 것이 아닌가.
19_ 교과서는 공부하는 속살을 덩이지어 펼쳐 내게 마련인데, 그 덩이를 일본 사람들이 '단원'이라고 해서 우리도 그말을 그대로 쓴다. 큰 덩이는 대단원, 작은 덩이는 소단원이라고 한다. 초등학교에서는 이제 그것을 '마당'이라는 우리말로 바꾸어 쓰는데, 참으로 마땅한 우리말을 찾아 쓰는 것으로 보인다.

실 수준별 교육이라는 것이 터전을 마련하지도 않은 채로 갑자기 이렇게 교육과정과 교과서를 바꾼다고 되느냐 하는 소리는 온 나라에 가득하다. 그러니 국어 교과서 안에 마련해 놓은 '보충·심화'라는 것 때문에 공부 마당의 마무리가 크게 달라졌지만 그것으로 현장의 교육이 뜻한 바와 같이 달라질 것으로 기대하기는 어려운 것이 우리네 실정이다.

4) 교과서의 관리

제7차 교육과정에 와서 적어도 형식상 크게 달라진 것은 교과서의 관리다. 중학교와 고등학교의 국어 교과서를 국정제에서 공모제로 원칙을 바꾼 것이다.[20] 공모제란 자유롭게 모든 사람들이 바람직한 국어 교과서를 만들어서 내놓게 하고, 거기서 가장 좋은 것을 정부가 골라서 국정 교과서로 이름을 붙여 펴내는 제도를 말한다. 이것은 선진국들이 하고 있는 바와 같은 교과서 자유발행제, 아니면 적어도 검인정제로 넘어가는 징검다리라 할 수 있다. 반세기에 걸쳐 내려온 국정 교과서의 인습을 하루아침에 내버리고 자유 경쟁의 교과서로 넘어가기 어려우면 반드시 꾀해 볼 만한 제도일 수 있다.

그런데 알다시피 우리는 처음으로 꾀해 본 공모제를 제대로 이루어 내지 못했다. 우선 공모한다는 사실을 국민들에게 널리 알리

20_ 물론 중학교 국어 교과서를 공모제로 바꾸어 선택하는 과정에서 혼이 난 교육부가 슬그머니 꿍무니를 빼고 고등학교 국어 교과서의 공모제를 포기해 버리면서 세상의 웃음거리가 되었다.

지도 않고 어느 날 느닷없이 관련된 사람과 단체에게만 공문을 보내서 공모해 보라고 했다. 그것도 교과서의 짜임새를 모두 만들고, 그 가운데 한 마당은 제대로 만들어서 내놓아 보라고 하면서, 시간을 미처 한 달도 못 되게 주었다. 한 달 안에 번갯불에 콩 귀 먹듯이 교과서를 만들어 보라는 셈이었다.

그런 억지에서 어쨌거나 공모를 해서 두 가지를 골랐고, 두 가지 교과서를 온전하게 만들도록 한 다음에 마지막으로 하나를 고르려고 했다. 그런데 그것이 말처럼 쉬울 수가 없었다. 수많은 사람들이 어우러져 엄청난 시간과 힘을 들여 만들어 놓은 두 가지 교과서에서 하나는 버리고 하나는 쓰게 한다는 일이 어찌 있을 수 있겠는가. 미리 내다보지 못하고 섣불리 일을 벌였다가 담장에 머리를 부딪친 다음 찾은 길이 웃지 못할 흥정이었다. 한쪽을 뽑아 국정 교과서로 하고, 다른 쪽은 고등학교 국어 교과서 만드는 일을 맡으라고 한 것이다. 교육부로서는 모처럼 뜻을 낸 국어 교과서 공모제를 아주 부끄러운 마무리로서 끝내고 만 셈이다.

그러나 이런 틈바구니에서 뜻하지 않은 일이 벌어졌다. 전국국어교사모임에서 《우리말 우리글》이란 이름의 중학생을 위한 국어 교과서를 펴낸 것이다.[21] 전국국어교사모임은 무엇보다도 하루가 다르게 바뀌는 세상과 아이들에 견주어 국정의 국어 교과서가 너무도 제자리걸음을 하고 있는 사실을 현장에서 견디기 어려웠던 것이

21_ 이 책이 나타나자 수많은 신문, 방송, 잡지들이 다투어 기사 또는 특집으로 다루면서 찬사를 보내고 기대를 걸었다.

다.[22] 그리고 제7차 교육과정이 "학생의 능력, 적성, 진로를 고려하여 교육 내용과 방법을 다양화한다." 하는 방침을[23] 내세운 것에서 용기를 얻을 수 있었다. 뿐만 아니라 "학습자의 다양한 경험 세계, 필요와 요구, 개인차, 지역 사회의 사회적, 문화적 특성 및 전통을 고려하여 교과서 이외의 자료를 활용할 수 있다."[24] 하는 지침에서도 힘을 얻었다.

《우리말 우리글》은 몇 가지 점에서 매우 뜻깊은 책이라 하겠다. 우선은 서양 선진국에서 자유롭게 펴내는 교과서들이 모두 영리를 목적으로 하는 출판사에서 마련한 것인데, 이것은 영리를 셈하지 않은 교사들이 손수 만들었다. 교실 현장에서 학생들과 어우러져 씨름하고 걱정하는 교사들이 경험을 바탕으로 힘을 모아 몸소 만들었으니 그야말로 '학습자의 다양한 경험 세계, 필요와 요구, 개인차'를 가깝게 담아낼 수 있었다. 학습의 주체인 학생들의 바람과 삶을 가깝게 담아내고, 교육의 주체인 교사들이 평소에 쌓은 경험을 바탕하여 손수 만들었다는 것은 더없이 값진 것이다. 또 하나 꼽지 않을 수 없는 것은, 현장의 교사들 손으로도 정부가 만들어 온 국정 교과서보다 훨씬 더 좋은 교과서를 만들어 낼 수 있다는 사실을 증명한 것이다. 우리 국민들의 힘이 그만큼 자랐다는 사실을 세상에 뚜렷하게 드러냈다는 말이다. 이래서 이제 정부가 국어 교과서를

22_ 〈교과서 우리가 만든다〉,《함께 여는 국어 교육》1999 가을호, 전국국어교사모임, 1999, 16
~98쪽.
23_ 〈교육과정의 구성 방침〉,《국어과 교육과정》, 교육부, 1997, 2쪽.
24_ 〈교수·학습 자료〉, 앞의 책, 114쪽.

움켜쥐고 '국정'을 고집할 까닭과 명분이 학생과 교사들 앞에서 무너진 셈이다.

4. 교육 방법

교육 방법이란 말이나 글이 아니라 활동 바로 그것이다. 그러므로 이렇게 글로써 그것의 실상을 더듬어 보기 어렵다. 교실 현장에 가서 눈으로 보고 귀로 들으며 가늠할 수 있을 따름이다. 그리고 제7차 교육과정의 때에 와서 교육 방법이 어떻게 달라지게 되었으며, 달라지고 있으며, 달라질 것인지를 제대로 따지려면 아직은 좀 더 기다려야 한다. 중학교에서는 이제 겨우 한 학기를 지나고 있으며, 고등학교에서는 아직 첫발을 내디디지도 못했기 때문이다. 그래서 어쩔 수 없이 중학교의 국어 교과서, 곧 국정 교과서와《우리말 우리글》이 교육 방법을 어떻게 이끌고자 하는지 견주어 보는 것으로 하겠다. 교육 방법을 어떻게 이끌고자 하는지를 가장 손쉽게 알아보려면 우선 '학습 활동'을 살피는 수밖에 없다.

1)《국어》의 학습 활동 물음들

먼저 국정 교과서인《국어》에서[25] 학습 활동에 나와 있는 물음들을 살펴보았다. 그리고 물음을 갈래에 따라 모아서 헤아려 보니 아래와 같았다.

25_ 발표를 준비할 적에 아직 1학년 2학기 교과서가 나오지 않아서 1학년 1학기용 교과서만 살폈다.

(1) 내용 학습 : (39 물음)

① 말해 보자(8)/이야기해 보자(3)/설명해 보자(2) = 13(33%)

② 정리해 보자(5)/요약해 보자(1)/적어 보자(2) = 8(21%)

③ 찾아보자(1) = 1(3%)

④ 생각하(했)는가(5) = 5(13%)

⑤ 무엇인가(4)/~을까(3)/~는가(5)/ = 12(31%)

(2) 목표 학습 : (43 물음)

① 말해 보자(3)/설명해 보자(2)/발표해 보자(1) = 6(14%)

② 정리해 보자(8)/적어 보자(5)/써 보자(1) = 14(33%)

③ 들어 보자(2)/만들어 보자(1) = 3(7%)

④ 생각해 보자(5)/추측(상상)해 보자(2)/생각하는가(4) = 11(26%)

⑤ 무엇인가(3)/왜 하였나(2)/~일까(3)/~을까(1) = 9(21%)

(3) 적용 학습 : (20 물음)

① 말해 보자(4)/발표해 보자(2) = 6(30%)

② 적어 보자(2)/써 보자(2) = 4(20%)

③ 공연해 보자(1)/표현해 보자(1)/소개(추천)해 보자(2)/조사해 보자(1) = 5(25%)

④ 생각해 보자(2)/생각하는가(2)/생각했을까(1) = 5(25%)

보다시피 교과서에서 내용, 목표, 적용 학습이라는 세 갈래를 세워서 물음을 주었다. 내용 학습은 바탕글의 속내를 알게 하는 공부, 목표 학습은 교육과정에서 목표로 내세운 공부, 적용 학습은 삶에다 끌어와서 살아가도록 하는 공부을 꾀한 것으로 보인다.

그런데 그것들 안에 실제로 던진 물음을 보면 다시 그것들이 크게 다섯 가지 갈래로 나뉜다. 첫째는 입으로 말을 하라는 물음, 둘째는 손으로 글을 쓰라는 물음, 셋째는 몸으로 움직이라는 물음, 넷째는 머리로 생각하라는 물음, 다섯째는 바로 대답하라는 물음이다.[26]

그러니까 ①과 ②의 물음은 말하기와 쓰기 활동을 하도록 이끄는 것이니 가장 틀림없는 국어 교육의 바탕 활동이라 하겠다. ③은 몸을 움직여서 말도 하고 글도 쓰는 활동이니 ①, ②보다 한결 삶을 담아내는 국어 교육의 활동이다. 그러나 ④는 머릿속으로 하라는 것이므로 하는지 마는지를 가늠할 수가 없다. ⑤는 기껏해야 조각난 지식을 물어서 비록 대답을 한다고 해도 이렇다 할 뜻이 없고, 대답을 하지 않아도 그만이다. 한마디로 ④와 ⑤는 지난날부터 오래 써 온 물음이지만 이제는 거의 쓸모가 없어진 것이다. 그러니까 다섯 가지 갈래의 물음을 바람직한 것에서 차례대로 세워 보면, ③〉②〉①〉⑤〉④와 같이 될 것이다.

이제 위의 물음들을 갈래로 묶지 않고 통틀어 헤아려 보면 다음과 같다.

| 26_ 이런 갈래에다 차례대로 ①, ②, ③, ④, ⑤라는 번호를 붙였다.

물음 갈래	물음 수	%	모두
① '말해 보자' 무리	25	24	
② '적어 보자' 무리	26	25	
③ '찾아보자' 무리	9	9	102 물음
④ '생각해 보자' 무리	21	21	
⑤ '무엇인가' 무리	21	21	

2) 《우리말 우리글》의 학습 활동 물음들

앞에서와 같은 방법으로 《우리말 우리글》[27]에서 학습 활동의 물음들을 헤아려 보았다. 물음들을 마찬가지로 다섯 갈래로 묶어 보면 아래와 같다.[28]

① 말해 봅시다(18)/이야기해 봅시다(22)/설명해 봅시다(9)/토론해 봅시다(4)/토의해 봅시다(3)/주장해 봅시다(1)/대화를 나누어 봅시다(1)/노래로 불러 봅시다(1) = 59(21%)

② 적어 봅시다(10)/써(넣어) 봅시다(43)/지어 봅시다(1)/요약해 봅시다(1)/표현해 봅시다(1)/전자우편으로 편지를 씁니다(1)/그림을 그리고 씁니다(1)/그림을 그립니다(3)/만화를 그려 봅시다(1) = 62(22%)

③ 놀이해 봅시다(5)/연기해 봅시다(3)/반응해 봅시다(1)/만들어 봅

27_ 알다시피 《우리말 우리글》은 학기에 맞추어 마련한 책이 아니고 한 해 동안 쓰도록 마련했다. 그러니 앞에서 살핀 《국어》의 곱절이라고 보아야 한다.

28_ 《우리말 우리글》의 학습 활동은 내용, 목표, 적용, 이런 갈래를 겉으로 드러내 세우지 않았다.

시다(9)/표현해 봅시다(2)/완성해 봅시다(2)/구성해 봅시다(1)/
배열해 봅시다(1)/정리해 봅시다(7)/묶어 봅시다(3)/붙여 봅시다
(3)/재 봅시다(1)/골라(넣어) 봅시다(7)/뽑아 봅시다(2)/채워 봅
시다(9)/비교해(견주어) 봅시다(6)/바꾸어 봅시다(5)/연결해 봅
시다(1)/검색해 봅시다(1)/평가해 봅시다(2)/찾아봅시다(25)/조
사해 봅시다(3)/풀어 봅시다(1)/~하고 답해 봅시다(3)/알아봅시
다(10)/살펴봅시다(1) = 114(41%)

④ 생각해 봅시다(9)/짐작해 봅시다(1)/상상해 봅시다(1) = 11(4%)

⑤ 무엇입니까(26)/어느 것입니까(1)/언제입니까(1)/어떤 관계일까
요(1)/~했을까요(5) = 34(12%)

이것을 다시 앞에서 보인 바와 같은 그림표로 간추려 보면 이
렇다.

물음 갈래	물음 수	%	모두
① '말해 보자' 무리	59	21	
② '적어 보자' 무리	62	22	
③ '찾아보자' 무리	114	41	280 물음
④ '생각해 보자' 무리	11	4	
⑤ '무엇인가' 무리	34	12	

이렇게 두 가지 국어 교과서의 학습 활동에서 내놓은 물음을 간
추려 놓고 견주어 보면 눈에 띄는 차이가 드러난다. 무엇보다도 가
장 바람직한 물음인 ③번과 가장 바람직하지 않은 물음인 ④번에 커
다란 차이가 생겼고, 바람직하지 않은 물음인 ⑤번에도 눈에 띄는
차이가 나타났다.

가장 바람직한 물음인 ③번이 국정 교과서에는 9%에 지나지 않았으나《우리말 우리글》에는 무려 41%까지 껑충 뛰어올랐다. 한편 가장 바람직하지 않은 물음인 ④번은 국정 교과서에 21%나 되었던 것인데《우리말 우리글》에는 4%로 뚝 떨어졌다. 그리고 바람직하지 않은 물음 ⑤번도 21%에서 거의 절반에 가까운 12%로 줄었다. 학생들의 바람을 몸으로, 살갗으로 느끼며 부대끼는 교사들이 손수 만든 교과서가 국정 교과서보다 얼마나 교육 방법을 앞서 나가고 있는지를 환히 알아볼 수 있겠다.

3) 심화·보충형 수준별 교육

제7차 교육과정의 국어 교과서가 현장의 교사들에게 비난을 가장 크게 받는 대목이 바로 심화·보충형 수준별 학습 활동이다. 이것은 교육과정을 마련하는 동안에도 참여한 사람들로부터 거센 반발과 비난을 받았던 것이라 제도를 받아들인 국정 교과서에서도 아주 흉내만 내는 것에 그쳤다.

기본 학습을 마치고 합당한 평가를 거쳐 보충 또는 심화로 나아가야 본디 뜻을 살리지만, 그러자면 현장 여건을 크게 고쳐야 하겠으므로 학생의 '자기 점검'에 맡겨 멋대로 심화 또는 보충으로 나가게 해 버렸다. 이것을 눈감고 아웅 하는 것으로 본 전국국어교사모임에서는 아예 수준별 학습이라는 것을 교과서 편찬에서 돌보지 않고 무시해 버렸다.

5. 바람직한 국어 교육으로 가는 길

제6차 교육과정에서 시작한 '지역화 교육'과 제7차 교육과정에서 시작한 '학생 중심 교육'의 길은 참으로 바람직한 것이다. 이 두 가지 정신을 살려 나갈 수 있도록 끊임없이 힘을 쓰고, 그것에 걸림돌이 되는 것은 하나하나 걷어 내도록 애를 써야 한다. 이런 시대의 부름에는 마땅히 국어 교육이 앞장서 응답하고 나서야 하겠다. 그러려면 교과서와 교육 방법에서 쉼 없는 탈바꿈을 이루어 나가야 한다.

1) 교과서 쪽에서

교과서가 탈바꿈을 하자면 여러 가지가 더불어 바뀌어야 하겠지만, 우선 무엇보다도 다급하게 바뀌어야 할 것은 교과서 정책과 교과서 이론이다.

(1) 정책의 몫

우선 국정 교과서 제도를 내버려야 할 때가 지났음을 정부가 바로 깨달아야 한다. 정부는 국가 차원의 교육과정이나 제대로 마련하여 놓고, 전국 시·도 교육청의 지역 교육과정이나 제대로 마련하도록 지원하고 독려하는 일에 힘을 쏟아야 한다. 그리고 교과서 편찬은 교육 담당자들이 경험과 창의에 따라 손수 만들 수 있도록 제도로써 뒷받침해 주어야 한다. 검인정을 하더라도 그 기준을 크게 넓혀서 자유로운 창의와 모험이 마음껏 솟아날 수 있도록 열어 주어야 한다.

그리고 정책을 마련하는 일에 참여하는 사람들의 폭을 넓혀야 한다. 무엇보다도 지역화 교육의 높은 이상을 이루려는 뜻을 똑바로 세우고, 거기에 발맞추어 정책을 뒷받침할 전문가들을 온 나라 곳곳에서 골고루 참여시켜야 한다. 말하자면 이제까지 굳게 사로잡혀 있던 학연이라는 고질병에서 떨치고 일어나, 지역 할당제 같은 것을 마련하여 전문가를 온 나라에서 골고루 참여시키는 길을 찾아야 한다.

(2) 이론의 몫

무엇보다도 우리의 역사와 현실에 뿌리내린 이론을 세우는 일을 서둘어야 한다. 국어란 우리의 역사와 현실 안에서만 살아 있는 것이기 때문에 남의 나라에서 빌려 온 이론에다 꿰맞추어서는 제대로 가꿀 수 없다. 남의 이론에서도 커다란 도움을 받을 수 있는 것이지만 그보다 먼저 우리의 바탕과 터전을 제대로 붙잡아 놓는 일이 이루어져야 한다는 말이다. 우리의 역사와 현실을 제대로 알아 놓고 나면 남들의 이론을 보는 눈이 달라진다. 남들의 이론이 이론으로만 보이지 않고, 그런 이론이 나올 수밖에 없도록 한 저들의 역사와 현실 쪽으로 눈길이 가기 때문이다.

이론은 국어 교육의 온갖 구석구석에 빛을 밝혀 주는 것이겠지만 가장 먼저 빛을 비추어야 할 곳은 물론 교육과정 쪽이다. 교육과정이 교육의 등뼈이기 때문이다. 우리의 역사와 현실을 제대로 알고 세운 이론이 우리네 국어 교육의 길을 제대로 밝혀 주게 되면 그것이 다름아닌 교육과정이다. 말하자면 교육과정이란 교육의 길이지만, 그것은 올바른 이론이 횃불을 들고 서서 밝혀 주는 길이어야 한다는 것이다.

2) 교육 방법 쪽에서

교육 방법이 탈바꿈을 하자면 사람이 바뀌어야 한다. 방법은 활동이기 때문에 활동의 주체인 사람이 바뀌어야 방법도 바뀔 수 있다는 말이다. 앞장서 바뀌어야 할 교육 활동의 주체로 손꼽아야 할 사람은 물론 현장을 맡은 교사와 이론을 맡은 학자다.

(1) 이론을 맡은 학자의 몫

학자는 무엇보다도 세상을 열어 나가는 사람이다. 남들이 쉽게 들여다보지 않는 좁디좁은 구멍에 눈을 대고 깊이깊이 꿰뚫어 보면서 새로운 세상을 밝히는 사람이다. 그러니 국어 교육의 이론을 맡은 학자라면 마땅히 겨레의 말과 겨레의 문화가 나아가야 할 길을 내다보고 밝혀야 한다. 서양의 이론을 끌어다 호기심에 불을 지르는 것으로 일을 삼을 것이 아니라 겨레가 살아온 지난날을 깊이깊이 꿰뚫어 보면서 앞으로 나아갈 세상을 밝히는 것으로 일을 삼아야 마땅하다. 그런 일에 이골이 나서 겨레의 말과 겨레의 문화가 나아가야 할 길이 어렴풋하게나마 눈에 보이는 사람이라야 국어 교육의 학자일 수 있다.

그런 사람이라면 언제나 논리에서 오는 이상과 사회·역사에서 오는 현실의 어긋남에 시달리지 않을 수 없을 것이다. 이상과 현실의 충돌에 시달리지 않는다면 그는 참다운 학자일 수가 없다. 그러나 논리와 현실의 충돌과 어긋남에서 헤어나지 못하고 파묻힌다면 그도 또한 학자일 수 없다. 그 충돌과 어긋남을 꿰뚫어 보면서 현실은 어루만지고 이상은 끌어당기며 곧장 나아갈 수 있는 길을 마련해야 한다.

국어 교육의 현실과 이상 사이에서 참으로 시달리는 학자라면, 그리고 그가 시달림을 뚫고 일어나 길을 밝히고자 하는 슬기로운 학자라면, 그는 반드시 현장의 교사들과 손잡지 않을 수 없을 것이다. 현실을 어루만지고 이상을 끌어당기는 일이라면 학자만의 힘으로는 감당할 수가 없기 때문이다. 학자와 교사가 함께 손잡고 학자는 이상을 끌어당기고 교사는 현실을 어루만지며 나아가는 길보다 더 좋은 길은 없기 때문이다. 그럴 뜻이 있는 학자라면 먼저 겸손의 미덕을 길러야 한다. 우리네 문화 풍토는 학자들에게 터무니없는 교만을 심어 놓았기 때문에 겸손의 미덕을 길러 몸을 낮추는 것에서 참된 기쁨을 맛보는 사람이 아니면 그런 일을 감당하기 어렵기 때문이다.

(2) 현장을 맡은 교사의 몫

우리네 교육 현장은 삭막하다. 무엇보다도 우리네 학교 교육 현장은 교사를 지난날의 낡은 가치관에 옭아매려고만 든다. 이런 현실이기 때문에 교사는 스스로 더욱 힘을 길러야 한다. 어린이들이 어른이 되어서 살아갈 먼 앞날의 세상을 내다보는 눈을 길러야 한다. 다가오는 세상을 멀리 내다보는 철학과 세계관을 굳건히 기르는 것이야말로 오늘 우리네 현장을 맡은 국어 교사의 발등불이다. 이것은 본디 교사를 양성하는 사범대학과 교육대학이 맡아야 마땅한 일이었으나 그렇지 못하기 때문에 교사라도 스스로 그런 길을 찾지 않을 수 없다.

다가오는 세상을 내다보는 눈을 지닌 교사라면 교과서를 바라보는 눈도 반드시 달라질 것이다. 교과서는 하늘이 내린 경전이 아니다. 교과서는 나라에서 만들어 교사에게 쥐어 주는 법전도 아니다. 교과서는 교사와 학생이 만나서 배우고 가르치는 일을 하게 만드는 촉매에 지나지 않는다. 교과서는 학생과 교사가 함께 뒤집고 헤집고 뜯어 발기고 내팽개칠 수도 있는 자료며 도구에 지나지 않는다. 그러므로 가장 바람직한 교과서는 학생들이 살아가는 삶의 터전이며, 교사가 손수 그런 터전을 간추려 담아낸 자료라 할 수 있다. 국정 교과서도 있을 수 있고 검인정 교과서도 있을 수 있듯이, 자유 출판의 교과서도 있어야 하고 교사가 손수 만드는 교과서도 있어야 한다.

다가오는 세상이 얼마나 놀라울 것인지를 내다보는 교사, 교과서가 무엇인지를 올바로 아는 교사라면 학생을 보는 눈도 달라지지 않을 수 없다. 학생을 제자로 심지어 밥그릇으로 보지 않게 된다. 교사란 학생의 길을 열어 주는 길잡이일망정 가로막는 걸림돌이 되어서는 안 된다는 사실을 뼈저리게 깨닫게 된다. 참다운 교사는 학생에게 기회를 주는 기술을 갈고닦은 사람이다. 학생이 자유로운 창의와 상상으로 넓디넓은 세상을 훨훨 활개 치며 걸어갈 수 있도록 미리미리 기회를 주고 용기를 주는 기술을 갈고닦은 사람이라야 현장에서 교사가 맡은 몫을 감당할 수가 있다.

6. 마무리

현실은 때로는 어둡기도 하고 때로는 밝기도 하다. 국어 교육 또한 마찬가지다. 지난 반세기 동안 언제나 교육과정은 비현실적인 이상만을 노래하고, 교과서는 칠월에 잣던 그 가락으로 되풀이했다. 그러면서 빛과 그림자가 뒤섞여 오늘에 이르렀다. 그러나 제5차 교육과정에 와서 교육과정과 교과서는 이른바 '이인삼각'처럼 하나로 묶였다. 커다란 진보를 이룬 것이며, 빛으로 가는 길이 넓어진 셈이다.

그러나 문제는 교육과정이다. 무엇보다도 교육과정이 내세우는 '내용 영역'이 이치에도 맞지 않고 논리에도 어긋나기 때문이다. 그처럼 절름발이 교육과정을 가지고 거기에다 교과서를 맞추어 하나로 묶었으니 국어 교육 전체가 절름발이 꼴이 될 수밖에 없다. 교육과정에서 국어 교육의 성격을 바로잡고 목표를 제대로 세우고, 무엇보다도 내용의 틀과 속살을 바꾸어야 한다. 우리말과 우리 삶을 살려 내는 데로 길을 잡아야 한다. 교육 방법은 교육과정을 바꾼 다음, 제대로 된 교육과정에 맞추어 교과서를 하나 되게 마련한 뒤라야 이야기할 수 있다.

문제의 뿌리인 교육과정을 바로잡아 갈 책임은 누구보다도 이론가, 곧 학자들에게 있다. 누구 한 사람의 학자에게 있는 것이 아니라 학자인 사람들 모두에게 있다. 국어 교육에 매달려 살아가는 학자라면 누구나 마음을 열어 놓고 자주 토론하며 올바른 교육과정을 마련하는 일을 발등의 불로 여기고 안달해야 한다. 이것은 개인의 일이 아니라 나라와 겨레, 나아가 인류가 함께 번영하는 일의 바탕이기 때문이다.

• 제7차 교육과정의 국어 교과서와 교육 방법 : 경상대학교 중등교육연구소, '제7차 교육과정과 교과서' 학술토론회, 2001. 8. 10.

국어 교과서에 쓰인 우리말

1.

내가 새로 나온 국어 교과서를 들고 우리말을 바로 쓰지 못했다고 하면 그건 누워서 침 뱉는 꼴이다. 왜냐하면 바로 그 국어 교과서를 마련하는 일에 나도 어쨌거나 한몫을 한 사람이기 때문이다. 그러나 침이 내 얼굴에 떨어질 줄 알면서도 국어 교과서에 쓰인 우리말을 한번 살펴보고 싶은 마음을 누를 수가 없다. 아마도 꽤 오래전부터 이런 마음을 갖고 있었을 뿐 아니라 국어 교과서를 마련하는 일에 한구석 끼어들면서 그런 마음이 더욱 굳어졌기 때문이 아닐까 싶다.

말할 나위도 없지만 국어 교과서라면 마땅히 깨끗한 우리말을 올바로 써야 한다. 학생들만 아니라 온갖 사람들이 국어 교과서를 보고 우리말을 배우기 때문이다.

흔히 사람들이 우리말을 쓰다가 알쏭달쏭하여 시비가 벌어지면

두 가지 잣대를 찾아서 시비를 가리려 든다. 국어사전과 국어 교과서가 그것이다. 국어사전은 낱말의 글자 쓰임이나 뜻을 가리는 데에 잣대가 되지만 국어 교과서는 낱말뿐만 아니라 글월의 모든 것을 가리는 잣대로 쓰이게 마련이다. 국어 교과서에 이렇게 쓰이지 않았느냐 하면서 들이대면 그것으로 모든 시비는 끝난다. 가끔 교과서가 잘못되었다고 우겨 보는 이들도 없지 않으나 사람들은 웬만해서는 받아들이지 않는다. 오죽했으면 '교과서대로 하자' 하는 말이 생겼을까. 그래서 몇몇 사람들이 국어 교과서에 쓰인 우리말을 살펴서 바로잡고자 일을 했지만 제대로 바로잡히려면 아직 가마득하다고 생각한다. 그런데 마침 한국글쓰기연구회에서 '우리말 바로쓰기'라는 제목으로 글을 쓰라는 요청을 해 왔다. 울고 싶던 차에 뺨을 때려 주는 격이 되었으니 내 얼굴에 침 뱉는 꼴이 되어도 울지 않을 수 없다.

2.

우선 손에 잡히는 대로 초등학교 2학년 1학기 《쓰기》 교과서에 쓰인 우리말을 살펴보기로 한다. 초등학교 2학년 1학기면 '미운 일곱 살'을 겨우 넘어서는 코흘리개 적이다. 그런 코흘리개 어린이들이 배우는 교과서에 웬 한자말을 그렇게 많이 썼는가. 첫째 마당에서 배워야 할 과녁으로 대뜸 "바른 자세로 글을 쓸 수 있다."와 "자음자와 모음자를 구별할 수 있다." 하는 두 가지를 잡아 놓았다.(5쪽) 그러면서 "바른 자세로 써야지."(4쪽), "한글의 자음자와 모음자는 모두 몇 개일까?"(5쪽) 하면서 '자세'와 '자음자'와 '모음자'를

거듭 써 놓았다. 헤아려 보았더니 '자세'를 모두 열두 차례 썼고,
'자음자'는 열여덟 차례, '모음자'는 열일곱 차례나 썼다. 아마도
'자세'와 '자음자'와 '모음자'를 어떻게든지 익히게 하려고 일부러
그처럼 거듭 써 놓은 듯하다.

그래서 내친 김에 2학년 1학기 《쓰기》 교과서에 쓰인 한자말 가
운데 아이들에게는 너무 어렵겠다 싶은 낱말들만 가려 내 보았더니
아래와 같았다. (괄호 안에 적힌 숫자는 쓰인 횟수다.)

첫째 마당 : 자음자(18), 모음자(17), 자세(12), 구별(4), 표시(3), 장
        소(2), 내용, 문장, 선택, 여행, 파도
둘째 마당 : 내용(10), 주의(7), 삼행시(3), 조사(3), 중요성(3), 정리
        (2), 경우, 모험, 비교, 소중, 중요, 표현
셋째 마당 : 내용(5), 문장(2), 시(2), 비교, 선택, 실감, 완성, 주말,
        표정, 표현
넷째 마당 : 분명(9), 내용(3), 정리(2), 주의(2), 의견, 준비, 항상,
        폭포, 파도, 포수, 궁금, 부분, 현장 학습, 주말, 표시,
        완성, 제목, 주위
다섯째 마당 : 내용(22), 상상(12), 초대(4), 초대장(4), 정육점(2),
        주의(2), 모음자, 분명, 발견, 발표, 발견, 선택, 여행,
        자세, 자유, 자음자, 저축, 정리, 표시

이것들을 통틀어서 가나다차례로 세워 보면 다음과 같이 된다.
모두 마흔일곱 낱말인데, 보다시피 '내용'을 마흔한 차례나 거듭 써
서 가장 자주 썼고, 한 차례씩만 쓴 낱말이 스물하나인 셈이다.

경우, 구별(4), 궁금, 내용(41), 모음자(18), 모험, 문장(3), 발견, 발표, 부분, 분명(10), 비교(2), 삼행시(3), 상상(12), 선택(3), 소중, 순서, 시(2), 실감, 여행(2), 완성(2), 의견, 자세(13), 자유, 자음자(19), 장소(2), 저축, 정리(5), 정육점(2), 제목, 조사(3), 주말(2), 주위, 주의(11), 준비, 중요, 중요성(3), 초대(4), 초대장(4), 파도(2), 포수, 폭포, 표시(5), 표정, 표현(2), 항상, 현장 학습

이런 한자말을 초등학교 2학년 1학기의 코흘리개 어린이들에게 선생님들이 어떻게 풀이를 해서 뜻을 제대로 알려 주었을까? 아무리 생각해 봐도 나로서는 모를 일이다. 그럴 재간이 있는 선생님을 찾으면 무슨 '묘기 대행진'이나 '마술 대회' 같은 텔레비전 방송에 모셔도 좋을 것이다.

그러나 우리가 모두 알다시피, 이런 낱말의 뜻을 똑똑히 몰라도 큰 탈 없이 한 학기를 마치고 책을 떼었을 터이다. 선생님들은 이런 낱말들에 낯익은 지가 이미 오래되어서 마음에 별로 거리끼지 않은 채 지나갈 수 있었고, 아이들은 몰라서 묻고 싶은 마음이 굴뚝같아도 꾸중 들을까 봐 그냥 지나가기로 했을 것이기 때문이다. 어쩌면 똑똑하지만 세상 물정에 어두운 아이들이 있어서 "선생님, '내용'이 무슨 뜻이에요?" 하고 물었을지도 모른다. 그러나 선생님은 '내용'보다 더 어려운 한자말들을 쓰면서 도무지 알아들을 수 없는 풀이를 길게 하는 바람에 아이는 기가 질려서 다시 되묻지도 못하고 그냥 지나가기로 마음을 다잡았을 수도 있다. 또 국어사전을 들추어 보아도 기가 질리기는 마찬가지다.

3.

그러고 보니 얼마 전에 읽은 글이 떠오른다. 우리나라에서 중학교 역사 선생님을 하다가 미국으로 건너가 공부를 많이 하고는 이제 거기서 대학 교수를 하는 분이 우리네 학교 교육을 걱정하며 쓴 책에서 읽은 이야기다. 그대로 옮겨 놓아 보겠다.

한국에서 중2 국사를 가르칠 때의 얘기다. 수업 시간, 삼국 시대 신라의 발전에 대해 나는 열심히 설명을 하고 있었다. 갑자기 한 학생이 손을 들었다. "선생님, '비약'이 무슨 뜻이에요?" 교과서에 소제목으로 쓰인 '신라의 비약적인 발전'이란 글귀를 보고 한 질문이었다. "누가 대답해 볼 사람?"이란 내 질문에 50명이 넘는 학생들 모두가 묵묵부답이었다. 하긴 그 질문을 내게 한 학생 자신이 그 반에서 항상 1등을 하는 학생이었고 보면 어쩌면 그 반 아이들 중 아무도 그 낱말의 뜻을 알지 못하는 게 당연했는지도 모른다. 그 당시 교사 초년병이었던 나는 '아차' 하는 깨달음과 함께, 교과서에 쓰인 내용 중 낱말 뜻을 모르는 게 있으면 언제든지 손을 들라고 아이들에게 당부했다. 그 이후 아이들의 열렬한 호응 덕분에 수업 내용보다는 교과서의 낱말 뜻풀이를 하느라 제대로 진도를 나가지 못했던 기억이 난다.[1]

중학교 2학년이 되어도 '비약'을 아는 학생이 학급에서 한 사람도 없었는데, 초등학교 2학년이 어떻게 '자음자, 모음자'를 알며

1_ 심미혜, 《미국 교육과 아메리칸 커피》, 솔, 2001, 120쪽.

'자유'와 '상상'을 알 수 있단 말인가! 미국의 교수가 된 이 분은 가르쳐야 할 역사는 제쳐 두고 어려운 한자말 뜻풀이를 하는 것으로 아이들에게 '열렬한 호응'을 받았다고 하지만, 과연 그런 뜻풀이로 사실을 얼마나 똑똑하게 알려 줄 수 있었을지 나는 모르겠다. '비약'을 제대로 풀이하느라 '새가 날듯이 훌쩍 뛰어오른다'고 해 주어도 그것으로 '신라의 비약적인 발전'이라는 말에 담긴 속뜻을 제대로 붙드는 데는 크게 도움이 되지 않았을 터이다.

사실 심미혜 교수가 그랬던 것과 마찬가지로 지난해 1학기에 우리나라 여러 초등학교 2학년 담임 선생님들도 해야 할 '쓰기' 공부는 제쳐 두고 앞에 적힌 한자말들을 풀이해 주면서 아이들에게 '열렬한 호응'을 받았을지 모른다. 그러나 아무리 그래도 아이들은 선생님의 유식함에 놀라워하였을 뿐이지 낱말의 뜻을 손아귀에 붙들지는 못했을 것이다. 한자말이란 우리가 스스로 살면서 만들어 쓴 말이 아니라 중국이나 일본에서 들여온 말인지라 거기 담긴 속살이 우리에게 속속들이 안겨들지 않기 때문이다. 중국이나 일본 사람들이 그런 낱말을 만들어 쓰면서 담아내는 저들의 삶이 우리가 살아가는 우리의 삶과는 다르기 때문에 아무리 해도 얼마간은 어름어름한 채로 붙들리지 않게 마련이다. 여러 문화 국가들이 남의 말을 들여와 쓸 적에 마음을 적잖이 쓰는 까닭이 바로 거기 있는 것이다.

4.

그러니까 우리나라의 국어 교과서라면 초등학교 2학년에게 "바른 자세로 글을 쓸 수 있다.(5쪽)" 이렇게 하기보다는 마땅히 "몸가짐을 반듯이 하고 손놀림을 올바로 하여 글을 쓸 수 있다.”이래야 한다. ‘자세’라는 말로 어름어름하게 얼버무려지던 것도 이렇게 우리말로 하면 무엇을 어떻게 하라는 것인지 똑똑하게 드러나기 때문이다. “쓰기의 중요성을 생각하며 바른 글씨로 글을 쓸 수 있다.(23쪽)” 하는 과녁도 “바른 글씨로 글을 쓰면서 쓰기가 얼마나 값진 것인지 알 수 있다.” 이렇게 해야 알기 쉬운 우리말이 된다. “글자의 모양에 주의하여 글을 써 봅시다.(30쪽)” 하는 것도 “글자의 생김새에 마음을 쓰면서 글을 써 봅시다.” 해야 비로소 코흘리개 어린이들이라도 쉽게 알아들을 수 있는 우리말이다.

그런데 우리네 국어 교과서를 만들어 내는 사람들 가운데는 “바른 자세로 글을 쓸 수 있다.” 하는 것과 “몸가짐을 반듯이 하고 손놀림을 올바로 하여 글을 쓸 수 있다.” 하는 것이 뭐가 그렇게 다르냐고 묻고 싶은 분들도 적지 않을 것이다. 오히려 뒤엣것은 시시하고 하찮으며 번거롭기까지 하지 않으냐 하는 분들이 많을 것이다. ‘바른 자세로’ 이렇게 한자말을 써야 훨씬 점잖고 품위 있는 말이 되지 않으냐고 되묻고 싶어 한다. 그러면서 아이들이 우선 힘들어 하더라도 시간을 바치고 힘을 써서 한자말을 억지로 가르쳐야 점잖고 유식한 어른으로 자란다고 생각한다. 이들보다 지식이 많고 분별력을 갖춘 학자들은 한자말도 이미 외래어로서 우리말이 되었으니 그처럼 까다롭게 따지며 편을 가르려 들지 말고 너그럽게 더불어 쓰는 것이 바람직하다고 말한다. 한자말이 들어와 덧보태졌기 때문에 보잘것없고 가난했던 우리말이 가멸지고 넉넉하며 돋보이게 되었다고 가르친다.

그러나 나는 이런 분들에게 두 가지만 물어보고 싶다. 한 가지는, 한자도 모르고 한자말도 똑똑히 모르기 때문에 말을 잘못 알아 듣거나 말소리를 제대로 못해서 유식하다는 사람들의 비웃음을 사는 그런 사람들의 마음을 헤아려 본 적이 있느냐 하는 것이다. 애초에 한자말과는 아무런 인연도 없이 태어나고 자란 어린이들이 한자말을 만나서 겪어야 하는 어려움을 헤아려 보았느냐는 것이다. 또한 가지는, 우리말의 속살이 본디 얼마나 가멸지고 넉넉하며 그윽하고 아름다운 것인지 들여다보고 살펴본 적이 있느냐 하는 것이다. 우리말의 소리와 낱말과 월의 짜임과 온갖 쓰임새가 얼마나 깊고 그윽한 세계를 담아내는지 애써 살펴본 적이 있느냐 하는 것이다. 이런 물음을 마음에 담고 꽤 오래도록 곰곰이 되새겨 보아야 초등학교 2학년 국어 교과서에 쓰인 한자말을 우리말로 바꾸어야 한다는 말의 참뜻에 가까이 다가올 수 있다.

• 국어 교과서에 쓰인 우리말 : 《우리말과 삶을 가꾸는 글쓰기》 2002년 3월호

넷. 삶터를 교과서로

교육이 앎을 키우는 일이라면 먼저 제 스스로를 알고 난 다음에 차차로 남을 알아 나가도록 해야

한다. 교육이 삶을 가꾸는 일이라면 우선 제가 발붙인 삶의 터전을 가꾼 다음에 차차로 온 세상

사람들의 삶을 가꾸도록 가르쳐야 마땅하다. 저와 제 삶의 터전을 알고 가꾸는 교육에서 출발하

여 차차로 넓은 세상을 알고 남들의 삶을 아는 교육으로 나아가는 것이다. 이것은 무슨 별나게

새로운 교육의 방법이 아니라 자연 이치에 맞는 바른 교육, 참된 교육의 길일 따름이다.

지역 언어문화와 국어 교육

1. 들머리

우리의 국어 교육이 새로운 세기를 넘어오자 드디어 지역 언어문화에 눈을 돌리기 시작했다. 이것은 참으로 반가운 일이다. 그러나 이제야 처음으로 눈을 돌린 것이기에 앞으로 무엇을 어떻게 해야 마땅한지 우리(이론가, 실천인, 관리자) 모두가 잘 모른다. 함께 애를 쓰고 생각을 모으는 자리를 자주 마련해서 길을 찾는 수밖에 없다. 그래서 오늘 나는 여기 모이신 여러분들이 앞으로 애써 길을 찾으실 것에 기대를 걸고, 국어 교육이 지역 언어문화에 눈을 돌린 것을 '참으로 반갑다'고 한 까닭이 무엇인가 하는 이야기를 잠시 해 보고자 한다.

그러자니 먼저 '지역 언어문화란 무엇인가?' 하는 물음부터 묻지 않을 수 없다. 보다시피 이 말은 '지역', '언어', '문화', 이렇게 세 낱말을 이어 놓은 것인데, 하나하나 모두가 만만치 않은 말들이다. 들어온 말들이라 뜻이 우선 어름어름하여 알 듯도 하지만 붙들려고 하면 손에 잘 잡히지 않는다. 그 가운데서 '언어'는 그래도 여기 모인 우리들에게 꽤 낯익은 말이고, 더구나 '말'이라는 우리 토박이말로 바꾸어 써도 크게 어긋나지 않아서 더욱 만만하다. 그러나 나머지 '지역'과 '문화'는 마땅한 토박이말도 없어 한결 더 어름어름하다. '지역'은 서양말 'region' 또는 'local'을 뒤치면서 일본인들이 저희들 한자로 만들어 쓰는 것을 그대로 빌렸고, '문화'는 본디 중국인들이 '글로 다스려서 가르쳐 나간다(文治教化)'는 뜻으로 썼으나 일본인들이 서양말 'culture'를 뒤치는 데 끌어와 쓰는 것을 그대로 따라서 쓴다. 그러니까 우리는 '지역'이나 '문화'라는 말의 뜻을 붙들고자 하면 어쩔 수 없이 일본과 중국의 한자말이나 서양말 쪽으로 가서 그 뜻넓이를 더듬어 밝혀내는 수밖에 없다. 그렇게 하면 우리는 마침내 우리 스스로의 생각을 저들의 생각과 삶 안으로 끌고 들어가 보태는 수밖에 없는 신세가 된다.[1]

그렇다고 지금 당장 하루아침에 우리말을 새로 만들어서 학문을 할 수는 없다. 그러니 어쨌거나 '지역 언어문화'도 서양, 일본, 중국말의 뜻을 더듬어 대강의 뜻넓이를 붙들어 놓고 다음 이야기로 넘어가야 한다. 그런데 '지역 언어문화'는 보다시피 세 낱말로 이루

1_ 이것은 작은 일이 아니다. 남의 말을 가지고 학문을 하면 아무리 피땀 흘려 애를 써도 찾아낸 사실과 논리라는 것이 마침내 남의 말 세계 안으로 끌려 들어가는 바람에 제 살과 피가 되어 삶을 끌어올리는 힘이 되기 어렵다. 이래서 서양 사람들은 일찍이 라틴 제국에서부터 어떻게든지 학문을 제 겨레말로 하려고 안간힘을 쓴 나머지 오늘날까지 세계를 이끌면서 살게 되었다. 우리라고 그런 사실에서 벗어날 수 없다. 하루빨리 학문을 우리 토박이말로 이루어 내지 못하고는 우리 스스로의 피와 살이 되고 우리네 삶을 살려서 끌어올리는 힘으로 키울 수 없는 것이 어쩔 수 없는 이치다.

어졌지만, '지역 언어'와 '언어문화'라는 두 덩이로 갈라질 수 있다. 우리가 '국어 교육'을 고민하는 마당에서 이것을 다루고자 하기 때문에 가운데 자리 잡은 '언어'를 앞뒤 쪽으로 걸어서 생각하지 않을 수 없어서 더욱 그렇다.

그렇다면 '지역 언어'란 무엇인가. 우리말 '사투리'가[2] 바로 그것이다. 그러나 애초에 '지역 언어'라고 해서 '지역'을 내세웠기 때문에 '사투리'라도 '땅과 곳'에 얽힌 사투리에 맞추고, '사람이나 집안이나 동아리'에 따라 쓰는 사투리는 싸잡지 않는 것으로 보아야 올바르다. 말하자면 '지역 언어'란 어느 '마을 사투리'나 어떤 '고장 사투리'라고 하면 뜻넓이가 가깝게 잡힌다는 말이다.

그러면 '언어문화'란 또 무엇인가. '말로 이루어진 문화'라고 하겠으나, '문화'가 서양말 'culture'로 보든지 중국말 '文化'로 보든지 뜻이 너무 넓고 어름어름해서 실로 종잡기 어렵다. 서양말 '컬처'는 조물주가 마련해 놓은 자연에 사람이 손을 넣어서 새롭게 바꾸어 놓은 것을 뜻한다. 중국말 '문화'는 한 걸음 더 나가서 그렇게 만들어 놓은 것을 '글로 적고 쌓아서 차차 더욱 밝아진 것을 뜻한다. 이

2_ 학문하는 이들은 '사투리'라는 우리말을 쓰려고 하지 않고, 중국말 '方言'을 군이 빌려 와 쓰면서 서양말 'dialect'에 담긴 뜻넓이를 담아 쓰려고 한다. 그런데 따지고 보면, 중국말 '방언'은 '한쪽 좁은 땅 안에서만 쓰이고 여러 곳에 두루 쓰이지 못하는 토속어'를 뜻하지만, 서양말 '다이얼렉트'는 '동아리 안에서 남다르게 쓰는 말'이라는 뜻인지라 꼭 '좁은 땅'에만 쓰는 말이 아니다. '좁은 땅에 갇힌 말(regional, local dialect)'이 물론 중심이지만 '신분이나 계층 같은 동아리에 갇힌 말(class dialect)'이라든지 심지어 '개인이 남달리 쓰는 말(idiolect)'까지 싸잡아서 쓴다. 그러니 '방언'이라는 말은 우리 학문하는 이들이 이미 많이 썼지만 담긴 속뜻을 붙들려면 중국말과 서양말 사이에서 어름어름하지 않을 수 없다. 이래서 우리말 '사투리'를 그대로 살려 썼으면 한다. 우리 겨레가 오래도록 써 온 말이라 뜻넓이가 헷갈리지도 않을뿐더러 우리말로 학문하는 길을 여는 몫도 있기 때문이다.

른바 '문명(글로 말미암아 세상 이치가 환하게 밝아지고) 진보(삶이 앞으로 나아갔다)'라는 뜻이다. 그러니 '말로 이루어진 문화'라는 것을 대충 '말로써 자연을 새롭게 바꾸고 이치를 또렷이 밝혀 삶을 나아지게 한 것들' 쯤으로 뜻매김할 수 있다.

이래저래 '지역 언어문화'라는 말은 똑똑하게 붙들어 알기가 어렵다. 그러나 이만큼 해서 '어느 마을 사투리나 어떤 고을 사투리로써 자연을 바꾸고 이치를 밝혀 삶을 나아지게 한 것들' 쯤으로 매김해 보는 자리까지 왔다. 간추릴 수 있다면 '마을이나 고을의 사투리로써 이루어 낸 삶' 쯤이 되겠다. 나아가 '고을'은 '마을'을 여럿 묶으면 되니까 '마을'을 알맹이로 본다면, 드디어 '지역 언어문화'의 알맹이는 '마을 사투리로 이루어 낸 삶'으로 좁혀질 수 있을 듯하다.

그런데 '마을 사투리'를 우리가 왜 일컫는 것인가. 한마디로 일상 안에 살아 숨 쉬고 있는 우리말의 뿌리를 붙들어야 하기 때문이다. 우리가 쉽사리 '국어'라고 하지만 그것의 실체를 잡으려면 국민 한 사람 한 사람이 쓰면서 살아가는 말을 모두 붙잡아야 하기 때문에 난감하다. 게다가 말이란 혼자 쓰는 것도 아니기에 동아리를 바탕으로 삼아서 붙들어야 한다. 그런데 동아리의 첫 세포는 가정이지만 가정은 핏줄로 묶였기에 참다운 동아리라 하기 어려워 참된 뜻으로 첫 동아리는 마을이다. 그래서 마침내 '마을 사투리'는 살아 숨 쉬는 국어의 맨 첫 바탕, 곧 국어의 뿌리 바로 그것이다. 오늘 우리가 마을 사투리를 이야기하는 까닭은 바로 이렇게 살아 숨 쉬는 우리말의 뿌리와 바탕을 붙들고 그것으로 국어 교육을 시작해야 하겠다는 깨달음을 얻었기 때문이다.

2. 학교 교육을 되돌아보면

국어 교육이 지역 언어문화 쪽으로 눈을 돌린 것은 "참으로 반가운 일이다." 하고 말한 까닭은 뿌리가 몹시 깊다. 까닭이 뿌리 깊다는 것은 국어 교육이 여태 지역 언어문화에 눈을 돌린 적이 없었다는 데에 말미암는다. 그런데 국어 교육이 지역 언어문화에 눈을 돌린 적이 없었다고 했지만 사실 우리네 국어 교육이란 것이 본디 나이가 너무 어린데 웬 뿌리가 깊단 말이냐 할 수도 있다. 그래서 오늘 우리의 주제를 벗어날까 두렵지만, 국어 교육을 싸잡는 학교 교육으로 눈길을 넓혀 보아야 한다. 지난날 우리네 학교 교육이 '지역 언어문화', 곧 '마을 사투리'를 어떻게 다루었던 것인지 되돌아보면 '반가움의 깊이'를 절로 헤아릴 수 있을 것이다.

알다시피 우리의 학교 교육은 고구려의 태학(소수림 2, 372)과 신라의 국학(신문 2, 682)에서 비롯하는 것이다. 물론 고구려의 경당과 신라의 화랑·원화와 백제의 박사 같은 것들도 학교 교육으로 이야기해 볼 수 있겠지만 서슴없이 말할 만한 자료가 너무 없다. 고구려의 태학도 누구에게 무엇을 어떻게 교육했는지 알 길이 없기는 마찬가지나 그보다 30여 년 앞서 중국에서 태학을 세우고 유학 교육에 힘썼다는 사실을 떠올리면 중국 것을 본떴으리라는 짐작을 하기는 어렵지 않다. 그리고 신라의 국학에서 고려의 국자감과 조선의 성균관으로 이어진 학교 교육의 겉과 속은 우리가 꽤 환히 안다. 그밖에 고려의 십이 공도와 조선의 향교와 서원과 서당으로 이어진 사설·지방의 학교 교육도 웬만큼 그 겉과 속을 알고 있다. 그러면 우리가 겉과 속을 꽤 알고 있는 학교 교육, 그러니까 신라의 국학에서 비롯하여 조선이 무너지던 19세기 마지막의 서당까지 천수백 년 동안 이어져 내려온 우리네 학교 교육에서 '지역 언어문화'를 어떻게 다루었던가? 한마디로, 아예 거들떠볼 마음조차 먹지 않았다.

알다시피 신라의 국학에서는 요샛말로 공통 필수 과목을 《논어》와 《효경》으로 잡고, 세 가지 계열에 따라 《예기》와 《주역》, 《좌전》과 《모시》, 《상서》와 《문선》을 가르쳤다. 모조리 중국글로 쓰인 중국 사람의 삶, 곧 중국 사람의 철학, 사상, 윤리, 역사, 문학만을 가르친 것이다. 우리의 지역 언어문화는커녕 우리 겨레가 살아오면서 깨달은 삶의 자취는 거기에 얼씬도 하지 못했다. 이런 학교 교육의 전통은 왕조가 바뀌고 지배 계층 사람들의 성격이 달라져도 그대로 굳게 지켜졌다. 심지어 광복한 뒤에 자취만 남았던 시골 서당에서조차 우리네 삶을 교과목으로 삼지 않기는 마찬가지였다. 우리 마을의 마지막 훈장은 학문이 높지 못해 '삼경'은 물론이고, '사서'에서도 《중용》과 《대학》을 가르치지 않았다. 나는 그나마 경전을 배우는 고급까지 올라가 보지도 못하고 《소학》과 《통감》을 배우다가 그만두었는데, 초급에서는 《천자문》을 뗀 다음 《동몽선습》과 《추구》를 거쳐 《명심보감》을 배웠다. 알다시피 초급에서 배우는 《동몽선습》과 《명심보감》은 우리나라 사람들이 만든 책이지만, 거기에도 우리 겨레가 나날이 살아가는 삶의 현실은 눈을 씻고 찾아도 없었다.

《천자문》에 발을 들여 놓으면서 중국 글자와 중국 글말을 따라 중국 사람들의 정신 안으로 끌려 들어가기 비롯하여 공부를 하면 할수록 그쪽으로만 파고들도록 되어 있었다. 그러니 몸과 마음이 함께 제 자신과 제 마을과 나라와 겨레를 버리고 공부한 만큼에 비례하여 중국을 우러러보며 그쪽으로 따라가지 않을 수 없었다. 이런 교육으로 안간힘을 다하여 중국을 따라잡겠다던 사람들도 400~500년의 세월을 지나 고려 후반으로 넘어온 뒤로는 그만 '작은 중국(소중화)'으로 만족하기에 이르렀다. 아무리 해도 저들을 따라 잡을 수 없다는 사실을 터득했기 때문일 터이다. 제 것은 내다 버리고 남의 아류로 사는 것을 자랑스럽게 여기는 자리에서 주저앉고 말았으니 참으로 부끄럽고 안타까운 노릇이다.

그러다가 마침내 하늘 아래 가장 위대한 세상인 줄로만 알던 중국이 서양 사람들 앞에 무릎 꿇고 무너지는 꼴을 지켜보게 되었다. 말할 수 없는 충격을 받고 혼란에 빠질 수밖에 없었다. 그런 충격과 혼란이 불러일으킨 소용돌이를 제대로 가누지 못하고, 서양 물결을 앞서 등에 업은 일본 사람들에게 나라를 빼앗기는 신세로 떨어졌다. 수천 년 동안 우리가 문화를 건네주며 가르친 일본에게 나라를 송두리째 빼앗기고 종살이를 하게 된 역사는 우리 겨레가 이 땅에 발붙여 살아온 기나긴 세월에서 가장 비참하게 굴러떨어진 자리였다. 그러는 소용돌이에서 우리네 학교 교육도 이른바 '신식 학교'라는 것으로 일본과 서양을 본떠 문을 열었던 것이다.

이들 신식 학교에서는 무엇을 어떻게 가르쳤는가? 우리의 '지역 언어문화'를 얼마나 다루었던가? 한마디로, 나라에서 맨 처음으로 세운 신식 학교가 외국어 학교였다는[3] 사실로도 그 대답을 가늠하기 어렵지 않다. 게다가 나라에서 그보다 훨씬 마음을 쓰고 준비

3_ 독일 사람 묄렌도르프가 '통리교섭통상사무아문' 협판으로 앉으면서 그 '통상아문'의 부속 기관으로 1883년에 세운 '동문학(同文學)' 또는 '통변학교(通辯學校)'를 말한다. 거기서는 '영어'와 '일어'와 '서국필산'을 가르쳤다.(손인수, 《한국개화교육연구》, 일지사, 1980, 39쪽)

를 해서 세운 육영공원의[4] 산파 노릇을 한 민영익(1860~1914)이 학교를 세우기 바로 앞서 보빙 대사로 미국을 다녀와 했다는 다음 말에서도 우리 신식 학교의 교육을 짐작할 수 있다. "나는 암흑계에 나서, 광명계에 갔다가, 또다시 암흑계로 돌아왔다." 이래서 암흑계에 헤매는 사람들에게 밝은 빛을 가르치려 한 육영공원은 아예 교사부터 미국에서 모셔다가 영어, 자연과학, 수학, 경제학, 지리를 가르쳤다. 세상이 중국 밖에도 넓다는 사실을 알려서 눈을 뜨게 하고 새로운 시대를 살자면 알아야 할 기본을 가르쳤다 하겠으나, 보다시피 우리의 삶을 돌아보는 공부는 터럭만큼도 없었다. '암흑계'는 한시바삐 벗어나야 할 세계일 뿐이고, 이를 악물고 '광명계'로 나아가야 한다는 것이 신식 학교가 겨냥하는 길이었기 때문이다. 지난날 중국을 바라보고 따라가던 방향을 미국과 서양 쪽으로 바꾸어 다시 제 것을 버리고 남을 좇아가야 한다고 재촉하였다.

신식 학교에서 닦은 이런 길은 일제의 침략 교육에서 더욱 넓혀지고 다져졌다. 물론 '국어 및 한문',[5] '본국 역사'와 '본국 지리' 같은 교과목이 있어서 우리의 삶을 돌아보게 했다고 여길 수도 있지만, 그건 아니다. 오히려 이런 교과목을 가지고 우리네 삶이 얼마나 어둠에 쌓여 있었으며 하잘 데 없는 것으로 가득했던가를 가르쳤다. 일제는 어처구니없게도 우리를 영구히 저들의 지배 아래 두려고 꿈꾸었기 때문에 어떻게 해서든지 우리의 지난날을 버리고 저들

4_ 육영공원(育英公院)은 1886년에 문을 열어 8년 뒤인 1894년 갑오개혁으로 비롯하는 '신학제'에 따라 문을 닫았다.
5_ 침략이 본 궤도에 올라 총독부를 차리자 '일어'를 '국어'로 둔갑시키고, 이 과목은 '조선어'로 떨어졌다.

을 따라오라고 억지를 부렸다. 그래서 할 수 있는 데까지 우리 삶의 값진 것들을 찾아 나쁜 쪽으로만 바라보게 만들었다. 우리의 풍속과 역사와 문학과 예술을 연구한다고 하면서 한결같이 그들이 끌어내는 결론은 지난날의 그것들이 바람직하지 않았다는 것이었다. 그런 연구가 고스란히 학교 교육의 교과목을 채우게 한 것은 말할 나위도 없다. 학교 교육을 받으면 받을수록 몸과 마음이 제 스스로와 고향과 나라와 겨레를 버리고 일본을 따라가도록 만들었다. 왕조시대에 중국을 바라보고 따라가던 방향을 일본 쪽으로 바꾸었을 뿐, 제 것을 버리고 남을 좇아가는 길은 한결같은 그것이었다.

학교 교육의 이런 길은 아직도 끝나지 않았다. 일제를 몰아내고 반세기를 넘겼지만 우리네 학교 교육은 여태 남을 좇아가는 길을 돌이키지 못하고 있다. 일제가 물러간 자리에 미국이 들어와 자리 잡고, 저들의 힘에 군사와 정치와 경제에 빚을 지는 처지가 되면서 교육을 싸잡은 문화 모두가 저들의 손아귀에 들어간 꼴이다. 그러니 국어 교육이라는 것을 이제야 우리 손으로 해 본다고 하지만, 알고 보면 우리 국어 교육의 틀은 애초에 미국의 것이라 해도 지나친 말이 아니다. 겉으로 드러나는 틀뿐만 아니라 속살과 알맹이조차 저들의 것을 본떠다 놓고 글자와 말만 우리 것으로 하면서 그것을 국어 교육이라고 여겼다.

짧지 않은 세월에 걸쳐 이처럼 얼을 빼앗긴 채 살아오고 우리네 삶을 업신여기며 돌아보지 않는 학교 교육을 해 왔는데, 광복한 뒤의 우리네 국어 교육이라 한들 어찌 우리의 '마을 사투리'에 눈길을 돌릴 수 있었겠는가. 오늘 국어교육학회에서 연구의 주제를 '지역 언어문화와 국어 교육'으로 잡고 '마을 사투리' 쪽으로 눈을 돌린 것은 이래서 예사로운 일이 아니다. 들머리에서 '참으로 반가운 일'이라고 말한 까닭의 뿌리는 이처럼 깊다.

3. 국어 교육을 되돌아보면

광복한 다음에 우리 손으로 해 온 국어 교육조차 미국의 틀 안에 갇혀 버렸다는 말에 놀라고 못마땅히 여길 사람들이 있을 줄 안다. 그런 분들에게는 놀라움을 풀어 드리는 것이 도리지만, 시간이 넉넉하지 않다. 우선은 우리가 말과 말꽃이 무엇인가를 생각하는 것에서부터 서양의 틀에 의지했고, 국어 교육의 터전을 가늠하는 얼개를 마련하는 일 또한 미국의 틀에 기댔다는 사실은 누구나 아는 것이니 그것으로 미루어도 좋지 않을까 한다. 그리고 아직도 우리 국어 교육에서 말이건 말꽃이건 이론을 세우는 사람들이 미국 사람들에게서 눈을 떼려 하지 않는다는 사실도 너나없이 알고 있다고 본다. 그런 바탕 위에서 나는 우선 우리 국어 교육이 우리말과 우리말의 뿌리를 얼마나 돌보지 못하고 지냈는가를 잠시 짚어 보지 않을 수 없다.

1) 토박이말을 돌보지 못한 국어 교육

광복한 뒤로 지난 반세기 동안 우리 손으로 해 온 국어 교육에서도 우리 토박이말은 예나 다름없이 몹쓸 푸대접을 받았다. 한자와 한문을 가르치는 교과목을 따로 세운 지가 30년이 된 오늘, 제7차 교육과정의 국어 교과서까지도 한자와 한자말을 가르치라는 주문은 빠뜨리지 않고 챙겨 온다. 그러면서도 우리 토박이 낱말을 올바로 가르치라는 주문은 여태까지 다만 한 차례도 해 본 적이 없다. 우리 토박이말이니까 가르치지 않아도 모두들 잘 알아서 그랬을까. 결코 그렇지는 않다고 본다. 아래에 보인 몇 가지 보기만으로도 토박이말이니까 모두들 잘 알아서 그랬다는 말은 거짓이라는 것이 절로 드러날 것이다. 토박이말은 시시하기 때문에 배우고 가르칠 것이 못 되고 한자와 한자말은 거룩한 것이기 때문에 똑똑하게 배우고 가르쳐야 한다는 생각, 이 뿌리 깊은 골병에 짓눌려 우리 모두가 바보처럼 의식도 없이 그렇게 해 온 것이라고 본다.

(1) 뜻가림을 잊어버림

조국 분단, 남북 전쟁, 군사 정변, 산업 개발, 외세 종속, 이처럼 세월이 소용돌이치는 사이에 국어 교육이 돌보지 않은 탓으로 토박이 낱말의 뜻가림은 더욱 뒤죽박죽이 되어 버렸다. 국어사전이라는 것들이 여럿이지만 어느 것 하나 우리 토박이 낱말을 제대로 살펴서 속살을 드러내는 뜻풀이를 해 놓은 것이 없다.[7] 우선 다음에 보인 몇몇 낱말들만이라도 여러분들이 스스로 뜻가림을 한번 해 보기 바란다.

이름씨 : '얼'과 '넋' / '때문'과 '까닭' / '속'과 '안'
움직씨 : '쉬다'와 '놀다' / '뛰다'와 '달리다' / '싸우다'와 '다투

6_ 제3차 교육과정에서 한자·한문 교육을 위하여 '한문' 과목을 따로 세웠다. 교육과정을 따로 만들고, 교과서도 물론 따로 만들어서 이제까지 교육을 해 왔다. 제3차 교육과정을 만들어 내놓은 때가 중학교 것은 1973년 8월 21일, 고등학교 것은 1974년 12월 31일이었으니 벌써 거의 30년이 다 되었다.

다'와 '겨루다'

그림씨 : '틀리다'와 '다르다' / '기쁘다'와 '즐겁다' / '무섭다'와
'두렵다'

어찌씨 : '아주'와 '매우'와 '몹시'와 '너무' / '사뭇'과 '자못' /
'제법'과 '꽤'

뜻가림을 하겠다고 큰소리치며 나설 사람이 얼마나 될까? 나는
요즘 듣는 말에서나 읽는 글에서 이런 토박이 낱말들을 제대로 쓰
는 사람을 거의 만나지 못한다. 온통 뒤죽박죽 쓰고 있기 때문이다.
외국에서 찾아온 유학생들이 우리말을 배우면서 어리둥절해 가지
고 묻기까지 한다. 낱말은 틀림없이 다른 낱말인데 쓸 적에는 뒤섞
어 쓰고 있으니 어떻게 되는 것이냐고 물어 오는 것이다.

벌써 여러 해 전부터 국영 방송의 공식 보도에서까지 '무덥다'
는 말을 엉터리로 쓰고 있다. 한여름 뙤약볕이 내리쬐며 바짝 마르
게 더운 날씨인데 '몹시 무덥다'는 것이다. 무더운 것은 비가 오려
고 기압이 떨어지면서 후덥지근하게 더운 것이다. 공기 속에 물기
가 많아서 끈적끈적하고 견디기 힘든 더위, 그것이 무더운 것이다.
무덥다는 낱말이 '물+덥다'로 이루어진 것인지라 그런 것임은 두

7_ 그처럼 깜깜하던 일제 침략 시절에 조선어학회라는 작은 모임의 사람들이 피로써 마련한
원고를 광복 다음에 가다듬어 10년(1947~1957)에 걸쳐 펴낸《우리말 큰사전》여섯 책은 자
랑할 만한 것이다. 그러나 그때에는 온 나라 곳곳에서 백성들이 나날이 주고받는 입말을 알
뜰히 찾아 실을 수 있는 세월이 아니었다. 그밖에도 그보다 앞서거나 뒤서거나 여러 사전들
이 나왔고, 나라에서도 국어연구원을 차려 적지 않은 돈을 넣어서 국어사전을 만들었지만,
마을마다 기나긴 세월에 걸쳐 살아오는 사람들이 날마다 주고받으며 사는 입말을 찾아 모
아서 실은 사전은 하나도 없다.

말할 나위조차 없다. 국어 교육이 우리 토박이말을 돌보지 않아 이처럼 나날이 온 국민이 두루 쓰는 낱말조차 뜻가림을 하지 못하는 지경에 이른 것이다.

(2) 넉넉함과 보배로움을 잊어버림

이름 있다는 시인이나 국어학자들조차 우리 토박이말은 낱말이 모자란다는 소리를 쉽게 한다. 그러면서 흔히 국어사전을 들먹인다. 국어사전을 들여다보면 한자어가 70%를 넘고 토박이말은 우리 국어 낱말의 3분의 1에도 못 미친다는 것이다. 참으로 어이없는 소리지만 세상 사람들은 그런 소리를 곧이듣고 그런가 보다 하기 십상이다.

그러나 그것은 국어사전이 엉터리라서 그렇다. 국어사전이라고 하면서 글자로 적힌 것은 낱말도 아닌 것들까지 모조리 찾아서 실어 놓고, 온 겨레가 나날이 눈만 뜨면 입으로 주고받는 입말은 찾아 실으려고 마음도 먹지 않았기 때문이다. 사전이란 본디 입으로 주고받는 입말들을 찾아 모아서 글자로 적고 풀이하는 것이라야 하지만, 우리네 국어사전은 어느 하나도 그렇게 마련한 것이 없다. 글자로 적힌 것이면 쥐나 개나 보이는 대로 빠짐없이 실어 놓고, 심한 것들은 일본말 사전에서 한자말을 베끼다시피 하면서도, 우리 겨레가 눈만 뜨면 입으로 주고받는 입말들을 찾아 실으려 애쓰지는 않았다. 그래서 그 7할이라는 한자말에는 우리 겨레 7000만 사람이 죽을 때까지 오직 한 차례도 입에 올려 볼 수 없는 것들이 수두룩하다.[8] 이런 엉터리 국어사전들과는 달리 우리 토박이 낱말은 참으로 넉넉하고 종요롭고 푸짐하다. 학문한다는 사람들은 언제나 눈길조차 주지 않고 업신여겨졌지만 백성들의 삶과 더불어 튼튼하게 살아 있었다. 우선 말의 뼈대인 이름씨와 움직씨만 잠시 보아도 그런 줄을 넉넉히 알 수 있을 것이다.

씻나락 → 볍씨 → 모 벼 → 짚 → 북데기
　　　　 → 나락 → 찐쌀
　　　　　 → 우케 → 왕겨 → 등겨
　　　　　 → 뉘
　　　　　 → 쌀→싸라기→밥→메
　　　　　　　 →고두밥
　　　　　　　 →흰죽→ 미음

　여기 보인 것은 '쌀'과 얽혀 있는 낱말들이다. 모르긴 하지만 세상에 이만큼 여러 가지 낱말로 쌀의 세계를 속속들이 드러내는 겨레가 많지 않을 것이다. 어찌 쌀뿐이겠는가. 자연 안에 흩어져 있는 온갖 풀, 꽃, 나무, 열매, 벌레, 고기, 짐승, 이런 것들의 이름을 우리 토박이말 만큼 많이 만들어 쓰는 말이 없을 듯하다. 자연만 그런가. 사람이 만든 물건들의 이름도 마찬가지다. 농사짓고 고기잡이하는 데 쓰는 물건에 붙은 이름들을 살펴보면 쉽게 알 수 있다.

8_ 일테면, 국립국어연구원에서 1999년에 펴낸 《표준국어대사전》에는, 가(加), 가(可), 가(枷), 가(家), 가(笳), 가(脬), 가(買), -가(哥), -가(家), -가(假), -가(街), -가(歌), -가(價), 이런 한자들이 모두 우리 낱말로 자리잡고 있다.

밥을 하다. / 메를 짓다. / 죽을 쑤다. / 국을 끓이다. / 뼈다귀를 고다. / 떡을 찌다. / 감자를 삶다. / 나물을 데치다. / 약을 달이다.

우리말에서는 어떤 것을 물과 함께 솥에 넣어서 불을 때고 삶는 노릇을 이처럼 여러 가지 낱말로 다르게 쓴다. 움직씨는 움직임을 나타내는 말이라고만 한다면 이처럼 여러 가지 낱말로 달리 쓸 까닭이 없을지도 모른다. 모두가 비슷한 움직임이기 때문이다. 그러나 우리는 물과 함께 '솥에 넣는 것'에 따라 낱말을 저마다 다르게 쓰는데, 그만큼 우리 겨레는 움직임의 속내를 속속들이 알아보고 느끼며 살아가는 사람들이라고 할 수 있다. 알다시피 우리말은 마지막에 나오는 풀이말이 열쇠다. 마지막 풀이말이 이제까지 해 놓은 말을 모두 싸잡아서 마침내 마무리를 하기 때문이다. 그런 풀이말은 그림씨와 움직씨가 거의 맡는데, 우리말에는 움직씨와 그림씨가 그렇게 소중한 만큼 신비롭고 가멸지다.

말이란 마음이 있는 곳에서 생겨나게 마련인 것이지만, 낱말이 가멸지고 넉넉하다는 것은 그만큼 우리 겨레의 말 만드는 능력이 뛰어나다고 할 수 있다. 그러니까 어느 쪽에 우리의 토박이 낱말이 모자란다면 여태까지는 그쪽에 마음을 주지 않고 살았기 때문이다. 이제부터라도 세상이 바뀌어 그쪽으로 마음을 두고 살아가면 겨레의 얼에 자리 잡은 말 만드는 힘이 얼마든지 새로운 낱말들을 만들어 낼 수 있다. 이렇게 사람의 마음을 곳곳으로 이끌고 말 만드는 힘을 북돋워서 삶의 온갖 구석구석에 낱말이 넉넉하게 하는 일이야말로 국어 교육의 몫이 아닐 수 없다.

2) 말의 뿌리를 돌보지 못한 국어 교육

말은 푸나무와 같아서 뿌리가 있고 줄기와 잎이 있고 꽃과 열매가 있다. 그러니까 말을 이야기하고 말을 다루려면 마땅히 뿌리에서 줄기와 잎, 꽃과 열매로 나아가며 빠짐없이 살펴야 한다. 그런데 우리는 말의 뿌리와 줄기와 잎은 제대로 거들떠보지 않은 채로 꽃과 열매에만 마음을 빼앗겨 있었다.[9] 이러니 말을 잘 가꾸고 좋은 열매를 거두려고 하는 국어 교육일지라도 먼저 말의 뿌리를 북돋우며 잘 돌보아야 한다는 이치를 알 수 없었다. 그래야 한다는 이치를 몰랐으니 그런 쪽으로는 마음을 쓰지 못했을 뿐만 아니라 눈을 돌리지도 못했다. 우리네 국어 교육이 돌보지 못한 말의 뿌리 쪽으로 조금만 눈을 돌려 보면 우리가 얼마나 값진 구석들을 돌보지 못했는지 쉽게 헤아릴 수 있다.

(1) 소리

말의 뿌리는 소리다. 말이란 본디 음절은커녕 음소조차 흐릿하게 조짐만 나타나던 소리 덩이에서 비롯해 차차 자라난 것이다. 음소와 음절이 또렷한 소리로 자라면서 한결 또렷하고 복잡한 뜻을 담을 수 있는 말이 되었다. 한 사람에게서는 어린 애기의 옹아리로

9_ 아마도 서양의 학문을 본뜨면서 그리 된 듯하다. 서양 사람들은 일찍이 말의 뿌리와 줄기와 잎을 살피며 가꾸어 놓았기 때문에, 우리가 서양 학문을 본뜨며 따라온 지난 세기에는 말의 꽃과 열매에만 매달려 있었던 것이다. 우리가 서양을 본뜨고 배우면서 우리네 처지를 깊이 헤아렸다면 마땅히 저들이 말의 뿌리와 줄기와 잎을 살피며 가꾸던 그 옛날을 배워야 했으나 그러지 못하고, 오늘날 저들이 꽃과 열매에 매달려 있으니 우리도 저들을 본떠 꽃과 열매에만 매달리면 되는 줄로 여기고 있다.

부터 차차로 자라나면서 또렷한 말을 하는 것이고, 인류에게서는 수백만 년 전에 짐승의 무리를 벗어나 사람으로 뛰어오르던 그때의 울부짖음으로부터 기나긴 세월을 지나며 점점 복잡한 말을 부려 쓰게 된 것이다.

① 소리는 사람마다 제 것이고 사람됨을 드러낸다.

그래서 말의 소리는 사람됨의 모든 것을 담아낸다. 우선 사람의 말소리는 핏줄에 담긴 징표를 드러낸다. 목소리가 얼마나 숨길 수 없는 내림인가는 누구나 일상에서 자주 경험하는 일이다. 전화를 걸었다가 전화를 받는 사람의 부자나 모녀를 잘못 알고 이야기하는 경험은 누구에게나 흔한 일일 터이다. 아버지 어머니의 목소리는 고스란히 딸과 아들에게로 내림을 해서 말의 소리는 핏줄을 속일 수 없는 것으로 도장을 찍어 놓는다. 그만큼 말의 소리는 사람의 사람됨을 뿌리째로 담아내는 것이다.

그리고 사람의 말소리는 뜻으로 헤아릴 수 없는 느낌과 마음을 속속들이 남김없이 담아낸다. 알다시피 사람의 말소리는 말할 수 없이 복잡한 높낮이와 셈여림과 길짧음의 흔들림으로 이루어진다. 그런데 그처럼 가늠할 수 없을 만큼 갖가지 모습으로 흔들리는 목소리는 저마다 느낌과 마음 사정을 담아내는 장치다. 기뻐함, 성냄, 슬퍼함, 즐거워함, 사랑함, 미워함, 두려워함, 이른바 칠정이라는 느낌은 뜻이 담긴 낱말을 골라 쓰는 것으로 담아내기 어렵다. 뜻보다는 먼저 목소리의 높낮이, 셈여림, 길짧음을 바탕으로 한 온갖 소리의 흔들림으로 드러내게 마련이다.

② 소리와 견주어 글자는 사람됨에서 멀리 따로 떨어져 있다.

글자는 사람의 핏줄에 담긴 징표를 담을 수 없고, 느낌이나 마음의 흔들림을 드러내기 어렵다. 그것은 사람의 몸과 마음 안에서 자연으로 나온 것이 아니라 바깥에서 인공으로 마련한 것이기 때문이다. 그러니까 글자로 말을 담아서 글말이 되면 소리는 모조리 떨어져 나가 버리고 메마른 뜻만 담겨 있는 것이다. 그래서 사실 글말이란 온전한 사람됨의 터전은 많이 잃어버리고 앙상한 정신의 뼈로서만 드러나는 것이라 할 수 있다.

③ 소리는 땅에 뿌리내려 있지만 글자는 하늘에 떠 있다.

말의 소리는 사람에게서 나오지만 자연 풍토에서 나오는 것이기도 하다. 사람이 발붙여 살아가는 터전인 뭍과 바다에 따라 말의 소리가 달라진다. 뭍이라 해도 뫼와 들과 내에 따라 말의 소리는 달라지고, 뫼의 높낮이와 거세기, 들의 넓기와 기름지기, 내의 크기와 흐름, 이런 자연 풍토의 모습과 속살이 사람의 말소리를 다르게 만들어 낸다. 바다라 해도 바닷가인지 섬인지에 따라 말의 소리는 달라지고, 바닷가라도 동해안과 서해안과 남해안은 말의 소리를 달라지게 한다. 해안이 밋밋하고 툭 터졌는지 부드럽게 굽이쳐서 들쭉날쭉한지 섬들이 흩어져 호수 같은지에 따라 말의 소리가 달라지기 때문이다.

그러니까 말의 소리는 사람들이 뿌리내려 사는 터전으로서의 환경과 풍토에서 일어나는 자연 현상이다. 그것은 같은 터전에 몸 붙여 살아가는 사람들의 동아리와 떨어질 수 없는 하나의 생명체다. 이처럼 같은 터전에 몸 붙여 살아가는 동아리의 말을 사투리라 부른다면, 사투리는 삶의 터전에 뿌리내려 살아 있는 말의 소리에 말미암는 것이다. 한 사람의 사투리, 한 집안의 사투리, 한 마을의 사투리, 한 고을의 사투리, 이런 사투리야말로 삶의 터전인 환경과 자연에 자리 잡은 말의 고향이다. 이들 온갖 뜨레의 사투리들이 넉넉하고 가멸지면 저절로 겨레와 나라의 말이 넉넉하고 가멸지게 되는 것은 말할 나위도 없다.

소리에 견주어 글자는 뿌리내려 싹트고 자라난 터전이 없다. 글자는 온갖 풍토에서 자라난 소리의 갖가지 모습들을 하나로 뭉뚱그려 나타내는 기호다. 그것은 살아 있는 목숨이 아니라 하나의 관념이고 추상이다. 그래서 글자에다 말을 담아 글말이 되면 살아 있던 말의 터전에서 싹트고 자라난 삶의 숨결은 떨어져 나갈 수밖에 없다. 삶의 숨결을 담고 싶어 애를 쓰더라도 소리에 말미암는 온갖 느낌과 맛을 글말로서는 도저히 그대로 담아낼 수가 없다.

(2) 입말

입말은 사람이 동물계에서 벗어나 정신의 세계로 뛰어오르던 그날부터[10] 비롯했을 것이다. 사람이라는 정신의 존재가 나타나던 순간부터 입말로 삶을 이끌었으리라는 말이다. 뿐만 아니라 앞으로 사람이 존재하는 마지막 그날까지 입말은 사라지지 않을 것이다. 입말의[11] 운명은 사람의 존재와 더불어 서로 떨어질 수 없는 하나라는 뜻이다.

우리보다는 훨씬 글말 문화에 많이 젖어 살아오는 미국 사람들

10_ 떼이아르 드 샤르댕은 빛이라는 에너지에서 비롯한 우주의 진화 과정을 지질 단계(geosphere)에서 생명 단계(biosphere)를 거쳐 정신 단계(noosphere)로 나아왔다고 한다. 그리고 정신 단계의 비롯을 300만 년 이전에 이루어진 사람의 출현이라고 말한다.(이문호, 〈떼이아르 드 샤르댕 연구〉, 《허유 하기락 박사 회갑 기념 논문집》, 형설출판사, 1972.)

도[12] 말살이에서 글말살이는 기껏 25%에 지나지 않고 입말살이가 75%라는 조사 보고가 나와서 널리 알려졌다.[13] 우리네 나날의 말살이를 조사한 보고는 없지만 입말살이가 저들보다 훨씬 더 많으리라는 사실은 짐작하고도 남는 일이다.

① 말하고 듣는 힘을 키우는 길로 들어서지 않았다.

그런데도 우리는 여태 국어 교육에서 입말의 힘, 곧 말하고 듣는 힘을 키우는 길로 들어서지 못했다. 교육과정 안에서는 처음부터 그것을 키워야 한다고 해서 이미 반세기를 지났지만 교실에서는 여태도 그런 힘을 키우는 걸음을 떼 놓으려 하지 않는다. 제5차 교육과정부터는 교과서에도 입말을 다루도록 마련해서 입말의 힘을 키우자고 했지만 교실에서는 그것도 시늉만 내면서 지나가고 있는 실정이다. 왜 이럴까? 까닭이야 얽히고설켰겠지만 무엇보다도 교사가 길을 모르기 때문이라고 본다.

말하고 듣는 힘을 키우려면 어쩔 수 없이 학생들에게 말하고 듣는 훈련을 거듭해야 한다. 그러자면 먼저 학생들에게 말하고 듣는

11_ 물론 여기서 말하는 입말을 얼마 만큼 복잡하고 섬세한 뜻을 담아낼 수 있는 것으로 보는가에 따라 비롯한 때는 크게 달라질 것이다. 그래서 어떤 이들은 '호모 하빌리스' 때로부터, 어떤 이들은 '호모 에렉투스' 때로부터, 어떤 이들은 '호모 사피엔스' 때로부터 입말을 썼다고 주장한다.

12_ 알다시피 월터 옹은 지구 위의 사람들을 입말 문화(Orality)와 글말 문화(Literacy)의 두 갈래 문화 모둠으로 가르고 있는데(이기우·임명진, 《구술문화와 문자문화》, 문예출판사, 1995.), 미국을 포함하는 서양 사람들은 글말 문화에 들어가고 우리 겨레는 입말 문화에 들어가는 것으로 보아야 마땅하다.

13_ 이미 해묵은 조사 보고지만, 랜킨은 듣기 45%, 말하기 30%, 읽기 16%, 쓰기 9%라 해서 입말이 75%이고 글말이 25%라 했다. 랄프는 듣기 42%, 말하기 32%, 읽기 15%, 쓰기 11%라 해서 입말을 74%라 하고 글말을 26%라 했다.(노명완·박영목·권경안, 《국어과 교육론》, 갑을출판사, 1988, 139~140쪽.)

기회를 만들어 주어서 말하고 들을 수 있도록 말하기판을 마련해야
한다. 그런데 그것은 책이나 칠판과 분필이나 환등기나 파워포인트
같은 교재들로 이루어지는 일이 아니다. 그것은 온전히 교사의 마
음과 몸으로 마련해 나갈 수밖에 없는 일이다. 학생들의 입에서 말
을 끄집어내고, 학생들의 귀로 말이 들어가도록 하고, 학생들의 입
에서 나온 말을 그대로 기억했다가 나중에 바로잡아 주고, 학생들
의 귀로 들어간 말을 다시 끄집어내서 바로잡아 주어야 하는데, 그
런 일은 처음부터 끝까지 교사가 몸과 마음으로 할 수밖에 없는 것
이다. 말은 쉽지만 사실 그런 일을 교육답게 제대로 하자면 교사의
능력이 여간 아니라야 하는데, 우리는 이제까지 그런 국어 교사를
양성한 바가 없었다. 그래서 교육과정이나 교과서의 마련을 아랑곳
하지 않고 교실 현장에서는 여태까지도 학생들에게 말하고 듣는 힘
을 키우는 노릇을 외면하고 있는 것이다.

②입말 문학을 제대로 다루지 않았다.

입말을 돌보지 않았으니 어찌 입말 문학을 돌볼 수 있었겠는가.
하지만 국어 교육 쪽에서 입말이나 입말 문학을 제대로 돌보지 않
고 지내는 사이에 문학 연구 쪽에서는 입말 문학에 눈을 돌려 적지
않은 일들을 했다. 선구자들은 이미 일제 때에 힘을 쏟아 길을 열었
고,[14] 광복한 뒤로 그런 기운은 더욱 일어났다. 지난 세기 중엽을 지

14_ 그런 일로 손꼽을 만한 것들을 몇몇 적으면 다음과 같다. 심의린, 《조선동화집》, 한성도서
　　주식회사, 1926. / 김재철, 《조선연극사》, 조선어문학회, 1933. / 박영만, 《조선전래동화
　　집》, 1940. / 이홍기, 《조선전설집》, 조선출판사, 1944. / 손진태, 《조선민족설화의 연구》,
　　을유문화사, 1947. / 고정옥, 《조선민요연구》, 수선사, 1949. / 최상수, 《조선구비전설집》,
　　조선과학문화사, 1949. / 송석하, 《한국민속고》, 일신사, 1960.

나 가난과 혼란을 벗어나면서 조사와 연구가 나날이 깊고 넓어졌는데, 개인뿐만 아니라 대학, 연구소, 학회, 단체가 다투어 입말 문학의 자료를 찾아 모으고 연구에 힘을 쏟았다. 무엇보다도 한국문화인류학회를 중심으로 정부의 지원을 받아 《한국민속종합보고서》 12책을 펴낸 일과 한국정신문화연구원이 나서서 《한국구비문학대계》 82책을 펴낸 일은 우리네 입말 문학의 넓고 깊은 세계를 놀랍게 드러내어서 자랑스러운 일이었다.[15]

이런 자료들에 힘입어 연구는 더욱 불붙었고 곳곳에서 나름대로 제 고장의 자료를 속속들이 찾아 모으는 일들을 벌였다. 온 나라 거의 모든 대학에서 입말 문학을 연구한 석사와 박사들이 나왔고, 이렇게 연구가 깊어지면서 저절로 놀이 문학, 노래 문학, 이야기 문학으로 갈래가 드러났다. 그뿐 아니라 문학의 뿌리인 신화가 무당의 굿 안에 본풀이라는 이름으로 적잖이 살아 있다는 사실을 뚜렷이 알게 되었고, 그런 신화에서도 가장 깊은 뿌리라 할 '세상 생겨나는 이야기(창세 신화)'까지도 상처가 심하지만 적잖이 살아 있다는 사실도 알게 되었다.

사정은 이러했으나 국어 교육에서는 여태까지 이런 입말 문학의 세계를 본 체도 하지 않았다. 무엇보다도 교육과정이 그것을 가장 철저하게 외면했고, 그러니까 교과서가 그것을 담고 싶어도 담을 수가 없었다. 그러나 더러는 그것을 마치 문학의 한쪽 구석이기

15_ 이들 두 가지 일은 시작에서 끝까지 거진 20년씩 걸렸는데, 책을 펴내는 일은 《한국민속종합보고서》가 1969년에 전남 편으로 비롯하여 1981년에 함남·함북 편으로 끝냈으며, 《한국구비문학대계》는 1980년에 서울시 도봉구 편을 비롯한 16책을 펴내고 1984년에 제주도 북제주군 편을 비롯한 38책을 펴내면서 모두 82책으로 끝냈다.

나 한 것처럼 다루기도 했는데, 정작 현장에서는 교사들이 틈을 비집고 제 고장의 입말 문학을 다루는 수가 없지 않았다. 이런 현상은 참으로 기이하다 하겠으나 그런 까닭을 밝혀 보면 우리네 국어 교육의 상태를 진단하는 가늠대로서 요긴할 것이다.

4. 지역 언어를 바탕으로 하는 국어 교육의 길

이제까지 되돌아본 지난날의 국어 교육, 곧 토박이말을 돌보지 못한 국어 교육과 말의 뿌리를 돌보지 못한 국어 교육을 바로잡으려 한다면 길은 빤하다. 이른바 지역 언어문화, 곧 '마을 사투리'를 알맹이로 하는 토박이말 쪽으로 눈을 돌리고 소리와 입말이라는 말의 뿌리께로 돌아가는 수밖에 없다. 거들떠보지 않았던 지역 언어를 국어 교육의 바탕으로 다루는 길로 들어서야 한다는 말이다. 어찌하면 그런 길로 들어설 수 있을까?

물론 그런 쪽으로 길잡이를 하는 교육과정을 마련해야 하고, 그런 내용을 담아내는 교과서를 꾸며 내야 하고, 교사가 그런 교육을 할 만한 힘을 갖추어야 한다. 그러자면 무엇보다도 먼저 국어 교육의 길을 열어 가는 학자들이 그런 쪽으로 가야 한다는 논리의 깃발을 우뚝 내세워야 한다. 그러나 당장 우리네 교육과정, 교과서, 교사, 학자, 이런 조건들의 현실을 생각하면 앞길이 어둡다. 이들 조건이 제대로 바로잡혀 올바른 길로 들어서기를 가만히 앉아 기다리면 때는 영영 오지 않을지도 모른다. 그러면 어찌해야 하는가?

누군가가 나서서 당장 오늘 그런 길로 들어서는 것이다. 열려 있지도 않은 길이며 가시밭길이지만 누가 나서서 돌부리에 채이고 가시덤불에 찔리면서 헤쳐 나가는 수밖에 없다. 누군가가 나서서 가시밭길을 헤쳐 나가면 비로소 길이 열리고, 길이 조금씩 열리면 따라나서는 사람들이 늘어날 것이다. 새로운 세상은 언제나 그렇게 눈을 질끈 감고 나서는 사람들에 힘입어 나타난 것임을 인류의 문화사가 똑똑히 이야기해 주고 있지 않는가.

그런데 앞장서 헤쳐 나갈 사람은 교육과정이나 교과서를 만드는 정책가나 행정가에게서 나오기 어렵다. 아무래도 교육 현장에서 아이들의 눈매에 부대끼며 몸부림하는 교사에게서 나올 수밖에 없다. 그러나 현장의 교사들이 새로운 길을 헤친다는 것은 우리네 교육 현장의 사정에서 볼 때 너무나 고달픈 일이다. 그리고 교사들의 본분은 열려 있는 길을 따라가는 것일지언정 없는 길을 열면서 나가는 일이라 할 수는 없다. 없는 길을 새로 찾아 열어야 하는 일은 마땅히 학자의 몫이다. 이른바 국어교육학자라는 사람들이 나서서 이 길을 열어 주는 것이 가장 마땅하다는 말이다. 교사든 학자든 그렇게 나서는 분들을 기다리면서 그들에게 귀띔하는 셈치고 어리석은 생각이나마 국어 교육에서 내용의 두 영역을 이루는 일상의 말과 예술의 말로 갈라서[16] 잠시 이야기해 보기로 한다.

16_ 지금 우리는 국어 교육의 내용을 듣기, 말하기, 읽기, 쓰기, 언어, 문학, 이렇게 여섯 영역으로 나눈다. 이런 영역 인식은 제5차 교육과정에서 제6차를 거쳐 제7차까지 내려왔으니 아주 굳어진 듯하다. 그러나 나는 이런 영역 구분은 논리에서도 옳지 못한 것으로 보고, 공리에서도 나쁘다고 본다. 그리고 언어(일상 국어)와 문학(예술 국어)의 두 영역을 삶과 앎으로 갈라서 영역으로 잡아야 바람직하게 국어 교육의 내용을 싸잡을 수 있다고 생각한다.(김수업,《국어 교육의 길》, 나라말, 2001, 146~158쪽.)

1) 일상의 말

일상의 말이란 나날이 우리가 눈뜨면 주고받는 말이다. 가족들끼리 주고받고, 이웃 사람들과 주고받고, 마을 사람들과 주고받는 일상의 말을 여태까지 우리는 국어 교육의 교재로 끌어들이지 않았다. 초등학교에서부터 아이들이 학교에만 들어가면 나날이 주고받는 현실의 말과는 다른 말을 배우도록 마련했다. 아침에 일어나서 가족들끼리 주고받는 말, 학교에 오면서 친구들과 주고받는 말은 교실에 들어와서 교과서를 펴면 곧장 따로 접어 두지 않을 수 없다. 교과서가 모든 국민에게 얼마쯤씩은 낯설 수밖에 없는 표준어로만 가득 차 있기 때문이다.

표준어 교육이 쓸데없다는 말은 아니다. 그러나 표준어란 서양에서 이른바 '국가주의'라는 사회·정치 사상이 판치던 지난날에 높이 내세워진 것이다. 국민의 정신을 하나로 묶어 튼튼히 굳히려면 무엇보다도 하나의 표준어를 마련해서 철저하게 쓰도록 해야 한다는 것이었다. 그런 사상이 제국주의로 이어지고 다시 사회주의로 이어지면서 조금씩 바뀌어 오늘에 이르렀다. 그러나 이미 20세기 초엽을 지나면서 서양에서는 하나의 표준어를 내세워야 한다고 주장하는 사람들이 사라졌다. 표준어를 내세우는 것은 국민들의 얼과 삶을 열어 주고 북돋우기보다 오히려 닫아걸고 내리누른다는 사실을 깨달았기 때문이다.

모든 국민들이 서로 거침없이 말을 주고받도록 하자면 표준어 교육을 해야 하지만, 그것은 먼저 나날이 주고받으며 사는 사투리를 넉넉하게 쓸 수 있도록 교육한 다음에 해야 한다는 것이다. 한 사람의 사람됨을 가꾸는 데서도 나날이 눈뜨면 주고받는 토박이 사투리를 넉넉하고 푸짐하게 쓸 수 있도록 해야 얼과 삶이 가멸지게 되는 것이고, 한 나라의 힘을 가꾸는 데서도 온 나라 곳곳의 토박이 사투리를 넉넉하고 푸짐하게 키워야 표준어가 가멸져서 국민의 정신이 드높아질 수 있다는 것이다. 이런 깨달음은 마땅하고 옳은 것이기 때문에 우리도 국어 교육을 그런 쪽으로 바꾸지 않으면 안 된다.

그러려면 무엇보다도 먼저 온 나라 곳곳마다 제 지역의 토박이 사투리를 국어 교육의 교재로 활용하는 길을 마련해야 한다. 알다시피 학교마다 자리 잡은 그 지역의 삶을 교육의 재료로 삼도록 학교 수준의 교육과정을 마련하라는 요구는 제6차 교육과정에서 비롯하여 제7차 교육과정에 와서 더욱 강조해 놓았다. 그런 길을 실제로 마련하는 일만 남은 셈인데, 그것은 말할 나위도 없이 교사와 학자들이 함께 손잡고 해야 한다. 자잔한 길까지 이야기할 겨를은 없으니 커다란 원칙만 말하자면 아이들이 자라는 데 맞추어 지역을 넓혀 나가는 가늠을 세워야 하겠다. 일테면 다음과 같은 가늠이라도 합의되어 있어야 한다는 말이다.

(1) 초등학교 낮은 세 학년 : 우리 마을 사람들의 말소리, 음운, 음절, 낱말, 형태, 통사, 의미

(2) 초등학교 높은 세 학년 : 우리 고을 사람들의 말소리, 음운, 음절, 낱말, 형태, 통사, 의미

(3) 중학교 세 학년 : 우리 지방 사람들의 말소리, 음운, 음절, 낱말, 형태, 통사, 의미

벌써 짐작하겠지만, 초등학교와 중학교까지의 의무 교육 안에서 토박이 사투리 교육을 일단 끝내게 하자는 뜻이다. 그렇다고 중학교까지 온통 토박이 사투리로만 국어 교육을 채우자는 것도 물론 아니다. 온 나라를 겨냥하는 국가 차원의 교과서로서도 국어 교육을 하면서 곳곳의 지역 사투리를 교재로 끌어들여야 한다는 말이다. 그러자면 표준어 교재와 사투리 교재의 비율은 가늠해 두어야 하겠는데 그 또한 위의 세 등급에 따라 비율을 달리 가늠해야 마땅할 것이다. 일테면, 초등학교 낮은 학년에서는 사투리를 100%→90%→80%씩 하고, 초등학교 높은 학년에서는 다시 70%→60%→50%씩 하고, 중학교에서는 40%→30%→20%씩 하는 것으로 잣대를 세울 수 있다는 말이다. 그런 다음에 고등학교에서는 온전히 표준어로만 국어 교육을 한다 해도 나쁠 것이 없을 것이다.

2) 예술의 말

예술의 말이란 물론 문학을 뜻한다. 그런데 우리는 아직도 문학이라 하면 글로 쓴 글말 문학만을 머리에 떠올리도록 가르치고 있다. 그러나 문학이라면 글말 문학과 입말 문학을 모두 싸잡아야 한다는 사실이 20세기 중엽에 들어오면서 이미 온 세상 문학 전문가들에게 두루 알려졌다. 그로부터 시간이 흐를수록 입말 문학이야말로 문학의 바탕이며 줄기이고 글말 문학은 거기서 뻗어 나온 가지라는 사실을 세상 사람들이 모두 알게 되었다. 그러니 우리가 온 나라 곳곳의 토박이 사투리로 이루어진 예술의 말을 국어 교육의 재료로 끌어들일 적에도 입말 문학을 바탕으로 잡는 것이 마땅하고 옳은 일이다.

프로이트가 이미 살핀 바와 같이 어린아이들이 아무 데서나 모여 앉아 벌이는 소꿉놀이는 나무랄 데 없는 예술 행위다. 사람의 얼안에 깊숙이 자리 잡은 예술 행위의 본능이 맨 먼저 자연스럽게 모습을 갖추어 드러나는 것이 소꿉놀이다. 이것은 예술에서도 놀이, 곧 연극으로서의 문학이다. 우리는 아직도 소꿉놀이를 두고 문학 또는 문학 교육을 살피려는 연구가 없지만, 지역 문학을 국어 교육의 재료로 끌어들이자고 할 때에는 맨 먼저 주목해야 할 감이 바로 소꿉놀이처럼 어린아이들이 즐기는 입말 문학일 것이다.

소꿉놀이에서 비롯하여 어린아이들이 저절로 익혀서 즐기는 놀이가 수없이 많다. 그런 놀이는 모두가 말과 함께 이루어지기 때문에 놀이는 거의 모두 놀이 문학으로 보아야 하는 것이다. 다만 둘이서 단순하게 벌이는 놀이도 있지만 꽤 많은 아이들이 더불어 제법 복잡하게 벌이는 놀이도 적지 않다. 놀이의 말, 곧 '놀이 문학'은 흔히 일상의 말처럼 주고받는 대화로 이루어지지만 가락을 넣어서 노래로 주고받는 '놀이 노래'들도 얼마든지 있다.

놀이에서 노래로 넘어오면 온 나라 곳곳에 수도 없이 많은 노래들이 푸나무처럼 살아 있지만 우리네 국어 교육에서는 그런 세상을 눈여겨보려고 하지 않았다. 설사 그런 쪽으로 눈을 돌렸다 하더라도 그것으로 국어 교육을 해야 한다는 생각을 하지 못했다. 그러나 이미 여러 해 전부터 초등학교와 유치원 교사들을 중심으로 마을의 삶을 교육의 재료로 삼아 보자는 뜻을 실천해 온 사람들이 있다.[17-] 마을에서 뿌리내려 살아가는 삶을 교과서로 삼아야 한다는 뜻을 세우고, 그것을 교사와 학생이 어떻게든지 학교 교육의 재료로 삼으려고 애쓰고 있다. 이론과 마음으로가 아니라 실천과 몸으로 길을

열자니까 저절로 노래와 이야기가 더없이 소중한 교재라는 사실을
깨달았다 한다.

'소꿉장난'에서 비롯하는 놀이 문학, '아기 어르는 소리'에서 비
롯하는 노래 문학, '꼬부랑 할머니'에서 비롯하는 이야기 문학, 이
런 입말 문학을 바탕으로 삼아 지역 문학을 국어 교육의 교재로 삼
는 길을 열려는 마음만 먹으면 어렵지 않다. 일상의 말을 다루었던
것과 마찬가지로 이들 예술의 말도 그런 가늠으로 우리 마을에서
시작하여 학년이 올라가는 것에 따라 차차로 넓혀 나가는 원칙을
세우면 된다. 온 나라 곳곳에서 지역마다 학교마다 그 땅의 말과 문
학으로 교재를 만들어 국어 교육을 해 나가야 한다. 그것이 말을 살
리고 문학을 살리고 얼을 살리고 삶을 살리고 사람을 살리는 참교
육의 길이다.

(1) 초등학교 낮은 세 학년 : 우리 마을의 놀이, 노래, 이야기
(2) 초등학교 높은 세 학년 : 우리 고을의 놀이, 노래, 이야기
(3) 중학교 세 학년 : 우리 지방의 놀이, 노래, 이야기

문학 또한 초등학교와 중학교까지의 의무 교육 안에서 토박이
사투리로 이루어 내는 입말 문학 교육을 일단 끝내게 하자는 것이
다. 그렇다고 중학교까지 온통 입말 문학만으로 국어 교육을 채우

17_ 청주에서 문재현을 중심으로 모여 애쓰는 '마을 공동체 교육연구소'(청주시 상당구 용담
동 190-1번지 홍은모드니아파트 상가 2층, 043-271-4482, www.maul.or.kr)의 사람들
이 그들이다.

자는 것이 물론 아니다. 온 나라를 겨냥하는 국가 차원의 교과서에 실린 글말 문학으로서도 문학 교육을 하면서 곳곳의 지역 사투리를 살려 쓰는 입말 문학을 교재로 끌어들여야 한다는 말이다. 그러자면 글말 문학 교재와 입말 문학 교재의 비율은 가늠해 두어야 하겠는데, 그 또한 위의 세 등급에 따라 비율을 달리 가늠할 수 있다. 일테면, 초등학교 낮은 학년에서는 사투리 입말 문학을 100%→90%→80%씩 하고, 초등학교 높은 학년에서는 다시 70%→60%→50%씩 하고, 중학교에서는 40%→30%→20%씩 하는 것으로 잣대를 삼을 수 있다는 말이다. 그런 다음에 고등학교에서는 온전히 글말 문학으로만 문학 교육을 한다 해도 좋다.

5. 마무리

이제까지 해 온 이야기를 들으면서 "웬 철 늦은 민족주의며 국수주의냐?" 하는 오해를 하실 분들이 있을까 두렵다. 그러나 그것은 참으로 오해에 지나지 않는다. 바야흐로 국경은 사라졌고, 땅 위의 모든 사람들은 좋든 싫든 함께 어우러져 살아갈 수밖에 없는 세상이 되었다. 이것은 인류가 청동기 이래 오래도록 굳게 쌓아 온 나라와 겨레의 담을 헐어 냈음을 뜻하고, 기나긴 세월에 걸쳐 쌓은 담장을 허물어 버리고 본디의 자연으로 시원하게 되돌아가 모두가 더불어 살게 되었다는 말이다. 이렇게 바뀐 세상은 요즘 우리가 나날이 몸으로 겪으면서 얼마든지 깨닫는 그대로다.

이제 땅 위의 모든 사람들은 함께 어우러져서 아름다운 인류의 꽃밭을 마련하는 세상으로 넘어왔다. 아름다운 인류의 꽃밭, 거기에는 온갖 꽃들이 저마다 남다른 제 빛깔을 뽐내며 자랑스럽게 어우러져야 한다. 크기도 가지가지, 모습도 가지가지, 빛깔도 가지가지, 이런 갖가지 꽃들이 제 나름대로 남달리 지닌 빛깔을 온전하게 드러내는 꽃밭이라야 아름답고 넉넉한 꽃밭일 수 있다. 남이 저보다 크니까, 남이 저보다 고우니까, 남이 저보다 예쁘니까, 저를 버리고 남을 따라가면 머지않아 꽃밭은 답답하고 지겨운 온통으로 떨어져 마침내 끝장나고 만다.

남다른 내 빛깔을 제대로 드러내지 못하면 참으로 쓸모없는 그런 세상이 왔다. 한 사람 한 사람이 그렇고, 한 마을 한 마을이 그렇고, 한 고을 한 고을이 그렇고, 한 나라 한 나라가 그렇고, 한 겨레 한 겨레가 그렇다. 저마다 저만의 빛깔을 뽐내면 남들이 우러러보며 좋아하고, 제 빛깔이 흐릿하면 아무도 거들떠보지 않는 세상이 왔다. 인류의 꽃밭이 넉넉하고 아름다울 수 있도록 겨레의 빛깔을 드높이고, 겨레의 꽃밭이 아름답고 가멸질 수 있도록 마을의 빛깔을 드높이고, 마을의 꽃밭이 아름답고 자랑스러울 수 있도록 한 사람 한 사람의 빛깔을 드높이지 않을 수 없는 세상이 열렸다. 이래서 국어 교육이 '마을 사투리'로 눈을 돌리는 것은 참으로 마땅하고 올바른 일이라 하지 않을 수 없다.

교육이란 두말할 나위도 없이 사람을 살리자는 노릇이다. 사람을 좀 더 잘 살아가게 해서 겨레를 살리고 나아가 인류를 더욱 잘 살게 하자는 노릇이다. 사람이 잘 살아간다는 것은 무엇인가? 사람답게, 자랑스럽게, 떳떳하게, 기쁘고 즐겁게 살아가는 것이다. 그렇다면 어떻게 해야 사람이 사람답게 살아갈 수 있는가? 뭐니 뭐니 해도 제 스스로 누구인가를 잘 알고 깊이 사랑해야 한다. 제가 얼마나 값진 목숨이며 다시없는 존재인가를 속속들이 알고, 있는 힘을 다해 사랑할 수 있어야 떳떳하고 자랑스럽게 살아갈 수 있다. 제 스스로의 값어치를 알고 더없이 사랑하면, 제 핏줄을 그처럼 아끼고 사랑하지 않을 수 없을뿐더러 제 핏줄을 키우고 살려 온 마을과 고장을 사랑하지 않을 수 없다. 이래서 저를 깊이 알고 사랑하는 사람은 마침내 세상 모든 사람을 사랑하고, 사람을 키우는 자연의 온갖 만물을 제 몸과 마찬가지로 사랑하면서, 스스로 잘 살아갈 수 있다.

교육이 앎을 키우는 일이라면 먼저 제 스스로를 알고 난 다음에 차차로 남을 알아 나가도록 해야 한다. 교육이 삶을 가꾸는 일이라면 우선 제가 발붙인 삶의 터전을 가꾼 다음에 차차로 온 세상 사람들의 삶을 가꾸도록 가르쳐야 마땅하다. 이것이 이른바 지역화 교육의 뜻이다. 먼저 제 스스로를 알게 하는 교육, 먼저 제가 발붙여 사는 터전을 가꾸는 교육이다. 저와 제 삶의 터전을 알고 가꾸는 교육에서 출발하여 차차로 넓은 세상을 알고 남들의 삶을 아는 교육으로 나아가는 것이다. 서양 사람들이 근대 교육으로 들어서면서 시작하여 아직도 기둥으로 잡고 있는 이른바 '환경 확대법'이니 '공간 확대법'이니 하는 이론이 바로 이것이다. 이것은 무슨 별나게 새로운 교육의 방법이 아니라 자연 이치에 맞는 바른 교육, 참된 교육의 길일 따름이다. 서둘러 이렇게 바르고 참된 교육, 곧 지역화 교육의 길을 열어 가는 것이야말로 우리 교육이 맡은 역사의 몫이다. 국어 교육은 마땅히 그 앞장에 서야 한다.

• 지역 언어문화와 국어 교육 : 《국어교육학연구》 제13호, 국어교육학회, 2001.

국어 교육 지역화의 뜻

1. 들머리

산업 사회를 지나 정보 사회로 넘어서면서 보편성과 세계화의 바람이 거세게 일어난 것은 당연한 자연 현상이다. 유럽의 열두 나라들이 30년을 바쳐 국경을 완전히 헐어 내고 유럽 공동체를 이루어 낸 일이라든지, 환태평양이니 아셈이니 하면서 가까이 이웃한 여러 나라들끼리 하나로 묶여 온갖 문제를 함께 풀어 보려는 일들이 모두 그런 바람에서 나온 것이다. 인류 문명사의 이러한 기운과 바람은 우리나라와 우리 겨레에게도 어김없이 밀어닥쳐서 구석구석을 뒤흔들고 있다.

소 떼가 철조망을 뚫고 북녘으로 넘어가더니 남북의 집권자가 만나서 머리를 맞대고, 금강산 유람선이 동해에서 뜨더니 경의선과 동해선 철도를 다시 잇고, 마침내 자동차가 넘나드는 한길도 열렸다. 북에서는 나진·선봉을 국제 무역 지구로 만들더니 이제는 신의 주와 개성을 치외 법권의 세계 도시로 내놓았고, 남에서는 제주도를 세계인의 자유 무역 지구로 내놓으면서 우리말과 영어를 함께 공용어로 하자는 주장을 중앙과 지방에서 서슴없이 부르짖는 세상이 되었다.

그러나 한편, 그런 보편성·세계화에 맞서는 정체성과 지역화의 기운도 세계 곳곳에서 만만찮게 일어났다. 미국과 유럽을 비롯하여 거의 모든 선진국에서 고유한 문화와 전통을 드높이는 쪽으로 학교 교육을 개혁하는 교육과정을 새로 마련하고, 개인의 독창과 개성을 더욱 계발하면서 소단위 지역의 문화를 보호 육성하는 정책에 박차를 더하고 있다.

우리나라의 사정도 이런 흐름을 아주 벗어날 수는 없었다. 정치·행정과 교육의 지방 자치를 다시 시작한 지도 이미 10년을 넘었고, 그동안 지방 자치 행정과 지역 문화 운동의 성과도 적지 않았다. 눈길을 좁혀서 교육 영역을 보더라도, 이미 제6차 교육과정(1992)에서 지역화 교육을 새로운 깃발로 내세웠고, 제7차 교육과정(1997)에서는 이른바 수준별 교육을 덧붙여 내세우면서도 지역화 교육의 방침을 더욱 굳히도록 요구했다.

그러니 세계화와 지역화는 창과 방패처럼 서로 어긋나는 길이다. 세계화를 힘쓰다 보면 지역화를 놓쳐 버리기 쉽고, 지역화에 마음을 다하다 보면 세계화를 잃어버리기 쉽다. 서로 어긋나는 두 과녁을 놓치지 않으려면 무엇보다 긴요한 것은 말할 것도 없이 균형이다. 그런데 우리네 사정을 정직하게 바라보면, 세계화와 지역화라는 두 끝의 무게가 전혀 균형을 얻지 못하고 있다. 지역화와 정체성 쪽으로는 거의 눈을 돌리지 않고, 세계화와 보편성 쪽으로만 내달린다.

학교 교육의 사정도 이런 흐름에서 벗어날 수 없으므로 세계화 쪽으로만 기울어진 불균형이 곳곳에서 드러난다. 온 나라에 원어민 영어 교육이 소용돌이쳐 초등학교는 말할 나위도 없고 유치원을 비롯한 유아 교육 기관들까지 원어민 영어 강사들이 득실거리고 있다. 외국어 학원과 외국어 교재는 만들기만 하면 벼락부자가 되고, 외국어 연수라는 이름의 장·단기 유학은 외화를 쏟아 버리는 지름길이 되었다. 그런데도 국어 교육의 지역화는 아직 움도 싹도 보이지 않는다.[1]

이런 현실을 눈여겨보면서 이 글에서는 국어 교육 지역화의 길을 열기에 앞서 그것의 뜻을 먼저 세워 보고자 한다. 국어 교육 지역화의 뜻을 세우려면 우선 국가 수준의 교육과정에서 국어 교육의 지역화를 어떻게 길잡이를 하고 있는지 살피지 않을 수 없다. 그리고는 우리가 이제 와서 국어 교육의 지역화를 이야기하는 까닭이 무엇인지, 다시 말하면 오늘날 우리에게 국어 교육의 지역화란 과연 무엇인지를 생각해 보고자 한다.

2. 스스로 어긋난 교육과정

국어 교육 지역화의 뜻을 세우려면 이미 교육의 지역화를 부르

1_ 내가 알기로는, 국어교육학회에서 '지방 자치 시대의 지역 언어문화와 국어 교육'이라는 주제로 발표와 토론을 벌인 일(국어교육학회, 《국어교육학연구》 제13집, 2001, 1~113쪽)이 국어 교육 지역화에 그나마 비슷한 이야기를 해 본 첫걸음인 듯하다. 그러나 보다시피 이것은 주제의 제목부터 국어 교육의 지역화를 똑바로 겨냥하지 못한 것임이 드러났다.

짖으며 내놓은 국가 수준 교육과정에서 국어 교육의 지역화를 어떻게 길잡이하고 있는지를 살펴보지 않을 수 없다. 이미 제6차 교육과정에서 교육의 지역화를 부르짖고 제7차 교육과정에서 더욱 크게 외쳤으나 오늘까지도 아직 교실 현장의 국어 교육에서는 지역화의 움직임이 조금도 보이지 않기 때문이다. 교육과정과 교육 현실이 이처럼 어긋나는 까닭이 어디 있는지를 밝히지 않고는 앞으로 국어 교육 지역화의 길을 열어 갈 수가 없을 터이고, 그것을 밝히려면 먼저 교육과정을 살펴보는 것이 올바른 차례다.

1) 제1장에서[2] 보인 의지

먼저, 교육과정이 학교 교육의 지역화를 실현시키려는 의지를 제1장 교육과정 편성과 운영에서 어떻게 나타내고 있는지를 확인해 보자.[3]

1. 교육과정의 성격

가. 이 교육과정은 중학교의 교육 목적(교육법 제100조) 및 교육 목표(교육법 제101조)를[4] 달성하기 위한 국가 수준의 교육과정으로서, 교육법 제155조 제1항에 의거하여 고시한 것이다.

2_ 제1장은 제6차 교육과정에서나 제7차 교육과정에서나 한결같이 '교육과정의 편성과 운영'을 담고 있다.

3_ 초·중·고등학교 것을 모두 살펴야 하지만 번거로워서 중학교 것만을 보기로 삼는다. 가운데 자리 잡은 중학교만 살펴도 초등과 고등학교의 것을 짐작하기에 모자람이 없다고 본다.

4_ 말할 나위도 없는 것이지만, 초등학교 교육과정에서는 '초등학교의 교육 목적(교육법 제93 조) 및 교육 목표(교육법 제94조)를', 고등학교 교육과정에서는 '고등학교의 교육 목적(교육법 제104조) 및 교육 목표(교육법 제105조)를' 달성하기 위한 것이라 명시하고 있다.

나. (생략)

다. 이 교육 과정에 제시된 기준 이외에 더 필요한 구체적인 편성·운영 지침은, 지방 교육 자치에 관한 법률 제27조 제6호에 의거, 각 시·도 교육감이 지역의 특수성과 학교의 실정에 알맞게 정하여 시행한다.[5]

보다시피 이것은 제6차 교육과정의 성격을 선언하는 대목이다. 나라에서는 '국가 수준의 교육과정'을 고시하고, '더 필요한 구체적인 편성·운영 지침'은 '시·도 교육감이 지역의 특수성과 학교의 실정에 알맞게 정하여 시행한다'고 뚜렷하게 못박았다. 무엇보다도 '지역의 특수성'과 '학교의 실정'을 교육과정의 변수로 받아들이고, 그것을 지방 교육 자치에 관한 법률에 따라 시·도 교육감에게 맡긴다는 사실을 똑똑하게 밝혀 놓았다. 이러한 정신은 제7차 교육과정에도 그대로 이어졌다.

이 교육과정은 교육법 제155조 제1항에 의거하여 고시한 것으로, 초·중등학교의 교육 목적과 교육 목표를 달성하기 위한 국가 수준의 교육과정이며, 초·중등학교에서 편성, 운영하여야 할 학교 교육과정의 공통적, 일반적인 기준을 제시한 것이다.

이 교육과정의 성격은 다음과 같다.

가. 국가 수준의 공통성과 지역, 학교, 개인 수준의 다양성을 동시

5_ 교육부, 《제6차 교육과정》(교육부 고시 제1992-11호) 〈중학교 교육과정〉, 대한교과서주식회사, 1992, 1쪽.

에 추구하는 교육과정이다.

　나. 학습자의 자율성과 창의성을 신장하기 위한 학생 중심의 교육
　　과정이다.

　다. 교육청과 학교, 교원·학생·학부모가 함께 실현해 가는 교육과
　　정이다.

　라. 학교 교육 체제를 교육과정 중심으로 개선하기 위한 교육과정
　　이다.

　마. 교육의 과정과 결과의 질적 수준을 유지, 관리하기 위한 교육과
　　정이다.[6]

　제7차 교육과정에서는 그 성격을 이렇게 밝히고 있다. 앞에서
본 제6차의 그것보다 훨씬 간추려지고 또 덧붙여졌다. 무엇보다도
제6차 교육과정에서는 '학교 교육과정'을 시·도 교육감이 정한 '지
침'에 따르도록 했으나, 제7차 교육과정에서는 '초·중등학교'에서
바로 '편성·운영하여야' 한다고 했다. '지역, 학교, 개인 수준의 다
양성'을 추구하며 '교육청과 학교, 교원·학생·학부모'의 협력을 보
강하여 학교의 지역성과 자율성을 드높이려는 의도가 뚜렷해진 것
이다.

　국가 수준의 교육과정은 이런 성격의 천명으로 그치지 않고
지역에서 실천해야 할 나머지 일들도 자세하게 제시했다. 우선 제6
차 교육과정에서는 시·도 교육감이 결정할 편성·운영 지침과 학

6_ 대한교과서주식회사, 《제7차 교육과정 국어과 교육과정》〔별책 5〕, 〈교육과정의 성격〉,
　1998, 3쪽.

교에서 맡아야 할 학교 교육과정의 길잡이도 아래와 같이 풀이해 놓았다.

5. 편성·운영의 기본 지침
　가. 편성
　　〈시·도 교육청〉 : (1) ~ (4) 항
　　〈학교〉 : (1) ~ (7) 항
　나. 운영
　　〈시·도 교육청〉 : (1) ~ (8) 항
　　〈학교〉 : (1) ~ (13) 항[7]

　보다시피 학교 교육과정을 '편성'과 '운영'으로 먼저 나누고 그 것을 '시·도 교육청'의 몫과 '학교'의 몫으로 갈라서 낱낱이 제시했 다. 번거로워 속살은 줄이고 항목의 숫자만 보였지만, 이것으로도 제시가 얼마나 세세한지는 짐작해 볼 수 있다. 그래도 실상을 눈으 로 보도록 우선 '편성'에서 시·도 교육청과 학교의 몫에서 첫 항목 만이라도 보이면 아래와 같다.

　(1) 시·도는 다음 사항이 포함된 교육과정 편성·운영 지침을 작성 하여 각 학교에 제시한다.[8]
　(1) 학교는 교육법 및 교육법 시행령, 그리고 이 교육과정과 시·도

7_ 교육부, 앞의 책, 3~6쪽.
8_ 앞의 책, 3쪽.

의 교육과정 편성·운영 지침에 의거하여 학교 실정에 알맞은 교육과정을 편성한다.[9]

    시·도 교육청에서는 '지침'을 만들어 학교에 제시하고, 학교에서는 그것을 거울삼아 '교육과정'을 편성한다고 했다. 그리고 시·도의 교육과정 편성·운영 지침이 포함해야 할 '다음 사항'을 열 가지나 들어 놓았다. 학교에서는 시·도에서 내려 준 교육과정 편성·운영 지침에 기대어 교육과정을 만들지만 무엇보다도 '학교 실정에 알맞은' 것으로 만들라고 했다. 여기서 말하는 '학교 실정'이 곧 교육 지역화의 알맹이임은 두말할 나위도 없다.

    다음은 교육과정의 '운영'에서 시·도 교육청과 학교의 몫에서 첫 항목만 보기로 한다.

    (1) 시·도는 정기적으로 각 학교의 교육과정 편성·운영 실태를 파악하고, 적절한 지도, 조언을 한다.[10]
    (1) 학교는 각 학교의 핵심적 요소들이 체계적으로 학습되도록 계획하고, 이를 일관성 있게 지도한다.[11]

    시·도 교육청과 학교에서 맡을 '운영'의 몫을 빈틈없이 제시했다. 국가 수준에서 길잡이할 일들은 게을리하지 않았다기보다 오히

9_ 앞의 책, 4쪽.
10_ 앞의 책, 4쪽.
11_ 앞의 책, 5쪽.

려 현실에서 감당할 수 없는 일들을 지나치게 맡겼다는 것이 옳은 평가일 것이다. 그리고 이렇게 교육과정을 만들어 주는 것으로 그치지 않고, 교육과정이 뜻한 바를 학교 현장에서 실현시키려고 국가에서는 전국 시·도 학무 담당자와 장학 담당자들을 모아서 연수를 하고, 시·도 교육청에서는 학교 급별로 교장과 교감은 물론 교무 담당 교사까지 모아서 연수를 했다. 이런 교육과 연수를 거듭하는 것으로 그치지 않고, 학교마다 '학교 교육과정'을 마련해서 시행하도록 요구했으며, 학교는 그런 요구에 따라 '학교 교육과정'을 마련해 내기까지 했다.[12]

제7차 교육과정은[13] 앞에서 본 바와 같이 '학교 교육과정'을 학교에서 바로 마련하도록 했다. 그러나 물론 시·도 교육청의 지도를 받고, 게다가 새롭게 '지역 교육청'의 도움을 받도록 체제를 갖추어 놓았다. 그러니까 교육과정의 첫머리에 있는 '제1장 교육과정의 편성과 운영'이 모두 '학교 교육과정'을 편성하고 운영하는 길잡이라 할 수 있게 해 놓았다. 제1장의 마지막에 가면 '4. 교육과정의 편성·운영 지침'의 '2. 지역 및 학교에서의 편성·운영'을 만날 수 있는데, 그것을 얼마나 공들여 마련했는지는 아래와 같은 짜임새의

12_ 그러나 모든 학교에서 학교 교육과정을 마련하는 일은 무리였기 때문에 시·도 교육청들이 지역을 묶어서 학교 급별로 몇몇 학교를 지정하여 마련하도록 했다. 이웃 학교들은 그것을 빌려서 적절히 고쳐 쓰도록 한다는 뜻이었다. 그러나 이렇게 힘들여 만든 '학교 교육과정'은 거의 시·도 교육청을 거쳐 나라에 보고하는 자료로 쓰였을 뿐 교실에서 실현하지 못하는 공염불로 떨어졌다.

13_ 제7차 교육과정은 학교 급별로 마련하지 않고, '국민 공통 기본 교육'으로 1학년(초등학교 1학년)에서 10학년(고등학교 1학년)까지 싸잡아 일관성 있게 만들었다. 따라서 고시한 때(1997년 12월 30일)가 학교 급별에 따라 다르지 않다.

틀만 보아도 짐작할 수 있을 것이다.

2. 지역 및 학교에서의 편성·운영

가. 시·도 교육청

  (1) 편성 : (가)~(마) 항

  (2) 운영 : (가)~(파) 항

나. 지역 교육청

  (1) 편성 : (가)~(다) 항

  (2) 운영 : (가)~(사) 항

다. 학교

  (1) 편성 : '공통 지침' : (가)~(바) 항

             '학교 급별 지침' : (가) 초등학교 / (나) 중학교 /

             (다) 고등학교

  (2) 운영 : (가)~(파) 항[14]

'시·도 교육청'과 '지역 교육청'과 '학교'의 세 계층으로 나누어서 저마다 '편성'과 '운영'으로 갈라 길잡이해 놓았다. 제6차 교육과정에 견주어 '지역 교육청'이 새로 들어왔는데, 이것은 지역화 교육을 조직의 협력으로 실현시키겠다는 뜻일 것이다. 그뿐 아니라 학교에 맡긴 '편성'의 지침도 제6차 교육과정보다 훨씬 더 자세하고 철저하다. '공통 지침'과 '학교 급별 지침'으로 나누어 초·중·고등학교의 몫이 어떻게 다른지를 밝혀 놓았다. 짜임새의 틀로서만 아

14_ 대한교과서주식회사, 앞의 책, 14~23쪽.

니라 거기 담긴 속살로 보더라도 흠잡을 데 없을 만큼 알뜰하다.

번거롭지만 여기서도 세 계층마다 '편성'의 첫 항목만을 먼저 보이면 이렇다.

(가) 시·도는 이 교육과정에 의거하여 다음 사항이 포함된 각급 학교 교육과정 편성·운영 지침을 작성하고, 이를 관내의 지역 교육청과 각급 학교에 제시한다.[15]

(가) 지역 교육청은 시·도의 각급 학교 교육과정 편성·운영 지침을 기초로 하여 다음 사항이 포함된 학교 교육과정 편성·운영에 관한 실천 중심의 장학 자료를 작성하여 초·중등학교에 제시한다.[16]

(가) 학교는 이 교육과정과 시·도의 교육과정 편성·운영 지침, 지역 교육청의 학교 교육과정 편성·운영에 관한 장학 자료를 바탕으로, 학교 실정에 알맞은 학교 교육과정을 편성, 운영한다.[17]

시·도 교육청에서는 학교 교육과정의 '지침'을 만들고, 지역 교육청에서는 학교 교육과정의 '장학 자료'를 만들고, 학교에서는 이 두 가지를 디딤돌로 삼아 '학교 교육과정'을 만들어야 한다는 요구가 환히 드러난다. '운영'에 관한 것도 저마다 첫째 항목만 보기로 한다.

15_ 앞의 책, 14~15쪽.
16_ 앞의 책, 17쪽.
17_ 앞의 책, 18쪽.

(가) 시·도는 관내의 지역 교육청에서의 교육과정 운영 지원 실태와 각급 학교의 교육과정 편성과 운영 실태를 정기적으로 파악하고, 효과적인 교육과정의 운영과 개선 및 질 관리에 필요한 적절한 지원, 지도, 조언을 한다.[18]

(가) 지역 교육청은 각 학교의 교육과정 운영이 충실히 이루어질 수 있도록 장학 활동 계획을 수립하고, 정기적으로 시행한다.[19]

(가) 학교 교육과정은 모든 교원이 전문성을 발휘하여 참여하는 민주적인 절차와 과정을 거쳐 편성, 운영한다.[20]

시·도 교육청에서는 지역 교육청과 학교에서 교육과정을 편성하고 운영하는 실태를 정기적으로 파악하면서 지원, 지도, 조언을 하라고 했다. 지역 교육청에서는 학교 교육과정이 올바로 운영되도록 '장학 활동 계획'을 세워서 정기적으로 장학을 하라고 했다. 학교에서는 모든 교원이 전문성을 발휘하도록 민주적인 과정으로 교육과정을 편성하고 운영하라고 했다. 교육의 지역화를 실현할 수 있도록 세 계층의 담당자들이 서로 힘을 모으도록 자세하게 길잡이해 놓았다. 이것만 보아도 제6차와 제7차 교육과정의 '제1장 교육과정의 편성과 운영'에서는 지역화 교육을 얼마나 힘써 내세웠는지 알 만하다.

18_ 앞의 책, 16쪽.
19_ 앞의 책, 17쪽.
20_ 앞의 책, 21쪽.

2) 제2장에서[21] 보인 무반응

그런데 그런 의도가 정작 교육을 교실에서 실현하는 국어과 교육과정으로 넘어오면 어떻게 제시되었을까? 먼저 제6차 교육과정의 제2장 교과와 특별 활동에 들어 있는 '국어' 교육과정에서 지역화 교육을 어떻게 하라고 했는지 살펴보자.

1. 성격 2. 목표 3. 내용 4. 방법 5. 평가

국어과 교육과정의 얼개는 이렇다. 목표면 넉넉한 것을 '성격'과 '목표'로 나누고, '방법'에 싸잡혀야 마땅한 '평가'를 따로 내세웠지만 빈틈없는 짜임새를 갖추었다. 그런데 이렇게 잘 짜인 국어과 교육과정 안에서 지역화를 어떻게 하라는 말은 어디에서도 찾을 수가 없다. 제1장에서 그만큼 애를 태워 요구하였으니 마땅히 제2장인 교과 교육과정에서 나름대로 그것을 담아내야 옳을 터이지만, 눈을 비비며 찾아도 그런 자취조차 보이지 않는다. 상식으로 생각하면 맨 앞에 있는 '성격'에서 제1장이 요구한 '지역화'를 어떻게든 건드리면서 들어가야 할 듯하지만 그런 기미도 없고,[22] 그밖의 다른

22_ 마음 같아서는 '성격'의 본문을 그대로 보여서 읽는 분들에게 확인시키고 싶지만 지면이 아까워서 그러지 못하는데, 내 말이 못 미더우면 제6차 교육과정을 손수 찾아 읽어 보시기 바란다.

21_ 제2장은 제6차와 제7차의 교육과정에서 차이가 난다. 제6차 교육과정은 학교 급별로 갈라서 만들고 제7차 교육과정은 학교 급별 없이 10학년까지 묶어서 만들었기 때문이다. 그래서 제6차 교육과정의 제2장은 '교과와 특별 활동'이고, 제7차 교육과정의 제2장은 바로 '국어과 교육과정'이다. 체제에서는 그렇게 조금 다르지만 제2장에 교과목의 교육과정을 담아 놓았다는 사실에서는 다를 바가 전혀 없다.

대목 어디에서도 국어 교육의 지역화를 길잡이해 놓은 바를 찾을 길은 없다.[23]

그러면 제7차 교육과정에는 어떨까? 제7차 교육과정의 제2장 국어과 교육 과정에 있는 '국어'의[24] 짜임새는 이렇다.

1. 성격 2. 목표 3. 내용 4. 방법 5. 평가

보다시피 교육과정의 짜임새가 제6차의 그것과 조금도 다르지 않다. 그러나 정작 속살을 들여다보면 달라진 것이 적지 않다.[25] 그런데도 '지역화'에 눈길을 돌리지 않고 넘어간 것은 제6차 교육과정

23_ 사실 제6차 국어과 교육과정의 본문을 통틀어 훑으면 '지역'이란 낱말을 꼭 하나 찾을 수 있다. 그것은 '4. 방법'에서 '국어 교과서 이외의 다양한 교수·학습 자료를 적절하게 활용하도록 한다.' 하는 대목 속에 들어 있다. 그것을 그대로 보이면 이렇다. "바. 학생의 다양한 경험 세계와 요구, 개인차, 지역의 사회적·문화적 특성 등을 종합적으로 반영하기 위하여, 국어 교과서 이외의 다양한 교수·학습 자료를 적절하게 활용하도록 한다."(앞의 책, 42쪽)

24_ 제7차 교육과정의 제2장 국어과 교육과정은 11학년부터 배울 선택 과목을 모두 싸잡아 '1. 국어', '2. 국어 생활', '3. 화법', '4. 독서', '5. 작문', '6. 문법', '7. 문학'으로 나누어 놓았다. 거기서 1학년부터 10학년까지 배우는 '국민 공통 기본' 과목인 '국어'만을 살펴보기로 한다.

25_ 우선 '3. 내용'이 크게 달라졌다. 내용 체계를 '본질·원리·실제'의 셋으로 잡던 것을 '본질·원리·태도·실제'의 넷으로 잡았고, 학년별 내용에서도 수준별 학습을 하자면서 활동의 보기를 '기본'과 '심화'라는 이름으로 뜨레를 지어 내세웠다. 그리고 무엇보다도 학년별 내용을 학교 급으로 나누지 않고 1학년에서 10학년까지 국민 공통 기본 교육과정이라는 이름으로 묶어서 마련하였다. 그리고 '1. 성격'과 '2. 목표'도 적잖이 살을 찌우고 기능주의를 벗어나 삶의 문화 쪽으로 길을 틀려고 애쓴 흔적을 찾을 수 있다. 그보다도 '4. 방법'과 '5. 평가'는 더욱 가다듬으려 애를 썼다. 그냥 싸잡혀 있던 내용들을 '4. 방법'에서는 '가. 교수·학습 계획', '나. 교수·학습 방법', '다. 교수·학습 자료'로 갈라내고 '5. 평가'에서는 '가. 평가 계획', '나. 평가 목표와 내용', '다. 평가 방법', '라. 평가 결과의 활용'으로 쪼개 내었다.

과 조금도 다를 바가 없다. 제6차 교육과정의 '4. 방법'에서 학습 자료를 교과서에만 머물지 말고 폭넓게 활용하도록 '지역의 사회적·문화적 특성'을 고려하라는 말도 아주 그대로만 되풀이하고 말았다.[26] 제6차 교육과정 때에는 지역화를 처음 내세워서 그럴 수도 있다지만, 그때에 '지역화 교육'을 한다고 시·도 교육청이 지침을 만들고 학교에서는 학교 교육과정을 만든다면서 온 나라가 떠들썩하게 소란을 피웠는데 어떻게 제7차 교육과정에 와서도 국어과 교육과정에서는 다시 지역화에 대하여 한마디도 하지 않을 수 있었을까? 국어 교육의 성격에서도, 목표에서도, 내용에서도, 방법에서도, 평가에서도 지역화를 어떻게 해 볼 것인지 입도 벙긋 하지 않았으니 이것은 자못 놀라운 일이라 하겠다.

3) 제1장과 제2장이 어긋난 까닭

하나의 교육과정 안에서 제1장과 제2장 사이에 이처럼 커다란 어긋남이 자리 잡고 있는 까닭이 무엇일까? 두 차례의 교육과정에서 제1장과 제2장 사이에 한결같은 어긋남이 그대로 도사리고 있다면 거기에는 그럴 만한 까닭이 반드시 있을 것이다. 그런데 그런 까닭을 밝혀 줄 만한 자료가 내 눈에는 띄지 않는다. 그러나 우리가 교육 지역화를 이루자면 반드시 그 까닭을 밝혀 보지 않을 수 없다. 왜냐하면 그런 까닭을 밝혀서 없애 놓아야 교육과정이 제1장 총론

26_ 제6차 교육과정의 그것을 앞에서 보였으니 여기서 제7차 교육과정의 그것도 보이면 이렇다. "(3) 학습자의 다양한 경험 세계, 필요한 요구, 개인차, 지역 사회의 사회적, 문화적 특성 및 전통을 고려하여 교과서 이외의 자료를 활용할 수 있다." (앞의 책, 114쪽)

과 제2장 교과 교육에서 일관성 있게 지역화를 길잡이할 수 있기 때문이다. 그런데도 까닭을 밝혀 줄 자료가 보이지 않으니 어쩔 수 없이 짐작해 보는 수밖에 없어서, 어설프지만 지독한 상식으로 몇 가지 짐작을 해 보기로 한다.

첫째, 제1장을 만든 사람들과 제2장을 만든 사람들 사이에 의사소통이 이루어지지 않았으리라는 짐작이다. 말을 바꾸면, 제2장을 만든 사람들이 제1장을 만든 사람들의 뜻을 알아듣지 못했거나 제1장을 만든 사람들이 제2장을 만든 사람들에게 뜻을 제대로 알려 주지 못했다는 것이다. 이것은 우리의 교육과정을 만드는 속내를 얼마쯤 알고 있는 사람이면 쉽게 짐작해 볼 수 있는 일이다. 교육과정의 제1장 곧 교육과정의 총론은 교육학을 하는 사람들이 중심을 이루어서 만들고, 교육과정의 제2장 곧 교과 교육의 각론은 국어교육학을 하는 사람들이 현장 교사들과 더불어 만든다. 이렇게 우리네 교육과정은 제1장과 제2장을 만드는 사람들이 서로 다르다. 그리고 이들 사이에 바람직한 의사소통을 제대로 하지 않는 것이 관례다. 한쪽에서 일방적으로 제1장을 만들어 내놓고, 또 한쪽에서 그것을 받아 일방적으로 제2장을 만든 다음, 그것을 묶어 하나의 교육과정으로 내놓는다. 국가 수준의 교육과정을 만들어 내는 길이 이렇기 때문에 제2장을 만드는 교과 교육 담당자들과 제1장을 만든 교육 총론 담당자들의 사이에 의사소통은 얼마든지 막힐 수 있는 일이다.

둘째, 본디 제1장을 만든 사람들이 애초에 교과 교육에서는 지역화 교육을 하지 않는 것으로 보았으리라는 짐작이다. 이런 짐작은 제1장 교육과정의 편성과 운영 안에 담긴 속살에서 비롯한다. 무슨 소리냐 하면, 제6차 교육과정이거나 제7차 교육과정이거나 국가 수준의 교육과정 제1장에서는 지역화 교육과정을 시·도 교육청, 지역 교육청, 학교로 내려가는 길로만 길잡이했을 뿐이다. 모든 교과 교육이 저마다 지역화 교육의 길로 들어서야 한다는 말은 한마디도 하지 않았다. 만약 국가 수준의 교육과정에서 시·도와 지역과 학교로 내려가는 길잡이를 하는 것과 마찬가지로 제1장에서 모든 교과 교육에서도 저마다 지역화로 내려가야 한다는 길잡이를 했다면 사정이 달라졌으리라는 것이다. 이런 이치는 아주 초보적인 상식인데도 우리의 제6차나 제7차 교육과정의 제1장에서는 그렇게 하지 않았다. 제1장에서 이랬기 때문에 제2장 국어과 교육과정에서 지역화 교육 쪽에 눈길조차 주지 않았으리라는 짐작이다.

셋째, 제1장을 만든 사람들이 지역화 교육을 특별 활동이나 재량 활동에서[27] 하는 것으로 보았으리라는 짐작이다. 이런 짐작도 제6차와 제7차 교육과정에 말미암은 것이다. 제6차 교육과정은 특별 활동의 '성격'에서 "특별 활동은 학교별로 창의성을 발휘하여 학생의 요구, 학교의 여건, 지역의 실정 등에 알맞은 계획을 수립하고, 지역 사회의 자원도 활용하여 융통성 있게 운영할 수 있는 활동이다."[28] 하고 말했다. 그리고 특별 활동의 '방법'에서도 "지역 사회의 인적, 물적 자원을 활용하기 위하여 분야별로 활용 가능한 자원 인

27_ 제7차 교육과정에서 새로 시작한 재량 활동은 '교과 재량 활동'과 '창의적 재량 활동'으로 나뉘는데, 지역화 교육을 할 수 있는 쪽은 '창의적 재량 활동'이다. "창의적 재량 활동은 학교의 독특한 교육적 필요, 학생의 요구 등에 따른 범교과 학습과 자기 주도적 학습을 위한 것이다." 중학교의 '창의적 재량 활동'에는 연간 34시간 이상을 배정하고, 고등학교의 '창의적 재량 활동'에는 2단위를 배정한다고 했다.(교육부, 《초·중등학교 교육과정》, 교육부고시 제1997-15호[별책 1], 1998, 12~13쪽)

28_ 교육부, 《제6차 교육과정》, 중학교 교육과정, 1992, 202쪽.

사와 시설, 기관, 자료 등의 실태를 조사, 파악한다."[29]- 했다. 제7차 교육과정도 특별 활동의 '성격'과 '방법'을 제6차 교육과정에서 그대로 이어받았다. "특별 활동의 교육과정은 자치 활동, 적응 활동, 계발 활동, 봉사 활동, 행사 활동의 5개 영역으로 구성되며, 각 영역별 구체적 활동 내용은 지역의 특성과 학교의 실정에 알맞게 선정되어야 한다."[30]- "지역과 학교의 독특한 문화 풍토를 고려하여 특색 있고 융통성 있게 운영하는 것이 중요하다."[31]- '방법'에서도 "지역 사회의 인적, 물적 자원을 최대한 활용하기 위하여, 특별 활동 영역별로 활용 가능한 자원 인사와 시설, 기관, 자료 등의 실태를 파악하고, 다양한 활동 프로그램을 개발하여 창의적으로 운영한다."[32]-고 했다. 지역화 교육의 의지가 뚜렷하게 보이는 것은 아니지만, 그래도 특별 활동에서는 지역화 교육으로 가려는 의도가 아주 없다고 말하기는 어려울 듯하다.

이렇게 지역화 교육을 한다고 내세운 제6차와 제7차 교육과정이 스스로 제1장에서는 하자고 부르짖고 제2장에서는 모르쇠로 나간 까닭을 세 가지로 짐작해 보았다. 그러나 짐작은 어디까지나 짐작일 뿐이기에 사실이 어떠한지 알 길이 없다. 하지만 내 눈에 환히 보이는 것은 우리 교육을 지역화하자는 이야기가 우리 교육의 현장 안에서 뉘우치고 깨달아 일어났다기보다 서양과 일본 교육을 본뜨려는 데서 일어났다는 사실이다. 우리 교육의 현실을 보듬고 괴로

29_ 앞의 책, 207쪽.
30_ 교육부, 교육부고시 제1997-15호[별책 1], 584쪽.
31_ 위와 같은 곳.
32_ 앞의 책, 591쪽.

워하다가 뉘우치며 깨달아 일어났다면 교육과정 안에서 스스로 이처럼 어긋날 수가 없었으리라는 것이다. 어쨌거나 여기서 우리는 적어도 국가 수준의 교육과정이라는 것이 지역화 교육에서 얼마나 허술하고 무책임한 것인가를 똑똑히 확인할 수 있다.

3. 국어 교육 지역화란 무엇인가

국가 수준의 교육과정이 국어 교육의 지역화에 대하여 이렇다 할 길잡이를 하지 않으니 어찌해야 좋은가? 가장 편한 길은 국가 수준의 교육과정이 길잡이를 해 줄 때까지 기다리는 것이지만, 세상이 너무도 빨리 바뀌며 내달리기 때문에 그렇게 마냥 기다릴 수가 없다. 국어 교육 지역화를 해야 한다는 깨달음을 얻은 사람들이 앞장서 길을 여는 수밖에 없는데, 사실은 그런 일이 이미 첫걸음을 떼어 놓았다.[33] 그러니 이제는 국어 교육 지역화를 해야 한다고 믿는 사람들이 나서서 힘을 모아야 마땅하고, 그러려면 '국어 교육 지역화란 무엇인가?' 하는 낮은 물음부터 거듭 물어야 올바른 길을 찾을 것이다.

33_ 아직은 어설픈 첫걸음이지만 '지방 자치 시대의 지역 언어문화와 국어 교육'이라는 이름으로 학술 토론의 자리(국어교육학회 제17회 학술발표대회, 2001. 8. 17., 전남대학교)를 여는 데서 떼어 놓았다. 거기서 발표하고 토론한 논문은 《국어교육학연구》 제13집(국어교육학회, 2001. 12. 31.)에 실렸는데, 꼽아 보면 아래와 같다. 김수업, 〈지역 언어문화와 국어 교육〉, 1~28쪽. / 임칠성, 〈지역어와 국어 교육〉, 29~57쪽. / 김혜영, 〈지역 문학과 국어 교육〉, 58~81쪽. / 이경엽, 〈지역 문화와 국어 교육〉, 83~113쪽.

1) 국어 교육으로 아이들을 떳떳하고 참되게 키우자는 것이다

우선, 국어 교육 지역화란 학생들이 태어나서 자라 온 고장(지역)의 말살이에서 국어 교육을 출발하도록 하자는 것이다. 이제까지 우리네 국어 교육은 전국 어디서나 첫걸음부터 서울말인 표준말로 출발하게 한다. 두려움과 설렘을 안고 받아 든 국어 교과서에[34] 들어서면 단박에 아이들은 낯선 표준말에 맞닥뜨린다. 어제까지 거리끼지 않고 서슴없이 주고받으며 신명나게 살아온 제 고장의 말은 내버리고, 소리도 낱말도 문법도 낯설기만 한 서울말인 표준말을 배우고 익히는 것이 국어 교육의 첫걸음이다.[35] 그로부터 학교 교육을 모두 마치는 그날까지 태어나 자란 고장의 말과 삶으로 다시는 되돌아 가 볼 수가 없다. 이것은 적어도 두 가지에서 무서운 죄악이 될 수도 있다.

첫째, 아이들을 제 스스로와 저의 말과 삶을 업신여기는 사람으로 자라나게 만든다는 점이다. 학교에서 선생님이 가르치는 것은 값진 것이라고 생각하는 것이 교육의 바탕이다. 부모나 교사나 사회나 이런 생각을 아이들에게 심어 주려고 갖은 애를 쓴다. 그래서 이런 바탕 위에 "선생님 말씀 잘 들어라." 하는 충고가 먹혀 들어가는 것이다. 그런데 학교에서 선생님은 아이들의 고장 말을 가르치지 않고 교과서에 쓰인 서울말만 힘써 가르친다. 고장 말은 가르치

34_ 1학년에서는 '우리들은 1학년'과 '바른 생활'이라는 이름의 교과서도 함께 받지만, 물론 사정은 마찬가지다.

35_ 이런 현실로 말미암아 국어 교육 지역화를 이야기하는 첫 자리에서 〈지역어와 국어 교육〉을 발표한 임칠성은 많은 부분을 '표준어'에 대한 생각을 바꾸는 일에 매달려야 했다.(임칠성, 〈지역어와 국어 교육〉, 앞의 책, 29~57쪽.)

지 않을 뿐만 아니라 아예 입에 올리는 것조차 막지른다. 그러면 아이들은 저절로 제 고장의 말은 쓸모없는 것이고 더러운 것이고 부끄러운 것이라는 생각을 간직하게 마련이다. 그렇게 하라고 일부러 가르치지 않아도 본능과 직관으로 그렇게 알고 깨닫는다. 이래서 저와 저의 집안과 저의 마을과 저의 고장을 싸잡아 업신여기고, 제 스스로와 제 삶의 뿌리를 내던져 버리고 멀리 떠나고자 하는 사람으로 자라난다.

둘째, 교육은 본디 삶과 동떨어질 수밖에 없는 엉뚱한 짓이라는 생각을 지니게 한다는 점이다. 태어나서 배우고 집에서 부려 쓰던 말을 내버리고 서울말을 새롭게 배우고 익힌다는 것은 곧 이제까지 살던 삶을 내버리고 새로운 삶을 배우고 익힌다는 뜻이다.[36] 교과서에서 "어머니, 학교에 다녀오겠다." 하고 아무리 깍듯이 인사하는 법을 배운다 하더라도, 그것이 "옴마, 핵교 댕기 오께이." 하는 것이 아니기 때문에 아이에게는 제 삶과 동떨어져 엉뚱한 짓으로 느껴질 수밖에 없다. 집에서 식구들과 주고받던 말, 골목에서 동무들과 주고받던 말, 심지어는 운동장에서 친구들과 주고받는 말과도 다른 서울말로써 배우는 삶이란 제 몸에 배인 제 삶으로 녹아들지 않는다. 그래서 '학교에서 교과서를 들고 배우는 삶은 교실 바깥에서 살아가는 삶과는 다른 것이다.' 하는 생각을 절로 하게 한다. 학교 교육은 실제의 삶과는 상관없고 삶을 드높이는 것도 아니고, 시험 치는 데 써먹고 버리는 것이라는 생각을 심어 준다.

36_ 우리는 이제까지 오랜 세월에 걸쳐 이렇게 하는 것이야말로 교육의 마땅한 길이라고 굳게 믿으며 그런 길로 앞을 다투어 달려왔다.

이런 잘못을 저지르지 말고 뿌리내려 살아온 고장의 말에서 국어 교육을 출발하게 하자는 것이 국어 교육 지역화다. 집에서 듣던 이야기와 집에서 부르던 노래와 집에서 하던 놀이로 국어 교육을 시작하고, 태어나서 배운 말과 놀이와 노래와 이야기가 부끄럽거나 창피하지 않고 오히려 값지고 자랑스럽다는 생각을 키우며 아이들이 자라게 하자는 것이다. 집안과 골목과 마을에서 주고받는 말과 그것으로 이루어지는 삶이 국어 교육의 안방으로 들어오게 하자는 것이다. 그래서 제 집안과 가족, 마을과 이웃 사람들, 고을과 고을 사람들을 자랑스럽게 여기는 사람이 되어 떳떳하게 살아가게 하자는 것이다. 그러면서 차차 몸과 마음이 자라는 걸음에 맞추어 조금씩 넓은 세상으로 눈을 돌려 마음을 넓혀 가도록 이른바 환경 확대법 이론을[37] 빌려서 올바른 국어 교육을 해 나가자는 뜻이다.

2) 국어 교육 목표를 삶의 뿌리 쪽으로 돌리자는 것이다

국어 교육을 지역화하려면 무엇보다도 국어 교육의 목표부터 다시 손질해야 한다. 우리는 지금 국어 교육의 목표를 "① 국어를 정확하고 효과적으로 사용하는 능력을 기른다. ② 국어 문화를 바르게 이해하는 능력을 기른다. ③ 국어의 발전과 민족의 언어문화 창달에 이바지하는 능력과 태도를 기른다."[38] 이렇게 잡고 있다. 보다시피 '능력을 기르는 것'으로 국어 교육의 목표를 삼았다는 사실을 똑똑히 알 수 있다. '국어를 사용하는 능력', '국어 문화를 이해

37_ 김영석, 〈환경 확대법의 교수론적 근거에 대한 역사적 고찰〉, 《초등사회과교육 12호》, 2002, 111~125쪽.

하는 능력', '국어 문화 창달에 이바지하는 능력과 태도'를 기르는 것이 국어 교육의 목표다. 이른바 '기능주의' 정신이 여간 튼튼하게 버티고 있는 것이 아니다.

이제 우리는 우리의 교육이 기능주의에만 매달려서는 안 된다는 사실을 깨닫고 있다.[39] 사람의 능력을 기르는 교육이 잘못이라는 것이 아니라 능력에 못지않게 오히려 더욱 먼저 챙겨야 할 바가 있다는 뜻이다. 잘 살아남으려면 마땅히 능력을 키워야 하지만 그보다 먼저 왜 잘 살아남아야 하며 무엇 때문에 잘 살아남아야 하는가를 알아야 한다. 사람이 살아가는 보람, 사람이 살아가야 하는 까닭을 올바로 붙들어 간직한 다음에 능력을 기르는 것이 바람직한 교육의 길이다. 이렇게 바람직한 길로 국어 교육도 나아가야 마땅하다.

국어 교육이 기능주의에서 벗어나 지역화로 나아가자면 목표부

---

[38]_ 사실 이것은 내가 문맥을 간추려 정리한 것이다. 교육과정에 있는 대로 보이면 아래와 같은데, 무엇을 겨냥하는 목표인지 적잖이 헷갈리도록 뒤섞어 말하고 있다는 것을 확인할 수가 있다.

"언어 활동과 언어와 문학의 본질을 총체적으로 이해하고, 언어 활동의 맥락과 목적과 대상과 내용을 종합적으로 고려하면서 국어를 정확하고 효과적으로 사용하며, 국어 문화를 바르게 이해하고, 국어의 발전과 민족의 언어문화 창달에 이바지할 수 있는 능력과 태도를 기른다.

가. 언어 활동과 언어와 문학에 대한 기본적인 지식을 익혀, 이를 다양한 국어 사용 상황에서 활용하는 능력을 기른다.

나. 정확하고 효과적인 국어 사용의 원리와 작용 양상을 익혀, 다양한 유형의 국어 자료를 비판적으로 이해하고 사상과 정서를 창의적으로 표현하는 능력을 기른다.

다. 국어 세계에 흥미를 가지고 언어 현상을 계속적으로 탐구하여, 국어의 발전과 국어 문화 창조에 이바지하려는 태도를 기른다." (교육부, 《제7차 교육과정》, 〈국어과 교육과정〉, 1998, 29쪽.)

[39]_ 김대행, 《국어교과학의 지평》, 서울대학교 출판부, 1995. / 이삼형 외, 《국어교육학》, 소명출판, 2000.

터 바로잡아야 한다. 국어 교육의 과녁이 기능(능력)을 키우기에 앞서 저를 바라보게 하는 것부터 챙기도록 바로잡는 것이 마땅하다는 뜻이다. '저를 바라보게 한다'는 말은 너무 쉬워서 속살이 잘 드러나지 않는다. 우선 말로써 제 스스로가 누구인지 곰곰이 들여다보게 하는 것, 말로써 저를 태어나게 한 어버이를 비롯하여 핏줄이 어떠한지 삶의 흐름을 밝혀 보게 하는 것, 말로써 저를 자라나게 한 집안을 비롯하여 마을과 고장이 어떠한지 삶의 터전을 살펴보게 하는 것을 국어 교육의 과녁에 두어야 마땅하다는 말이다.

이런 소리를 들으면 고개가 갸우뚱해질 사람이 많을 것이지만, 알다시피 국어 교육에서 다루는 말이란 공중에 떠 있는 무엇이 아니다. 말이란 어느 때와 어느 곳에 발붙여 살아가는 사람의 모든 것에서 나오고, 그런 말을 건사하면 사람의 모든 것을 건드리며 바꾸어놓는다. 말이란 어떤 곳과 때에 몸 붙여 사는 사람의 모든 것에 얽혀 있는 무엇이지 그것만 동떨어져 있는 무엇이 아니란 뜻이다. 그래서 말을 들여다보면 사람이 보이고, 사람을 태어나게 한 핏줄이 보이고, 사람을 자라나게 한 터전이 보인다는 말이다. 그러므로 말을 다루는 국어 교육의 목표는 사람됨, 핏줄, 터전을 싸잡는 삶의 뿌리께로 눈을 돌리게 해야 마땅하다는 것이다.

3) 국어 교육 내용에다 지역의 언어문화를 들여앉히자는 것이다

국어 교육 지역화라는 말을 가장 좁은 뜻으로 알아들으면 지역의 언어문화, 곧 지역의 말과 말꽃을 국어 교육의 내용으로 끌어들이자는 것으로 생각할 수 있다. 이것은 국어 교육뿐만 아니라 한 발앞서 지역화 교육을 시작한 사회과 교육의 사정을 넘겨다 보아도 쉽게 알 수 있다.[40] 국어교육학회에서 처음으로 이런 쪽에다 눈을 돌려 학술 발표 자리를 마련했을 적에 '지역 언어문화와 국어 교육'이라는 주제를 잡은 것도 바로 그것이었다. 지역의 언어문화를 국어 교육의 내용으로 끌어들일 수 있는 길이 무엇인가를 따져 보자는 뜻이 바탕에 깔려 있었다는 말이다.[41]

사실 국어 교육이란 말살이 곧 국어 생활을 가꾸고 드높이자는 노릇이다. 학생 한 사람 한 사람의 말살이를 가꾸고 드높여서 마침내 우리나라와 우리 겨레의 말살이 모두를 훌륭한 것으로 끌어올리자는 것이다. 그런데 말살이라는 것은 나날이 주고받으며 살아가는 삶 안에서 이루어지는 노릇이므로 국어 교육이라면 마땅히 학생들이 눈뜨면 주고받으며 살아가는 지역의 말과 말꽃을 다루지 않을 수 없다. 이것은 너무도 당연한 상식이라 세 살 먹는 아이라도 알 만한 일이다. 그런데도 알다시피 우리네 국어 교육은 그걸 여태까지 모르는 체하고 있다. 그래서 국어 교육의 내용은 온통 뿌리 없는 본질·원리·태도로 가득 채워져 있고, 국어 교육 현장은 언제나 한결 같이 말살이와는 동떨어진 시험 문제 풀이에 사로잡혀 헤어나지 못한다.

국어 교육 지역화는 이런 현실을 마냥 두고 볼 수 없어서 내놓는 처방이라 할 수도 있다. 학생들이 눈뜨면 주고받으며 살아가는 지역의 말을 국어 교육의 내용으로 들여앉히자는 뜻을 어떻게 현실

40_ 전종한, 〈지역 학습 내용 구성의 대안적 논리 구상〉, 《사회과교육연구》 9(2), 2002, 223~244쪽.
41_ 이렇게 말할 수 있는 빌미는 그 자리에서 벌인 토론으로 주고받은 이야기를 기억하는 사람은 짐작할 수 있을 것이다. 그러나 아깝게도 거기서 오고간 이야기가 글말로 적히지 않고 허공으로 사라져서 확인해 볼 길이 없다.

로 이루어 낼 수 있을까. 지극히 마땅한 이 물음을 마주하면 우리는 이미 마련해서 쓰고 있는 국어 교육의 내용 영역에 부딪칠 수밖에 없다. 이미 마련해서 쓰고 있는 국어 교육의 내용 영역에다 지역의 말과 말꽃을 들여앉히는 길을 찾아야 하기 때문이다. 그런데 알다시피 우리는 지금 국어 교육의 내용 영역을 '듣기, 말하기, 읽기, 쓰기, 국어 지식, 문학'의 여섯으로 잡고 있다.[42] 그리고 그들 영역마다 학년별로 자잔한 내용 항목들을 교육과정 안에 적지 않게 마련해 놓았다.[43] 그러므로 이들 내용 영역과 내용 항목들에다 지역의 말과 말꽃이 들어갈 자리를 찾아 마련하는 일이 국어 교육 지역화의 초점인 셈이다.[44]

그러나 여기는 그 일을 어떻게 이루어 낼 것인지를 이야기할 자리가 아니다. 그것은 다른 자리에서 따로 이야기해야 할 것이고, 다만 여기서는 교육과정이 내놓은 국어 교육의 내용 영역과 내용 항목에 지역의 말과 말꽃을 들여앉혀야 한다는 원칙을 이야기하는 것

42_ 교육부, 교육부 고시 제1997-15호[별책 5], 30~31쪽.

43_ 우리의 국어과 교육과정에서 내세우는 내용 영역은 제5차 교육과정(1987. 3. 31.)에서 비롯하여 지금까지 사반세기 동안 바뀌지 않고 내려왔으니 많은 사람들이 큰 탈 없는 것으로 여길 듯하다. 그러나 이런 내용 영역은 정말 크게 잘못된 것이다(김수업, 《국어 교육의 길》, 나라말, 2001, 125~158쪽 참조). 국어 교육을 지역화하는 데서도 내용 영역을 바로 잡는 일이 큰 몫을 이루므로 이것을 새삼 따져 보아야 마땅하지만 여기서는 그것을 따질 자리가 아닌지라 지적만 하고 넘어간다.

44_ 임칠성은 지역의 말을 국어 교육의 내용으로 들여앉히는 길을 '알기·살기·잇기'라는 세 가지로 잡았다. 그리고 이것들을 국어 교과서 안에 '지역어 생활'이라는 단원을 마련해서 들여앉히면 좋을 것으로 보았다.(임칠성, 앞의 논문) 김혜영은 지역의 말꽃을 국어 교육의 내용으로 들여앉히는 일이 전통 계승, 갈등 조정, 정전 비판, 감수성 공유 교육에서 절실하다고 주장하였으나 교육의 내용으로 들여앉히는 길을 찾아 보이지는 못했다.(김혜영, 앞의 논문)

으로 그칠 수밖에 없다. 하지만 국어 교육의 내용 영역과 내용 항목에 지역의 말과 말꽃을 들여앉히자면 먼저 풀어야 할 매듭이 있다. 그것이 다름 아닌 대중말(표준어) 문화와 사투리(지역어) 문화의 관계를 바라보는 눈이다. 이제까지 우리네 국어 교육에서는 한결같이 표준어를 드높이고 표준어 교육에 있는 힘을 다하면서 지역의 말과 말꽃은 국어 교육에 들어올 수 없는 것으로 여겼기 때문이다. 대중말 문화는 드높이고 사투리 문화는 없애는 것이 국어 교육의 올바른 길이라고 생각하는 풍토에서는 지역의 말과 말꽃을 국어 교육의 내용으로 들여앉힐 수가 없기 때문이다. 그러나 일찍이 국어란 대중말과 사투리를 올바로 아우르는 것이어야 한다는 목소리가 나왔고,[45] 국어 교육이 지역 언어문화 쪽으로 눈을 돌리자는 논의에서도 표준어에만 매달린 발걸음을 뉘우치는 목소리가 있어서[46] 새로운 기운을 느낄 수 있다. 이런 기운이 한시바삐 자라서 대중말(표준어)과 사투리(지역어)를 제대로 알아보는 눈이 트이도록 힘을 써야 한다.

4) 국어 교육 방법에다 지역의 언어문화 체험을 끌어들이자는 것이다

국어 교육 지역화는 주장만으로 이루어지지 않는다. 교실 현장에서 이루어지는 방법까지 마련해야 뜻한 바에 다다를 수 있다. 그

45_ 김수업,《국어 교육의 원리》, 청하, 1989, 43~48쪽.
46_ '지역 언어문화와 국어 교육'을 처음으로 다룬 자리에서 말을 맡은 임칠성과 말꽃을 맡은 김혜영이 한결같이 표준어와 지역어의 관계를 문제로 삼았다. 그러면서 표준어에만 매달린 이제까지의 국어 교육은 뉘우치고 바로잡아야 한다고 했다.(임칠성, 앞의 논문 / 김혜영, 앞의 논문)

런데 국어 교육을 지역화할 적에 써야 할 방법이란 길이 빤하다. 지역의 언어문화 체험을 국어 교육의 방법으로 끌어들여서 활용하는 길밖에 다른 길이 없기 때문이다. 그러나 크게 보면 빤한 길이지만 그것이 학교 급과 학년 급에 따라 교실 현장에서 이루어질 학습 활동의 방법까지 내려가려면 마련해야 할 일들이 만만치 않다. 우선 국가 수준의 교육과정을 손질하는 일에서부터, 교재(교과서)를 만드는 일이며, 학습 활동을 펴는 일들이 수두룩하게 길을 가로막고 있기 때문이다.

알다시피 현행의 국가 수준 제7차 교육과정에서는 방법을 교수·학습 계획, 교수·학습 방법, 교수·학습 자료, 이렇게 세 가지로 갈라서 베풀어 놓았다. 그러나 그 어디에도 학생들이 발붙여 살고 있는 지역에서 나날이 체험하는 언어문화를 어떻게 활용해 보아야 한다는 말은 없다. '국어 사용 능력'이니 '실제의 국어 사용'이니 하는 말을 더러 되풀이하고 있지만 그것이 참으로 학생들이 나날이 살아가는 지역에서 쓰는 말을 가리키지는 않는다. 땅속에다 뿌리내리지 않은, 삶의 터전에 발붙이지 않은, 그래서 언제나 막연하고 추상적이라 손에 잡히지 않는 국어의 사용이며 능력을 이야기할 뿐이다.

이를테면, 교수·학습 계획의 첫째 항목은 "교수·학습 계획을 수립할 때에는 …… 창조적인 국어 사용 능력이 향상되도록 다음 사항에 유의한다."고[47] 했다. 그런데 거기 베풀어 놓은 '다음 사항 (가~바)'에는 학생들이 발붙여 살아가는 지역의 말살이에 눈을 돌리고 그런 나날의 말살이 능력을 북돋우라는 말은 자취조차 없다.

| 47_ 교육부, 교육부 고시 제1997-15호 [별책 5], 111쪽.

교수·학습 방법의 셋째 항목에도 "······ 학습 내용이 실제의 국어 사용과 연관되도록 교수·학습을 전개하되 특히 다음 사항에 유의한다."고[48] 했으나, 아래에 베풀어 놓은 '다음 사항(가~바)'에서도 학생들이 나날이 살아가면서 실제로 주고받는 지역의 말살이와 어떻게 연관시켜야 하는지 길잡이하려고는 하지 않았다. 교수·학습 자료의 셋째 항목에서는 "······ 지역 사회의 사회적, 문화적 특성 및 전통을 고려하여 교과서 이외의 자료를 활용할 수 있다."고[49] 했다. 지역의 언어문화 체험을 국어 교육의 자료로 부려 쓰라는 뜻이 뚜렷하다. 그러나 정작 바로 아래 베풀어 놓은 항목 (가)와 (나)에는 그런 쪽으로 어떤 길잡이도 해 놓지 않았다.

국어 교육 지역화는 먼저 국가 수준 교육과정의 이런 어긋남부터 바로잡아 국어 교육의 방법을 나날이 살아가는 지역의 말과 말꽃을 터전으로 삼아 이루어지게 하자는 것이다. 교육과정에서 비롯하여 교과서를 싸잡는 갖가지 교재에도 지역의 말과 말꽃이 제 자리를 차지하게 하고, 학생들의 학습 활동까지 지역의 언어 체험을 활용하고 성장시키자는 것이다. 이럴 적에 마음을 쓰고 크게 다루어야 할 일들은 현실적으로 복잡한 것이지만 이경엽은 네 가지로 간추렸는데,[50] 생각해 볼 만한 것들이다.

48_ 교육부, 앞의 책, 113쪽.
49_ 교육부, 앞의 책, 114쪽.
50_ 네 가지는 첫째, 생활 언어와 구비 전승에 담긴 삶의 문화. 둘째, 구비 문학의 지역성과 집단적 사유. 셋째, 지역 문화에 담긴 생태적 자연 인식과 공생적 삶. 넷째, 참여 학습을 통한 지역 문화 계승. 이렇다.(이경엽, 〈지역 문화와 국어 교육〉, 《국어교육학연구》 13, 국어교육학회, 2001, 83~113쪽.)

4. 마무리

국어 교육 지역화는 국어 교육을 지역에 가두자는 뜻이 아니다. 지역에 가두자는 것이 아니라 지역에 뿌리를 먼저 내리게 하자는 것이고, 지역에서 비롯하게 하여 차차 넓고 깊은 세계로 나아가게 하자는 뜻이다. 허공에 떠 있는 국어 교육을 삶의 터전인 지역으로 끌어내려 거기서 삶과 더불어 뿌리내리게 하고, 남을 본받고 남을 흉내 내며 남의 삶을 부러워하게 하는 국어 교육의 발길을 되돌려 발붙여 사는 땅에 토착화시켜 제 삶의 값어치를 북돋우는 국어 교육으로 가꾸자는 뜻이다.

국어 교육 지역화는 국어 교육으로 하여금 사람을 키우고 삶을 가꾸려는 본디의 뜻으로 돌아가게 하자는 것이다. 이제까지 서양의 이론을 베껴서 지식인 양 여기며 익히고, 쓸모없는 지식의 조각들을 외우는 것이 학업 능력인 양 알던 걸음을 멈추고 돌아서게 하자는 것이다. 말이 곧 사람이니 국어 교육을 잘 해서 사람을 훌륭하게 만들고, 말이 곧 삶이니 국어 교육에 힘써서 삶을 자랑스럽게 만들 수 있게 하자는 뜻이다. 국어 성적이 올라가면 사람됨이 올라가고, 국어 학습을 부지런히 닦으면 삶의 모습이 닦여지는 참다운 국어 교육을 하자는 것이다.

국어 교육으로 사람을 살리고 겨레를 살리려면 국어 교육의 목표와 내용과 방법에 이런 뜻을 들여앉혀야 한다. 그러려면 교육과정에서 비롯하여 교과서를 싸잡는 갖가지 교재에서 학생들의 학습 활동까지 지역의 언어 체험을 활용하고 성장시키는 쪽으로 눈길을 돌려야 한다. 그렇다고 국어 교육이 지역 언어 체험만으로 이루어져야 한다는 뜻은 결코 아니다. 국어 교육의 지역화는 국어 교육의 뿌리를 삶의 현장인 지역에 심어야 한다는 뜻일 뿐이고, 겨레가 하나로 어우러져 살기 좋은 나라를 만들면서 살아가도록 표준말 교육을 비롯한 나라말(국어) 교육에 더욱 힘써야 마땅하다. 나아가 지구 가족이 함께 더불어 복된 삶을 누릴 수 있도록 국어 교육의 눈길을 온 세상 사람들의 말살이로 넓히는 일에도 게을리할 수 없다. 이 논문에서는 이제까지 우리네 국어 교육이 하나에서 열까지 글자 그대로 나라말인 표준말 교육에만 매달렸던 일을 뉘우치고자 했다. 이것은 단순히 국어 교육의 방법을 뉘우치는 일이 아니라 우리 겨레가 살아온 길을 널리 뉘우치면서 학교 교육의 길을 뉘우치는 일이 될 터이다.

• 국어 교육 지역화의 뜻 : 《어문학》 제80호, 한국어문학회, 2003.

다섯. 마무리 삼아

현실과 현상을 그대로 보여 주고 그런 현상과 현실을 학생들이 스스로 자유롭게 살피고 만지면서 고민하고 사색할 수 있도록 열어 놓아야 한다. 그런 관찰과 접촉과 고민과 사색을 하는 동안에 세상의 신비로움(말, 문학, 사람, 자연)을 깨달을 수 있게 하면 국어 교육은 제 할 몫을 다 하는 것이다. 의문과 고민과 사색으로 두뇌 활동을 벌이게 하는 과정이 국어 교육이고, 그런 활동으로 학생들이 서로 받아들일 수 있게 되면 아인슈타인 시대의 사람으로 자라나는 것이다.

국어 교육과 아인슈타인

1.

20세기를 마감하면서 미국의 한 신문사에서는 온 세계 뛰어난 학자들에게 지나간 20세기 100년 동안 세상 사람들에게 도움을 가장 크게 준 사람을 골라 보라는 이른바 앙케트라는 것을 해 보았다. 그리고 앙케트에 응답한 석학들의 의견을 모아 가장 큰 도움을 준 것으로 꼽힌 사람을 첫째에서 열째까지만 뽑아 차례대로 세상에 알렸다. 그들 열 사람 가운데 맨 첫째로 꼽힌 사람이 다름 아닌 아인슈타인(1879~1955)이다.

아인슈타인은 우리나라에서도 중학교 정도만 다니면 그 이름을 모를 사람이 없을 만큼 그렇게 유명한 물리학자다. 그러나 그런 물리학자가 무엇 때문에 지난 100년 사이에 가장 뛰어난 사람이라는 것인지 속내를 아는 사람은 뜻밖에 많지 않을 수도 있다. 그저 "학교 성적은 신통치 않았다는데, 물리학에는 재능이 뛰어나 상대성 원리라는 것을 발명한 사람 아니냐." 하는 것이 고작일지 모르겠다.

'젊은 20대에 특수 상대성 이론을 내놓아(1905) 세상의 물리학자들을 어리둥절하게 하고, 나이가 들면서 30대에는 일반 상대성 이론을 완성하여(1915) 노벨상까지 받고(1921), 40대에는 그것을 온 우주로 넓혀 이른바 통일장 이론이라는 것까지 내놓았다(1929). 그리고 독일 나치에게 쫓겨 미국으로 건너가서(1933) 미국의 과학 발전에 기둥 노릇을 하다가 죽었다' 하는 정도면 꽤 많이 아는 축에 끼일 듯하다.

그러나 그런 정도로는 그가 어째서 지난 20세기 동안 인류에게 가장 큰 도움을 주었다는 것인지 속내를 가늠할 수 없다. 그래서 아인슈타인이 무엇으로 온 세상 사람들에게 그처럼 큰 도움을 주었다는 것인지 그 까닭을 제대로 아는 사람이 우리나라에서는 그렇게 많지 않을 것이라는 말을 겁도 없이 해 본 것이다. 어쩌면 이런 내 말은 세상 모르는 소리에 지나지 않을지도 모른다. 그러나 적어도 국어 교육을 하는 사람들, 거기서도 국어 교육을 쥐락펴락하면서 교육과정과 교과서를 만들고 검인정 심사와 판정을 도맡은 사람들 가운데는 아인슈타인이 어째서 지난 100년 사이에 인류에게 가장 큰 도움을 주었다는 것인지를 아는 사람이 거의 없다고 말해도 틀림이 없을 듯하다.

이번 제7차 교육과정에 따라 펴내 놓은 여러 가지 국어 교과서들의 속내며 검인정에서 합격한 《국어 생활》 교과서들의 속살을 보면서 나는 이런 장담을 하게 되었다. 이것은 우리네 국어 교육의 앞날을 몹시 걱정스럽게 하는 조짐이기에 곰곰이 좀 생각해 봐야 할 일이 아닌가 싶어 이 글을 쓴다.

2.

아인슈타인의 물리학 이론들은 한마디로 우주 자연과 인간 세상과 사람을 보는 눈과 마음을 바꾸어 놓았다. 물론 그런 이론은 아인슈타인 혼자서 느닷없이 이루어 낸 것이 아니라 수많은 과학자들이 피땀을 쏟으며 찾아낸 것들 위에 아인스타인이 우뚝 서서 마무리를 했던 것이다. 그리고 아인슈타인은 우주 자연의 현상을 밝혔을 뿐이고, 인간 세상이나 사람을 두고는 이러쿵저러쿵하지 않았다. 그러나 그가 자연과 우주의 현상을 이렇다 하고 밝혀 놓으니까 거기 따라 다른 사람들이 인간 세상과 사람까지도 새로운 눈과 마음으로 보아야 하겠다는 생각을 일으키지 않을 수 없었다.

아인슈타인이 특수 상대성 이론을 내놓을 때까지 사람들은 뉴턴(1642~1727)이 밝혀 놓은 이론에 따라 우주 자연과 인간 세상을 바라보았다고 할 수 있다. 뉴턴이 내놓은 우주 자연은 마치 엄청나게 커다랗고 복잡한 기계 같아서 그런 모두를 움직이는 원리와 법칙이 하나 있어야 한다는 것이었다. 우주 전체를 움직이는 근본 원리가 하나 있고, 그런 근본 원리에 따라 우주 자연을 이루는 헤아릴 수 없이 수많은 부분과 분자와 요소들이 흐트러짐 없이 움직이며 거기 있다고 보았다. 이들 부분과 분자와 요소들 모두에게도 차원과 단계가 서로 다른 원리와 법칙들이 하나씩 들어 있음은 두말할 나위도 없다. 그런데 이들 얽히고설킨 원리와 법칙은 아주 빈틈이 없고 흔들릴 수도 없어서 우주와 자연은 질서 정연하게 제 길을 따라 엇갈리지 않고 움직일 수 있다는 것이다. 그만큼 그들 원리와 법칙은 오직 하나이며 만유 위에 절대적인 것이었다.

뉴턴이 바라본 이런 우주 안에서 사람들은 하나의 원리, 하나의 법칙, 하나의 진리를 믿는 것으로 신앙생활을 할 수 있었다. 하나의 그런 원리를 인정하는 것으로 사회 체제와 질서를 유지할 수 있었고, 하나의 그것을 찾아내는 것으로 학문 탐구를 할 수 있었다. 하나의 그것을 상상하면서 예술 활동을 벌이고, 하나의 그것을 가르치는 것으로 교육 활동을 벌였다. 그러나 뉴턴이 우주 자연을 기계처럼 절대적으로 바라본 데서 찾아낸 여러 원리와 법칙들은 19세기를 지나는 동안 여기저기서 사실과 맞지 않는다는 주장들에 부딪쳤다. 그러나 19세기에 나타난 그런 주장들은 뉴턴의 이론을 뒤집을 수 있는 데까지 이르지는 못하고, 어리둥절함과 헷갈림으로 혼란을 일으키는 정도에 머무는 것이었다.

그런데 20세기를 들어서면서 아인슈타인이 내놓은 특수 상대성 이론을 이론 물리학의 대가로서 이미 양자 가설로 뉴턴의 세계관을 뒤흔들고 있던 플랑크(1858~1947)가 인정하면서 사정이 달라지기 시작했다. 그리고 아인슈타인이 잇달아 내놓은 일반 상대성 이론, 상대론적 우주론(1917)을 거쳐 통일장 이론에 이르러서는 더 이상 뉴턴의 우주관이 버틸 수가 없게 되었다. 우주 안에는 하나의 원리나 법칙만 있는 것이 아니다. 더구나 우주를 떠받들고 있는 물질의 속살인 미시 세계의 움직임은 그럴 수가 없다. 하나의 원리, 하나의 법칙은 하나의 시간과 공간 안에서만 살아서 힘을 쓸 뿐이다. 시간과 공간이 달라지면 또 다른 원리와 법칙이 그 시간과 공간 안의 존재들을 다스리게 마련이다. 이것은 지구뿐만 아니라 우주 자연에 두루 보편으로 통하는 진실이다. 이렇게 해서 200년을 누려 온 뉴턴의 세계관과 우주관은 막을 내리고, 새로운 아인슈타인의 세계관과 우주관이 막을 올리게 되었다.

3.

　뉴턴의 시대에서 아인슈타인의 시대로 바뀌면서 뭐가 어떻게 달라졌기에 세상 사람들에게 그처럼 커다란 도움을 주었다는 것인가. 한마디로 서유럽 사람들을 겸손하게 만들었고, 가진 사람들의 콧대를 꺾어 놓았다. 지난 2000년 동안 인류 문명을 이끌어 오면서 자기들 잣대로 다른 곳 사람들을 업신여긴 서유럽 사람들을 뉘우치게 만들었다. 저들의 잣대로 온 세상 다른 사람들을 재면서 저들과 다른 것은 모조리 후진이며 야만이며 잘못이라고 여기던 생각을 바꾸도록 했다. 자기들의 잣대는 자기들에게만 맞는 것이고, 시간과 공간이 자기들과 다른 곳에서는 거기 맞는 또 다른 잣대가 있다는 생각을 하도록 만들었다. 파리 사람들의 삶은 값지고 빛나는 문명인데 파푸아 뉴기니 사람들의 삶은 쓸모없고 더러운 야만이라는 생각을 고치도록 했다. 파리 사람들의 삶은 파리라는 시간과 공간에서 값지고 빛난 것이고, 파푸아 뉴기니 사람들의 삶은 또 그들의 시간과 공간에서 값지고 빛난 것이라는 사실을 알게 해 주었다. 영국 사람들의 말은 가다듬어지고 넉넉하게 발달한 것이지만 에스키모 사람들의 말은 너절하고 가난하여 원시 야만이라는 생각을 바꾸게 만들었다. 영어는 영국의 풍토와 역사 안에서 그런 모습을 갖추어 모자람이 없지만, 에스키모 말은 북극의 환경과 생활 안에서 그런 모습을 갖추어 또한 모자람이 없다는 사실을 깨닫게 해 주었다.

　뉴턴의 시대에는 어디서나 가진 사람들의 세상일 수 있었다. 힘이면 힘, 돈이면 돈, 앎이면 앎을 가진 사람들이 세상을 저들의 잣대에 맞추어 이끌어 갈 수 있었다. 저들에게 맞추어 만들어 낸 잣대 하나로 모든 사람들을 그것으로 재면서 거기 맞지 않은 사람들을 업신여기며 깔보았다. 가진 사람들의 잣대에 맞추면 가지지 못한 사람들은 모조리 잘못된 사람이다. 힘이 없어도 잘못이고, 돈이 없어도 잘못이고, 앎이 모자라도 잘못이다. 그래서 그런 사람들은 모두 가지고 잘난 사람들을 우러러 바라보며 따라가야 했다. 그러나 아인슈타인의 시대로 넘어와서는 그렇지 않게 되었다. 가지지 못하거나 가지지 않은 사람들에게는 가진 사람들과 다른 저들만의 잣대가 있다. 힘이 없는 것에는 힘이 없기 때문에 값진 점이 있고, 돈이 없으면 돈이 없어서 넉넉한 면이 있고, 앎이 모자라면 앎이 모자라서 복된 구석이 있다. 가진 사람들은 가진 사람들에게 맞는 잣대에 따라 자랑스러울 수 있지만, 가지지 않은 사람들에게도 가지지 않은 사람들에게 맞는 잣대로 자랑스러울 수 있다는 것이다.

어제 맞았던 것이 오늘은 맞지 않고, 오늘 옳은 것이 내일은 옳지 않을 수 있다. 여기서는 옳지만 거기서는 옳지 않고, 거기서는 맞았으나 저기서는 맞지 않을 수 있는 것이다. 너에게 마땅한 것이라고 해서 나에게도 마땅하리라 단정할 수 없고, 우리에게 좋은 것이라고 해서 너희에게도 좋으라는 법이 없다. 모든 존재는 저마다 남다른 값어치와 몫을 지니고 있어서 하나의 잣대로 서로를 견줄 수 없다. 이것은 우주 자연의 본질이다. 이처럼 놀라운 깨달음을 아인슈타인이 세상 사람들에게 안겨 준 것이다. 이것이 바로 20세기 100년 동안에 인류가 얻은 가장 큰 선물이며 복음이었다는 것이다.

이렇게 세상천지를 새롭게 보도록 하는 아인슈타인의 흐름이 얼마나 거센 것이었는가는 2000년 동안 서양 문명의 등뼈 노릇을 해 온 가톨릭교회가 바뀐 것으로도 알아볼 수 있다. 이른바 종교 개혁 운동의 반작용으로 굳을 대로 굳어져 하나의 진리, 하나의 교회,

하나의 구원을 고집하던 가톨릭교회였지만, 아인슈타인이 세상을 떠나자마자 문을 활짝 열었다. 거역자(프로테스탄트)라 부르며 원망하던 사람들을 '갈라진 형제'라 고쳐 부르면서 '일치 운동에 관한 교령'(1964)을, 1000년 전에 갈라져 등 돌리고 살았던 동방 교회를 "우리는 모두 서로 존경하며 형제적 사랑으로 사랑해야 하겠다" 하면서 '동방 교회에 관한 교령'(1964)을, "그러므로 교회는 인간과 인간 사이의 온갖 차별과 혈통이나 피부색이나 사회적 조건이나 종교적 차별의 이유로써 생겨난 모든 박해를 그리스도의 뜻에 어긋나는 것으로 알아 배격하는 바이다." 하면서 '비그리스도교에 관한 선언'(1965)을, "따라서 인류 사이에 평화로운 관계와 화합을 확립하고 강화하기 위해서는 지상 어디서나 종교의 자유가 효과적인 법적 보호를 받고, 사회에 있어서 종교 생활을 자유로이 하는 인간 최고의 의무와 권리가 준수될 필요가 있다." 하면서 '종교 자유에 관한 선언'(1965)까지 발표하고, 진리와 구원의 상대성 원리를 높이 들어올렸다.

한국에서 국어 교육하는 사람들이라면 누구나 다 아는 촘스키(1928~)의 변형 생성 언어 이론이며 야우스(1921~)의 독자 반응 문학 이론이라는 것들도 이런 아인슈타인의 상대성 이론이 내린 그늘 아래서 자라난 것임은 두말할 나위도 없다. 촘스키의 변형 생성 문법 이론을 데카르트의 철학에서 나온 것이라고들 하지만 그것은 너무 멀리 뻗은 뿌리를 이야기한 것이다. 겉으로 드러난 말들은 서로 아주 다른 듯이 보이지만 깊이 속으로 파고들어 가 보면 모두가 같은 하나의 뿌리에 닿아 있다는 그의 언어 이론, 말을 바꾸면 하나의 뿌리에서 자라난 말들이 시간과 공간이라는 환경에 따라 겉으로 다른 여러 가지 모습을 띠게 된다는 언어 이론은 그가 의식을 했든 말았든 아인슈타인의 세계관 안에서 싹트고 자란 것이다. 문학이란 한 사람의 작가가 만들어 놓은 작품으로 가만히 존재하는 것이라기보다는 그것을 받아들이는 수많은 사람들이 저마다 달리 느끼고 깨닫는 그것으로 존재한다는 문학 이론, 문학은 만든 쪽에서 일방적으로 주는 것이 아니라 주는 쪽과 받는 쪽이 저마다 몫을 나누어 주고받으며 벌어지는 활동이라는 문학 이론도 아인슈타인의 상대성 이론이라는 바탕에서 자라난 것이다. 이처럼 말과 문학을 바라보는 눈길까지도 바꾸어 놓는 말미를 마련해 주었기에 세계의 석학들이 아인슈타인을 20세기 100년 동안에 가장 뛰어난 사람으로 손꼽을 수밖에 없었다.

4.

　그런데 우리네 국어 교육은 아직도 '칠월에 잣던 그 가락'이 아닌가. 아인슈타인에 말미암아 세상이 달라졌다는 사실을 알고 했든 모르고 했든, 제7차 교육과정의 편성과 운영에서는 '개성을 추구하는 사람', '창의적인 능력을 발휘하는 사람', '진로를 개척하는 사람', '새로운 가치를 창조하는 사람'을 길러 내야 한다고 했다. 개성, 창의, 개척, 창조 같은 능력은 모두 아인슈타인이 뒤집어 놓은 그런 세계관을 가슴에 새기고 두 발로 딛고서야 길러낼 수 있다. 그런 세계관의 바탕에서 찾아온 내용과 방법으로 교육하지 않으면 제대로 길러 내기 어려운 능력들이다. 그런데도 국어과 교육과정으로 내려오면 세상 돌아가는 것을 알고 있는 것인지 모르고 있는 것인지, 성

격이며 목표며 내용이며 방법이며 어디를 찾아보아도 예나 다름없
는 소리를 어리벙벙하게 써 놓아서 어쩌자는 것인지 종잡을 수가
없다.

그러니 교과서가 어떻게 달라질 수 있겠으며, 교육 방법이 어떻
게 달라질 수 있겠는가. 중학교 1학년 《국어》 교과서에서는 소설
〈홍길동전〉의 들머리 대목을 읽게 하고 나서 공부하라고 내놓은 물
음이라는 것들이 이렇다.

(1) 길동의 고민은 무엇인가?
(2) 길동은 자기가 서자라는 이유로 차별을 받는 것에 대하여 어떻
    게 생각하는가?
(3) 길동의 부모는 길동의 고민에 대하여 어떻게 생각하는가?

이런 물음은 보다시피 정답을 찾으라는 것인데, 정답은 이런 것
들일 수밖에 없을 터이다.

(1) 길동의 고민은 ○○이다.
(2) 길동은 차별받는 것에 대하여 ○○하게 생각한다.
(3) 부모는 길동의 고민에 대하여 ○○하게 생각한다.

물음을 던질 때에 이미 정답을 정해 놓고 던지고, 정해 놓은 정
답이 뭘까를 맞추려고 애태우는 것이 아직도 우리네 국어 교육의
실정이다. 이렇게 답답한 교육을 받은 아이들이 어떻게 아인슈타인
시대를 제대로 살아갈 수 있을 것인가. 정답을 미리 알려 주고 외우

라고 하던 일제 침략 시절의 교육에 견주면 한결 나아진 '탐구 학습' 아니냐 하며 나설 사람들이 많다. 그건 물론 그렇다. 하지만 그것은 뉴턴 시대의 모습이라 하더라도 가장 답답한 초기의 모습에도 미치지 못하는 것이다.

하기야 오늘도 "'독립'이 '동닙'으로 소리 나는 것을 무슨 현상이라 하느냐?" 한다든지 "〈사미인곡〉의 지은이는 누구냐?" 또는 "〈진달래 꽃〉의 주제로 다음 가운데 어느 것이 가장 옳으냐?" 하는 문제들을 내놓고 시험을 처서 학생을 평가하고, 그런 물음에 답하는 것을 '학업 능력'이라고 여기는 사람들이 교단에 수두룩하다는 사실을 나도 잘 안다. 그러나 이런 콩가루 같은 지식(?)을 알아서 오늘 같은 세상에 학생들이 어디에다 쓸 것인가. 오직 한 군데, 월중고사니 중간고사니 기말고사니 하는 학교 시험에나 쓰이고 그날로 잊어버려도 그만인 것 아닌가. 세상 삶에는 아무 짝에도 쓸모없는 시험 문제를 내놓고, 거기 맞추는 정답을 찾도록 하느라고 이리저리 비트는 일을 학교 교육이라 고집하면서 어떻게 '개성을 추구하는 사람', '창의적인 능력을 발휘하는 사람', '진로를 개척하는 사람', '새로운 가치를 창조하는 사람'을 길러 내겠는가. 그러니까 아이들의 본능과 직관이 그걸 먼저 알고 이른바 '교실 붕괴'라는 일을 벌이는 것 아닌가.

이미 20세기 중엽, 그러니까 아인슈타인이 세상을 떠나자마자 제롬 브루너(1915~) 같은 이들이 나서서 학교 교육이 지난날의 지식을 따라다닐 수 없다는 사실을 밝혀서 미국의 교육이 길을 온전히 바꾼 것 아닌가. 지식이 폭발하고 있는데 어느 겨를에 그것을 다 따라다닐 것이며, 따라다니며 붙잡는다 한들 그것은 이미 달라진 세상에 쓸모가 없어진 것일 뿐이다. 그래서 이른바 '창의성 개발 교육'이라는 것으로 저마다 타고난 창의와 재능을 나름대로 찾아내고 키워야 한다는 쪽으로 미국 교육의 길을 바꾸었던 것이다. 그리고 벌써 반세기를 지났는데, 21세기에 내놓은 우리네 국정 교과서는 애시 당초 정답 같은 것이란 있을 수도 없는 문학 작품을 읽고서도 이런 물음을 들고 공부해야 한다니 무엇을 더 말할 것인가.

글쓰기에서 글의 재료인 내용을 뽑아내는 것이 바로 '내용 선정하기'이다. 내용을 선정하는 방법은 다음과 같다.

- 글을 쓰는 목적과 주제를 구체적으로 정한다.
  글을 쓰는 목적과 주제가 뚜렷해야 그에 어울리는 내용을 선정할 수 있다.
- 중심 내용을 선정한다.
  주제와 관련된 중심 내용을 생각하여 글을 계획한다.
- 중심 내용을 뒷받침하는 세부 내용을 선정한다.
  중심 내용과 관련된 여러 가지 정보를 수집하고, 이 중에서 글에 꼭 필요한 내용을 뽑아 세부 내용으로 구성한다.

중학교 1학년《생활 국어》교과서에 있는 그대로 옮겨 본 것이다. 이런 정도라면 뉴턴 같은 전근대 세계관에서도 거리가 한참 멀다. 바탕글을 읽고 외워서 시험의 정답은 맞힐 수야 있겠지만, 그것을 외워 정답을 맞혔다고 좋은 글을 어떻게 쓰겠는가. 고등학생들이 배울《국어 생활》검인정 심사에 합격한 교과서들을 보아도 이런 사정이 달라진 데를 찾을 수가 없다. 아무것이나 보기 하나를 들어 볼까.

'가치 있는 삶과 문학'이라는 단원을 세우고 친절한 바탕글을 만들어 놓았다. 그런데 글의 속살인즉 '1. 문학은 언어로 형상 만들기', '2. 문학은 삶의 가치를 찾는 일', '3. 문학은 삶의 성찰적 반영', 이렇게 세 가지를 내세워 놓고 그것을 차례대로 설명하고 있다. 그러고 나서 공부하라는 물음은 이렇다.

(1) '언어적 형상화'란 무엇을 어떻게 표현한다는 것인가?
(2) 문학이 형상화를 하게 되는 까닭은 무엇인가?
(3) 일상생활에서 형상적 표현이 쓰이는 사례를 찾아보자.

문학이 말로 이루어지는 예술이라는 사실, 말로써 눈에 보이지도 않는 느낌이나 생각을 눈에 보이도록 그려 낸다는 사실을 올바로 깨닫게 하는 일은 문학 교육에서 얼마나 긴요한가. 그러나 그런 사실을 하늘에서 내려온 정답처럼 못 박아 미리 설명해 주고, 거기 담긴 설명의 뜻을 알아먹었는지 물어보고 확인하는 것을 국어 교육으로 여기는 것은 낡아빠진 뉴턴 시대의 정신에 지나지 않는다. 뉴턴 시대의 절대주의 철학에 굳게 갇힌 정신의 열매다.

문학이 말로 이루어 내는 꽃이며 향기라는 사실, 눈에 보이지 않는 느낌이나 생각을 눈에 보이도록 말로써 그려 내고 그것을 맛보며 즐기는 것이 문학이라는 사실을 몸으로 익히고 스스로 깨달을 수 있도록 학생들에게 맡겨 놓아야 한다. 그것을 익히고 깨닫는 길은 하나가 아니고, 몇 가지도 아니고, 사람마다 서로 다를 수 있다는 사실을 올바로 인정하면서 그 길을 열어 놓는 것이 아인슈타인 시대의 문학 교육이 나아가는 길이다. 학생들이 문학 작품을 몸소 붙들고 씨름하면서 익히고 깨닫는 과정, 작품을 붙들고 씨름하면서 벗들과 더불어 서로의 느낌과 생각과 깨달음을 주고받으며 머리와 마음을 열어 가고 키워 가는 과정이 문학 교육이다. 그렇게 부대끼며 나아가는 과정에서 저마다 다르게 지니고 태어난 정신의 세계를 저마다 다른 속살로 가꾸어 간다는 사실을 똑똑히 알아야 한다. 그런 다음에, 그런 과정과 활동을 얼마나 부지런히 마음을 다해 하고 있는가를 살펴서 평가하라는 것이 이른바 '수행 평가'의 참뜻이다.

어디 문학 교육뿐이겠는가. 언어 교육도 마찬가지다. 일테면, 아래와 같은 물음을 던져 주면서 '탐구 학습'이라는 아주 새로운 언어 교육의 방법으로 나아간다는 생각들을 하고 있다.

- '-개, -애'는 명사 파생 접사이다. 그런데 '-개, -애'에 의해 파생된 명사들은 어근의 의미와 관련하여 의미적으로 일련의 공통점이 있다. 그것이 무엇인지 다음 예들을 통해 알아보자.

  막다 - 마개, 덮다 - 덮개, 이 쑤시다 - 이쑤시개,
  지우다 - 지우개, 잣다 - 자새

그러나 내가 보기에는 이 또한 뉴턴 시대의 방법에서 벗어난 것이 아니다. 보다시피 '~는 명사 파생 접사이다.' '~는 의미적으로 일련의 공통점이 있다.' 하는 말들에는 벌써 '정답'이 도사리고 있다. 학자들이 밝혀낸 '정답'이 서슬 푸르게 있으니, 학생들에게 그

것을 알도록 가르쳐야 한다는 뉴턴 시대의 교육관이 버티고 있다는 말이다. 이것을 초보적으로나마 아인슈타인 시대의 교육으로 넘어오게 해 보자면 아래와 같은 쪽으로 바꾸어야 한다.

막다 – 마개, 덮다 – 덮개, 이 쑤시다 – 이쑤시개, 베다 – 베개,
지우다 – 지우개, 지다 – 지개(게), 잣다 – 자새

- 위에서 짝지어 보인 낱말들은 서로 같은 뿌리에서 나온 것으로 보인다. 다음 물음을 놓고 모둠별로 토론하여 바람직한 해답을 찾아 보자.

① 왼쪽 낱말과 오른쪽 낱말의 품사를 말해 보자.
② 어느 쪽 낱말이 본디의 뿌리일까? 왼쪽 낱말일까 오른쪽 낱말일까?
③ 오른쪽 낱말에 보이는 '–개, –애'는 무슨 뜻인가를 담고 있는 듯한데, 그 뜻이 무엇일까?
④ 위의 보기를 본받아 '–개, –애'를 붙여서 우리도 새로운 낱말을 만들어 보자.

말하자면 현실과 현상을 그대로 보여 주고 그런 현상과 현실을 학생들이 스스로 자유롭게 살피고 만지면서 고민하고 사색할 수 있도록 열어 놓아야 한다는 말이다. 그런 관찰과 접촉과 고민과 사색을 하는 동안에 세상(말, 문학, 사람, 자연)의 신비로움을 깨달을 수 있게 하면 국어 교육은 제 할 몫을 다하는 것이다. 살피고 만지고

고민하고 사색하는 것들을 털어놓고 토론을 벌이면서 서로의 생각과 느낌과 사람됨을 주고받게 하면 그것이 국어 교육이다. 의문과 고민과 사색으로 두뇌 활동을 벌이게 하는 과정이 국어 교육이고, 그런 활동으로 학생들이 서로를 받아들일 수 있게 되면 아인슈타인 시대의 사람으로 자라나는 것이다. 그럴 때에야 비로소 제7차 교육 과정이 바라는 개성을 추구하는 사람, 창의적인 능력을 발휘하는 사람, 진로를 개척하는 사람, 새로운 가치를 창조하는 사람을 길러 낼 수가 있을 것이다.

5.

　아인슈타인이 일반 상대성 이론으로 노벨상을 받고 세상이 눈에 띄게 바뀐 지가 벌써 80년을 넘었는데 내가 이제야 그를 끌고 와서 우리네 국어 교육을 이야기하자니 가슴이 답답하고 적잖이 부끄럽다. 그러나 어쩌랴! 우리네 국어 교육의 역사와 현실이 그럴 수밖에 없으니. 하지만 제발 덕분에 이제라도 우리 국어 교육이 뉴턴 시대의 낡은 유물 두 가지는 당장 버려 주었으면 좋겠다. 하나는 '모범'을 따르라고 우기는 짓이고, 또 하나는 '정답'을 찾으라고 보채는 노릇이다.

　세상 사람들은 저마다 온갖 말씨를 부리고 갖가지 속내를 말에 담아서 주고받으며 살아간다. 세상에는 온갖 속살과 갖가지 모습을 드러낸 말꽃 작품들이 수없이 살아 움직이고 있다. 그런데 아직도 우리네 국어 교과서는 어느 것이든지 그런 현실의 말과 말꽃 속으로는 들어가 보려고 하지 않고 모범을 내놓고 가르치려고만 한다.

현실 안에 살아 숨 쉬는 말과 말꽃을 교과서에 넣으면 교육의 체면이 깎이고 교과서의 권위가 떨어지고 세상이 무너지는 것으로 여긴다. 비교육적이다, 내용이 부적절하다, 위험한 발상이다, 사실에 맞지 않다, 정서에 어울리지 않는다, 표현이 거칠다……. 멋대로 만든 이런 뉴턴식 잣대를 마음껏 휘두르면서 교과서에 얼씬도 못하도록 막는다. 그렇게 막아 놓고, 살아 숨 쉬는 학생들의 현실과는 멀리 동떨어진 이른바 '모범'을 내세워 교과서를 만들어 아이들에게 배우라고 강요한다. 거듭 말하거니와 하나의 모범은 뉴턴 시대와 함께 사라지고 없다. 이제는 너나없이 모두가 남다른 모범이고, 이것저것 가리지 않고 모든 존재가 나름대로 모범이다.

말꽃은 상상의 세계를 드러내는 예술이기에 뉴턴 시대보다 훨씬 더 이전에도 본디 정답을 찾을 수 없는 것인 줄을 모두가 알았다. 그런데 아인슈타인 시대로 넘어와 온갖 것에서 사라져 버린 정답을 반세기를 지난 오늘에 와서도 우리네 문학 교육에서는 찾으려 매달리니 답답한 노릇이 아닌가. 그러면 말과 말꽃이라 해도 앎을 다루어야 하는 철학, 역사, 현상은 어쩌란 말이냐 할는지 모르겠다. 그렇다. 삶에는 정답이 없더라도 앎에는 정답이 있기를 바란다. 그러나 아인슈타인 시대의 앎은 뉴턴 시대의 앎과 다르다. 뉴턴 시대의 앎은 찾아서 기억하는 무엇이었으나, 아인슈타인 시대의 앎은 반성하고 회의하고 사색하는 무엇이다. 뉴턴 시대의 앎은 끝내고 닫아 두는 자물쇠와 같았지만, 아인슈타인 시대의 앎은 시작하고 열어 주는 열쇠와 같다. 이제 앎이란 정신을 자유롭게 만들어 함께 누리는 삶의 뼈대며 지렛대 노릇을 하는 힘이지, 외웠다가 뱉어 내서 자랑하고 뽐내는 데 써먹자는 것이 아니라는 말이다.

모범과 정답이라는 뉴턴 시대의 유물을 내버리고, 세상 흐름에 발맞추는 국어 교육을 새롭게 해 보려면 무엇보다도 먼저 국정 교과서 제도와 검인정 교과서 제도를 어떻게든 바꾸어야 하겠다. 정부가 붙들고 있지 않아도 얼마든지 더 좋은 교과서를 우리 국민들이 만들어 내고도 남는 시대가 벌써 왔다. 그런 사실을 전국국어교사모임이 《우리말 우리글》을 만들어 내놓는 것으로 온 국민에게 뚜렷하게 보여 주었다. 진리가 하나뿐인 줄 알았던 뉴턴 시대의 사고방식, 내 손으로 하지 않은 것은 못 믿겠다는 독재자의 정신 질환, 이런 것들에 물든 우리 모두의 정신을 서둘러 씻어 내야 하겠다. 참된 아인슈타인 시대의 국어 교육을 앞당기도록 우리의 마음과 슬기를 모아야 할 때다. 그래야 우리 아이들이 떳떳하고 자랑스럽게 자라날 수 있는 길이 열린다.

• 국어 교육과 아인슈타인 : 《함께 여는 국어 교육》 2001 가을호

국어 교육과 국어교육학

1. 들머리

국어 교육을 해 온 지가 반세기를 넘어섰다. 우리 겨레가 말로써 문화를 일구며 살아온 세월에 견주면 너무도 짧은 시간이지만, 세상에는 아직 국어 교육을 해 보지 못한 겨레들도 적지 않다는 사실에 마음을 돌리면 아직 늦지 않았다는 생각도 든다. 그러나 늦지 않았다고 나전을 부려도 좋다는 뜻일 수는 없다. 우리보다 몇십 년 또는 몇백 년씩 앞서 국어 교육을 해 온 덕분에 나라 안 모든 사람들이 함께 더불어 아름다운 세상을 만들며 즐겁게 살고, 그것으로 세상을 앞장서 이끄는 겨레들이 수두룩하기 때문이다.

알다시피 우리가 국어 교육을 그처럼 늦게 한 까닭은, 얼마 되지 않는 사람들만 세상을 주름잡는 왕조 사회가 너무 오래도록 남아 있었기 때문이다. 수많은 사람들은 타고난 재능을 꽃피울 수 없도록 묶어 두고 얼마 안 되는 사람들끼리 세상을 주무르는 왕조 사회가 20세기까지 버텼기 때문이다. 그런데 이처럼 닫힌 왕조 사회가 2000년을 넘게 버틸 수 있게 해 준 힘은 무엇보다도 말을 잘못 쓴 데서 나왔다. 중국의 글말(한문)을 빌려다 우리말인 양 썼기 때문에 왕조 사회가 무너지지 않았다. 수많은 사람들이 신분 사회의 체제에 묶여 허덕이며 살아야 하는 데다 세상에서 가장 어려운 남의 글말에 정보를 담아 지배층 사람들끼리만 주고받았기 때문에 힘의 원천인 정보가 백성들 사이로 퍼져 나갈 수 없었다. 그리고 어려운 중국 글말이라도 배울 만한 시간을 가진 지배층 사람들만 정보를 독차지하여 왕조 사회는 오래 무너지지 않을 수 있었다. 이런 사정으로 말미암아 우리말을 가르쳐서 모든 사람이 함께 정보를 주고받으며 더불어 살아가도록 하자는 국어 교육을 일찍이 할 수가 없었다.

그러니까 우리 겨레에게 있어 왕조 사회가 무너진 것은 곧 한문의 위력이 허물어진 것이고, 수많은 사람들에게 정보를 넘보지 못하게 하던 장벽이 무너진 것이었다. 모든 사람들이 정보를 함께 누리며 더불어 좋은 세상을 만들면서 살아갈 수 있는 새로운 시대가 열린 것이다. 더구나 우리말을 쉽게 적을 수 있는 글자, 곧 한글을 오래전에 만들어 놓았던 터라 너나없이 입말과 글말로 문화를 일구는 일에 나설 수 있어서 그런 세상은 놀라울 만큼 크게 열릴 수 있었다. 사실 지배층 사람들은 기를 쓰고 어려운 한문에다만 정보를 담아서 저들끼리 주고받으려 했지만, 한글이 너무 쉬운 글자인 탓으로 18세기 즈음에 와서는 보잘것없는 사람들까지 글말살이를 적잖이 하게 되었다. 그리고 그것이 왕조 사회를 무너뜨린 힘의 든든한 바탕이 되기도 했다.

그런데 안타깝게도 제국주의라는 나쁜 사상에 물든 이웃 일본이 왕조 사회가 무너지는 틈을 타서 우리를 짓밟는 바람에 아까운 반세기를 다시 어둠 속에서 보내지 않을 수 없었다. 저들은 우리 겨레가 하나로 어우러져 입말과 글말을 마음껏 주고받으며 살아갈 수 있도록 놓아두지 않았다. 모든 학교 교육을 틀어쥐고 우리말을 못 쓰게 하면서 저들의 일본말을 쓰라고 억지를 부리며 온갖 몹쓸 짓을 다 했다. 반세기 만에 일본 제국주의를 물리치고 빛을 되찾았으나, 다시 미국과 소련이라는 다른 제국주의가 이번에는 우리 겨레를 두 동강으로 잘라 놓았다. 그로부터 또 반세기를 지났으나 아직도 우리는 그렇게 잘려진 겨레를 하나로 다시 묶지 못했다. 그래서 왕조 사회가 무너지고 한 세기를 지났지만 온 겨레가 더불어 입말과 글말을 마음껏 누리는 세상은 아직도 제대로 열리지 못한 채 그냥 이러고 있다.

이런 소용돌이 가운데서 우리는 국어 교육의 첫걸음을 힘겹게 내디뎠고, 이제 겨우 반세기를 넘어선 것이다.[1] 이제까지 국어 교육이 엎치락뒤치락하면서 허둥지둥 미국과 일본을 본뜨려고만 하며 내달려 온 자취를 마냥 나무랄 수만 없는 까닭이 거기 있다. 그러나 그렇게 더듬거리며 내달린 길에서도 물론 배우고 얻은 것이 아주

1_ 이 말에 동의하지 않을 분들이 많은 줄 안다. 여러분들이 우리네 국어 교육의 역사를 이야기했지만 모두 그렇게 보지는 않았기 때문이다. 심지어는 고구려의 태학이며 경당으로부터 국어 교육을 했다고 보는가 하면(이응백,《국어교육사연구》, 신구문화사, 1974), 그밖에 거의 모든 이들이 조선 왕조에서 갑오개혁을 하던 때로부터 국어 교육을 시작했다고 보기(박붕배,《한국국어교육전사》(상), 대한교과서주식회사, 1984. / 그밖에 여러 가지 국어교육학 개설서들) 때문이다.

없지는 않았다. 그렇게나마 배우고 얻은 것들 가운데서 가장 값진 것을 꼽으라면 아마도 국어교육학을 일으킨 것이 아니었을까 싶다. 국어교육학, 그렇다 국어 교육을 학문으로 다루어야 하겠다는 것이다.

그런 깨달음은 지난 세기 1980년대에 일어나기 비롯해서 이제는 제법 뚜렷한 모습으로 세상에 알려졌다. 온 나라 거의 모든 대학에서 국어교육학 석사를 길러 내고, 박사를 길러 내는 대학도 곳곳에 잇달아 생겨난다. 그러니 국어 교육을 다루는 논문과 책이 헤아리기 어려울 지경으로 쏟아져 나오고, 우리말과 말꽃을 연구하는 학자들의 모임인 학회마다 국어교육학을 하나의 학문 갈래로 쳐주고 있다. 그뿐 아니라 오직 국어교육학만을 다루겠다는 학회들도 여럿이 생겨서 다투듯 모임을 갖고 부지런히 논문집들을 내놓는다.

그런데 나는 여기서 우리의 국어 교육과 더불어 국어교육학을 잠시 짚어 보고 싶다. 나뿐 아니라 우리가 함께 들여다보면서 잘잘못을 좀 짚어 보아야 한다고 생각한다. 국어 교육을 반세기 넘게 하고 국어교육학도 20년을 넘게 했다지만, 우리네 국어 교육과 국어교육학은 아직도 길 없는 숲 속을 헤매고 있는 듯하기 때문이다. 쓸모없이 살았지만 마흔 해를 넘게 국어 교육과 국어교육학에 몸을 담고 살아온 사람에게 이런 생각은 무서운 채찍이며 형벌이다. 이 채찍과 형벌에서 벗어날 수 없다면 지나온 길을 들여다보면서 스스로 뉘우치는 시간이라도 갖고 싶다. 그러니 여기서 무슨 길을 찾아 내리라는 생각을 할 수는 없다. 걸어온 길을 살피면서 스스로 뉘우침을 다질 수 있으면 더 바랄 것은 없고, 혹시라도 나아갈 길의 실마리 같은 것이 잡힌다면 그것은 분에 넘치는 기쁨을 얻는 셈이다.

2. 국어교육학의 값어치

국어교육학도 없이 국어 교육을 서른 해나 하다가 뒤늦게 국어교육학을 하게 된 까닭은 무엇일까? 미국 사람들이나 일본 사람들이 하니까 그것도 본뜨느라고 그냥 따라서 했을까? 그런 쪽도 아주 없었다고 장담할 사람은 없을 듯하다. 그러나 그것이 우리가 국어교육학을 일으킨 참 힘은 결코 아니라고 생각한다. 국어교육학을 일으킨 참 힘은 아무래도 국어 교육에 있었을 듯하다. 국어 교육이 국어교육학을 애타게 불러서 마침내 국어교육학이 일어났으리라는 뜻이다. 국어 교육의 현장에서 부르고, 국어 교육의 정책에서 부르고, 교육과정이 부르고, 교과서가 부르고……. 국어 교육을 하다 보니까 구석구석에서 국어교육학이 있어야 하겠다고 '소리 없는 아우성'을 쳐서 마침내 국어교육학이 나타났다는 말이다.

국어 교육이 왜 국어교육학을 애타게 불렀을까? 국어교육학이 없는데 왜 국어 교육이 아쉬웠을까? 참으로 어린애 같은 물음이다. 그러나 어쩐지 나는 이처럼 어린애 같은 물음을 굳이 물어보고 싶다. 좀 더 솔직하게 말하자면, 지금 국어교육학에 몸담고 살아가는 우리 모두가 어린애 같은 이 물음을 곰곰이 좀 헤아려 보았으면 한다. 그러면서 스스로 하고 있는 국어교육학이 국어 교육의 목마른 부름에 제대로 응답하고 있는 것인지를 정직하게 따져 보았으면 좋겠다. 국어교육학은 국어 교육의 부름에 말미암아 일어난 것이기에 국어 교육이 아쉽고 답답하게 느끼는 일을 풀어 줄 만한 열쇠를 마련하고 있어야 마땅하다. 그런데 과연 우리네 국어교육학이 그런 열쇠를 마련하고 있느냐 하는 말이다. 국어 교육으로 말미암아, 국어 교육 때문에, 국어 교육을 도우려고 국어교육학이 생겨났다는 너무도 당연한 그 뜻을 잊고 있는 것은 아닌가. 국어 교육이 없다면 국어교육학은 애초에 있을 수 없었고, 국어 교육에 보탬과 도움이 되지 않는다면 국어교육학은 있어야 할 까닭이 도무지 없다는 이 지극히 어린애 같은 상식을 국어교육학을 하는 사람들이 잊어버린 것은 아닌가. 이런 생각이 들 때가 없지 않다.

이 소리를 뒤집으면, 국어교육학이 없고서는 국어 교육이 온전할 수 없다는 말이다. 국어 교육이 제대로 살아 있으려면 국어교육학에서 도움을 받아야 하고, 국어 교육이 제 몫을 올바로 해내자면 반드시 국어교육학의 뒷받침을 받아야 한다는 말이다. 우리가 밤중에 도둑처럼 찾아온 광복을 느닷없이 맞고는 엉겁결에 국어 교육을 시작하여 서른 해를 지났지만, 국어교육학의 뒷받침과 도움을 제대로 받지 못한 그것은 국어 교육이라고 할 만한 것이 아니었다는 뜻이다. 그래서 국어교육학은 국어 교육에 피를 돌게 하는 심장일 수도 있고, 국어 교육을 이끌어 주는 기관차일 수도 있고, 국어 교육이 나아갈 길을 밝혀 주는 횃불일 수도 있는 것이다.

국어교육학은 국어 교육에서 태어났으므로 국어 교육은 국어교육학의 어머니다. 국어교육학은 국어 교육에서 싹이 나고 줄기가 자라고 가지가 뻗고 열매를 맺었기에 국어 교육은 국어교육학의 터전이고 바탕이다. 국어교육학의 목숨과 모가치는 모두 국어 교육으로부터 나올 수밖에 없다. 이것을 이렇게 뒤집어 말할 수도 있다. 국어 교육은 국어교육학에서 생명의 힘을 받는다. 국어교육학은 국어 교육을 살리는 핏줄이다. 국어 교육은 국어교육학에서 어둠을 몰아내는 빛을 받고 길을 찾아내는 나침반을 얻는다. 국어교육학은 국어 교육을 이끌어 주는 길잡이다. 국어 교육의 삶과 죽음이 국어 교육학의 삶과 죽음에 달린 까닭이 거기 있다. 국어교육학의 온갖 값어치는 오직 국어 교육과 떨어지지 않고 하나인 거기서만 나올 수 있다.

3. 지나온 국어교육학의 자리

그러니까 국어교육학의 자리는 두말할 나위도 없이 국어교육학을 있게 한 말미, 국어교육학을 일으켜 세운 까닭에서 떠나지 않는 거기이다. '국어 교육의 부름' 곧 '국어 교육의 아쉬움과 답답함'에 매달려 귀 기울이며 다른 쪽으로 곁눈질을 하지 않는 그 자리다. 국어교육학은 국어 교육의 부름과 국어 교육의 아쉬움과 답답함에서 떠나지 않은 자리에서 그 부름에 메아리하고 그 아쉬움과 답답함에 시원한 방도를 내놓을 수 있어야 마땅하다.

그런데 우리네 국어교육학은 지난 스무 해 동안 과연 국어 교육을 떠나지 않았던가? 국어 교육이 초등학교 교실에서 코흘리개 개구쟁이들과 함께 뒹굴고, 중등학교 교실에서 엉터리 교과서와 시험 지옥에 시달리는 청소년들과 어울려 씨름하고 있을 적에 국어교육학이 저들과 함께 뒹굴며 씨름하였던가? 아니다. 전혀 그러지 못했다. 국어교육학은 목마르게 부르는 초등학교의 개구쟁이들이나 중등학교의 청소년들에게 귀를 기울이려고 하지 않았고, 그들과 씨름하는 교사들의 아픔과 괴로움을 덜어 주려고 하지 않았다. 초·중등학교의 교실에서 이루어지고 있는 국어 교육을 돌보려고 태어났다는 사실조차 잊어버리고 있었다고 해도 지나친 말이 아니다.

그러면 국어교육학은 어디서 무얼 했단 말인가? 뉘우치는 마음으로 솔직하게 말하면, 엉뚱한 데로 먼눈을 팔고 있다가 시도 때도 없이 딴죽을 걸어서 헷갈리게 했다. 그러잖아도 무엇을 어떻게 해야 하는 것인지 몰라 쩔쩔매고 있는 국어 교육을 겨냥하여 엉뚱한 남의 이야기를 끌고 와서 딴죽만 걸면서 큰소리를 쳤다. 엉뚱한 남의 이야기란 무얼 뜻하는가? 가까이는 대학에서 학자들이 연구하는 국어학과 국문학과 교육학의 이론이고, 멀리는 일본과 미국을 비롯한 서양 사람들의 책이나 글에서 베껴 온 이야기를 뜻한다. 이런 것들을 앞세워 국어 교육이 괴로움을 이기지 못하고 있는 교실 현장과는 닿지도 않는 소리들로 대학 사회에 자리 잡고 뿌리내리게 하려고 안간힘을 썼다. 그리고 이제 그런 바람은 어지간히 성공해서, 국어교육학이 대학 사회에서 한 갈래의 학문으로 제법 괄시받지 않는 자리를 잡기에 이르렀다.

그러니까 이제까지의 국어교육학은 국어 교육에게 길을 밝혀 주는 빛의 노릇을 다하지 못했다. 무엇보다도 우리네 국어교육학은 아직도 '국어'가 무엇인지조차 제대로 밝혀 주지 못한 것으로 보인다. 국어 교육이란 '국어'를 '교육'하자는 것일진대 '국어'를 모르고서야 무슨 재주로 '교육'을 올바로 하겠는가? 국어 교육을 한다면 누가 뭐래도 맨 먼저 '국어'가 무엇인지를 붙잡아 두고 걸음을 떼야 하지 않겠는가? 그런데 우리네 국어 교육은 아직도 '국어'가 무엇인지를 몰라 쩔쩔매고 있으며, 국어교육학은 이것조차 제대로 밝혀 주려고 하지 않는다. 국어 교육을 한 지가 반세기를 넘었는데 아직도 '국어'가 무엇인지조차 모른다고 하면 누가 곧이들을 것인가!

그러나 국어 교육이나 국어교육학을 하는 사람이라면 이 소리가 거짓이라고 우길 사람은 아무도 없을 것이다. 당장 지금 내 눈앞에도 《국어교육론》, 《국어 교육의 이론》, 《국어 교육의 이론과 실제》, 《국어 교육의 원리와 방법》, 《국어교육학》, 《국어교육학 개론》, 《국어교육학 원론》, 이런 이름의 책들이 수북이 쌓여 있지만 눈을 닦고 보아도 '국어'가 무엇인지 제대로 밝혀 주려는 책은 보이지 않는다.[2]

국어교육학을 하면서 '국어'가 무엇인지를 따져 보려고 들지 않았다는 사실은 몹시 기이한 일이다. 그리고 아무 일도 아니라는 듯이 스무 해를 느릅느릅할 수 있었다는 사실은 더욱 놀랍다. 책을 쓰고 논문을 쓴 사람들이 왜 '국어가 무엇인가?' 하는 물음을 묻지 않았는지, 그 까닭과 속셈이 어디에 있는지 헤아리고 가늠할 바가 없다. 그러나 이것은 그냥 지나칠 수 없는 큰일이기에 말이 난 김에 좀 생각을 해 보고 싶다. 그러자니 "시집 3년을 살고도 시아비 성을 모른다"거나 "실컷 울고 나서 누구 초상이냐고 묻는다"는 우스개 옛말이 떠오른다. 무슨 일이든지 참된 알맹이를 놓치면 헛되고 쓸모없어진다는 진리를 가벼운 우스개로써 가르치는 속담들이다. 우리가 국어 교육을 반세기 동안이나 해 오고도 '국어'가 무엇인지를 모른다면 그것은 그야말로 '시집 3년을 살고도 시아비 성을 모르는' 꼴이다. 그리고 이제 와서야 '국어'가 무엇이냐고 따지고 들면

2_ 오직 한 사람이 국어 교육을 다루는 책에서 '국어의 뜻넓이'라는 이름으로 '국어'가 무엇인지를 살펴본 바 있다(이상태, 《국어 교육의 기본 개념》, 한신문화사, 1978, 24~46쪽). 그는 15년이 지난 다음 그 책을 다시 고쳐 쓰면서 '국어임과 국어됨'이라는 이름으로 바꾸어서 거듭 다루었으나(이상태, 《국어 교육의 길잡이》, 한신문화사, 1993, 25~57쪽), 여전히 '국어'가 무엇인지를 똑똑히 밝혀 주지는 않았고, 읽는 이들에게 넌지시 맡기는 쪽으로 갔다.

그것 또한 '실컷 울고 나서 누구 초상이냐고 묻는' 짓과 다를 바가 없다. 국어교육학으로 밥을 먹는 사람이라면 너나없이 우리 모두가 이처럼 얼빠진 채로 스무 해를 살아온 사실을 뉘우치지 않을 수 없다고 본다. 그리고 이제부터라도 '국어'가 무엇인지를 똑똑히 밝혀 놓고 국어교육학을 하도록 마음을 다잡아야 하겠고, 국어교육학이 '국어'가 무엇인지를 밝히면 국어 교육은 그것을 따라 한결 올바로제 길을 찾아 나갈 수 있을 듯하다.

그러면 왜 이제까지 국어교육학에서는 반드시 물어야 할 첫 물음인 '국어가 무엇인가?' 하는 물음을 묻지 않았을까? 그 까닭을 똑바로 알아맞히기는 어렵다. 아무 데도 그 까닭을 알아볼 만한 자취가 드러나 있지 않기 때문이다. 그러나 다시 어린애 같은 순진함으로 돌아가서 까닭을 짐작해 보면 세 가지 대답이 나설 듯하다. 첫째, '국어'는 물어볼 것도 없이 모두가 뻔히 잘 알고 있는 것이기에 묻지 않았다. 둘째, '국어'는 아무리 물어보아도 뭐가 뭔지 알아낼 수 없는 것이라 물어보나마나 하기에 묻지 않았다. 셋째, '국어'가 뭔지를 물어서 똑똑히 알았다 해도 국어교육학이나 국어 교육에는 이렇다 할 쓸모가 없기에 묻지 않았다. 이치로 따져 본다면 이들 세 가지 말고는 다른 대답이 나올 수가 없을 듯하다.

그리고 이들 세 가지 가운데 어느 것이든 그것이 참다운 사실이라면 국어가 무엇인지를 묻지 않는 것이 진실로 마땅하겠다. 누구나 다 알고 있는 것을 뭣하러 새삼스레 물을 것이며, 물어봐야 알아낼 수 없는 것을 미쳤다고 헛되이 물을 것이며, 알아야 아무 짝에도 쓸모없는 것을 무엇 때문에 굳이 알려고 할 것인가. 그러나 내가 알고 있는 바에서 보면, 이들 세 가지 대답은 모두 참된 사실이 아니다. '국어'가 무엇인지를 제대로 아는 사람은 우리 사회에서 찾아보기 어렵고, '국어'가 무엇인가 하는 것은 곰곰이 생각해 보면 누구나 알 수 있는 물음이며, '국어'가 무엇인지를 똑똑히 안다면 국어교육과 국어교육학은 나아가야 할 길을 환히 바라볼 수 있을 터이기 때문이다.

그렇다면 이치로만 따져서 내놓았던 세 가지 대답은 모두가 거짓이 아닌가? 국어교육학을 한다는 사람들이 여태까지 국어가 무엇인지를 물어보지 않고 비껴 온 진짜 까닭은 다른 데 감추어져 있는 것이 아닌가? 어쩌면, '국어가 무엇인가?' 하는 물음을 묻고 올바른 해답을 찾는 일을 국어교육학자들이 꺼려서 일부러 비껴 온 것은 아닌가? 국어교육학자들이 어째서 '국어가 무엇인가?' 하는 물음의 올바른 답을 꺼린단 말인가? '국어'가 제 본모습을 드러내면서 눈앞에 나타나면 낭패를 보지 않을 수 없는 학자들이라도 있다는 말인가? 이런 물음들이 꼬리를 물고 머리를 어지럽힌다. 그러나 이런 물음을 따라가서는 실마리를 찾기가 더욱 어려워질 듯하다. 차라리 '국어가 무엇인가?' 하는 본디 물음을 붙들고 살펴보는 쪽이 그런 물음들을 한꺼번에 풀어낼 수 있는 실마리를 찾는 지름길이 아닐까 한다.

4. 국어란 무엇인가

참으로 새삼스럽지만, 국어란 무엇인가? 가장 먼저 생각할 수 있는 것은 '국어'라는 낱말에 담긴 뜻을 살피는 일이겠다. '국어', 이 낱말은 일본 사람들이 쓰던 것을 조선 왕조가 무너질 무렵부터 우리가 그냥 들여와 쓰고 있다.[3] 일본에서나 우리에게서나 이 낱말은 한자말이기에 한자의 뜻을 따라서 '나라말'이라고 하면 우선 틀림없다.

그런데 알다시피 여기서 '나라'의 뜻넓이가 우리에게는 여간 성가신 게 아니다. 일본은 나라가 대충 네 개의 섬으로 이루어졌지만 꽤 일찍이 하나로 묶여진 다음에 서로 갈라서거나 임금을 바꾸어 나라를 새로 세우거나 하는 역사의 곡절을 이렇다 하게 겪지 않았다. 그래서 이른바 '만세 일계'인지라 '나라'의 뜻넓이가 우리처럼 성가실 것이 없다. 그러나 우리는 아주 걷잡기 어려울 만큼 '나라'를 세웠다가 허물면서 어지러운 역사를 겪어 왔다. 당장 오늘도 우리는 북쪽에 '조선민주주의인민공화국'이라는 나라와 남쪽에 '대한민국'이라는 나라가 서로 갈라져 싸우며 맞서 있다. 이런 형편에서 '국어'를 '나라말'이라는 뜻으로 잡으면 누가 뭐래도 우리는 지금 두 가지 '국어'를 가진 셈이 된다. 우리가 남쪽 대한민국에서 국어교육을 이야기하고 있으니까 북쪽 조선인민공화국의 국어는 나 몰라라 하면 그만일 수도 있지만, 반드시 그러고만 있을 수는 없다. 언제일지 아직은 모르나 겨레가 하나로 다시 뭉쳐지는 날이 오면 나 몰라라 한 일들이 모두 값을 물리려 일어설 것이기 때문이다. 지난날로 거슬러 올라가면, 바로 가까이에는 일본의 침략을 받아 일본이라는 나라의 한구석에 싸잡혀 일본말을 '국어'라고 배우면서

3_ 중국에서도 '국어'라는 말이 옛날부터 쓰였지만, 오늘 우리가 쓰는 것과는 뜻이 달랐다. 그들은 중국 안에 수많이 싸잡혀 있는 작은 나라들에서 쓰는 말을 그렇게 불렀다. 우리에게 맞추어 말하자면 '사투리'라는 말에 더욱 가까운 낱말이다.

서른다섯 해를 보내기도 했다. 그 위로는 조선, 고려, 태봉, 후백제, 발해, 신라, 백제, 고구려, 가야, 부여, 진국, 기자조선, 위만조선, 단군조선, 이렇게 수많은 '나라'들이 짧게는 몇십 년이고 길게는 1000년을 넘기며 있었다. 그리고 이렇게 수많은 나라들마다 '나라 말'이 있었다고 볼 수도 있으니, 오늘 우리는 거기서 어느 나라말을 머리에 담고 '국어'라 불러야 하겠는가.

지난날을 생각해 봐도 '국어'를 '나라말'이라는 낱말의 뜻으로 보아서는 마뜩치 않고, 오늘 형편을 생각해 봐도 '국어'를 '나라말' 이라는 글자의 뜻으로 보아서는 마땅찮다. 우리가 국어 교육을 하자면 뜻넓이를 반드시 붙들어 놓아야 할 '국어'라는 말을 글자의 뜻대로 '나라말'이라고 해 버릴 수 없는 까닭이다. 우리가 써야 하고 국어 교육이 다루어야 하는 '국어'란 한 때나 한 곳에 있다가 사라지는 나라의 말이 아니라, 나라야 어떻게 되었든 때를 끊지 않고 곳을 뛰어넘어 온 겨레가 언제나 쓰면서 살아가는 말이라야 하지 않겠는가. 나라말이 아니라 겨레말이어야 한다는 뜻이다. 오늘날에 대한민국에서도 쓰고 조선인민공화국에서도 쓰는 말이며, 지난날에 조선에서도 썼고 고려에서도 썼고 신라와 가야에서도 썼고 백제와 고구려에서도 썼던 말을 우리네 국어 교육에서 다루어야 하지 않겠는가. 이 말에다 굳이 이름을 붙여야 한다면 어쩔 수 없이 우리 겨레의 이름을 끌어와서 '배달말'이라고 하는 수밖에 없다고 생각한다.[4] 또렷한 이름을 붙이지 않아도 좋다면 훨씬 어름어름하지만 널리 쓰는 대로 '우리말'이라고 할 수도 있을 것이다. 그렇다면 '국

| 4_ 김수업,《국어 교육의 길》, 나라말, 2001, 36쪽.

어 교육'이라는 말도 '배달말 교육' 또는 '우리말 교육'으로 바꾸는 것이 바람직한 셈이다.

한편, '국어'라는 말은 지난날 서양 사람들이 한때 사로잡혔던 사상의 자취를 담고 있다. 앞에서 이 낱말을 일본 사람들이 만들어 쓰는 것을 우리가 그냥 들여와서 쓴다고 했거니와, 그때 일본 사람들은 또 서양 사람들의 사상에 사로잡혀 저들의 말을 본떠 '국어'라는 말을 만들어 썼던 것이다. 서양에서는 꽤 긴 중세의 로마 제국과 가톨릭교회에서 빚어진 보편 사회를 지난 다음 이른바 근대 국가의 개성 사회로 넘어오면서 새로운 시대를 열었다. 그럴 즈음에 새롭게 갈라져 일어서는 나라들을 뒷받침하느라고 여러 가지 사상들도 생겨났다. 나라마다 온 백성들의 자유로운 의사소통을 위하여 로마 제국의 라틴말을 밀어내느라고 가난하고 힘없는 사람들이 입으로 주고받는 말이 참다운 말이라는 '자국어 운동'의 사상이[5] 일어나고, 나라를 다스리는 임금들을 가톨릭교회의 교황으로부터 떼어 내어 힘을 실어 주느라고 임금의 힘도 하느님이 주신다는 '왕권신수설'의 사상까지[6] 생겨났다. 그런 여러 사상들을 뭉뚱그려서 이른바 '국가주의(Nationalism)'라 부르거니와 '국어(National language)'라는 말은 바로 이럴 즈음에 생겨난 것이다. 그리고 이것은 20세기로 넘어와서 민주주의, 사회주의, 세계주의 같은 인류 공생의 사상이 나타나기에 앞서 '제국주의'로까지 이어졌다.

일본이 이런 서양을 뒤늦게 받아들여 이른바 '명치유신'을 이루

5_ 크레인 브린튼 외,《세계문화사》(중), 을유문화사, 1963, 2~58쪽.
6_ 앞의 책, 244~308쪽.

어 내면서 '국어'라는 말을 만들어 쓴 것이다. 저들은 1872년에 '학제'를 공포하면서 근대 학교 교육 제도를 시작하고, 1879년에 '교육령', 1886년에 '학교령, 1890년 '교육에 관한 칙어'를 내놓으면서 국가주의에 따른 학교 교육의 길을 다져 나갔다. 이럴 즈음, 그러니까 1886년의 '학교령' 아래 '심상중학교의 학과와 그 정도'라는 문부성령에서 그때까지 있던 '일본 한문〔和漢文〕' 과목을 '국어와 한문〔國語及漢文〕'으로 바꾸어 처음으로 '국어'라는 말을 썼다. 그리고 1894년에 개정한 '심상중학교의 학과와 그 정도'에서 "국어 교육은 애국심을 만들고 키우는 자료"라고 하면서 '국어'라는 과목에 감추었던 속셈을 털어놓았다. 그러나 그때에도 아직 '국어'가 하나의 과목으로 따로 선 것은 아니었다. 1900년 학교령을 고쳐서 내놓은 '소학교령 시행 규칙'에 와서 비로소 여태까지 있던 '독서와 작문', '습자'를 싸잡아 '국어'라는 과목으로 세우면서 비롯했다. 이로부터 제2차 세계 대전으로 참혹한 맛을 보기까지 일본의 학교 교육에서 '국어'는 한결같이 임금에게 충성하고 나라를 사랑하는 '충군애국의 정신'을 기르려는 과목으로 내려온 것이다.[7]

'국어'라는 말이 이처럼 국가주의라는 사상에 말미암아 자라난 까닭에 저절로 대중말을 내세우게 마련이다. 대중말이[8] 나라 안 모든 사람들을 하나로 묶어 주고 생각과 정보를 거침없이 주고받을

7_ 田近洵一,〈明治時代의 國語教育〉,《國語教育辭典》, 日本國語教育學會, 2001, 373~375쪽.
8_ 흔히 '표준어'라고 하는 그것이다. 물론 대중어(大衆語)가 아니다. '눈 대중이 매섭다' 또는 '대중 없이 설치지 마라' 또는 '대중을 할 수가 없으니 어떻게 해야 할지 모르겠다' 이렇게 아직도 쓰임새가 남아 있는 토박이말 '대중(기준)'에서 곁가지로 벌어진 말이다. 북쪽 조선 민주주의인민공화국에서는 '문화어'라 한다.

수 있게 하므로 국어의 알맹이가 되는 것은 마땅한 일이다. 그러나 대중말을 지나치게 내세우면서 사투리를 돌보지 않는 쪽으로 기울어질 때에는 여러 가지 나쁜 일이 일어난다. 대중말에만 마음을 빼앗겨 온 나라 여러 곳과 여러 계층에서 갖가지 모습으로 살아 있어야 하는 사투리를 시들고 죽어 버리게 만들어 마침내는 국어를 가난하게 시들도록 한다. 소리와 음운과 낱말과 문법을 모조리 대중말 하나로 몰아붙이려고 들면 국어가 단조로움에 갇히게 마련이다. 무엇보다도 사람이 태어나서 젖 먹으며 배운 사투리를 마음 놓고 써야 마음의 깊은 곳에 자리 잡은 느낌과 생각을 담아낼 수 있다. 한마디로 사투리는 국어의 뿌리며 고향이다. 대중말에 마음을 빼앗겨 사투리를 업신여기고 돌보지 않는 것은 국어의 터전과 뿌리를 팽개치는 노릇이다.

국어를 나라말로 보지 말고 겨레말로 보아야 한다는 것이나, 국어라는 낱말에 배어 있는 국가주의와 표준어주의를 벗어나는 것들이 우리에게는 쉬운 일이 아니다. 그런데 우리에게는 또 다른 문제가 남아 있다. 남의 말이 들어온 것을 어떻게 여기며 어떻게 쓸 것인가 하는 문제다. 원칙은 어려울 것이 없다. 남의 말(외국어)이 들어와서 우리말의 규칙에 어우러지면 우리말(외래어)이 되는 것이기 때문이다. 그것이 우리말의 규칙에 어우러지기까지는 우리말이 아니고(외국어), 어우러지고 나면 우리말(외래어)이라고 보는 것이 원칙이다. 그러나 우리는 이처럼 쉬운 원칙을 지켜 본 적이 없었다. 아니 여태 없었던 것이 아니라, 국어라는 말을 쓰기 비롯한 지난 백년 동안에는 없었다. 그 앞에는 중국말이 오래도록 엄청나게 들어왔지만 그런 원칙을 벗어난 적이 없었고, 몽고말이 거세게 들어온 적도 있었지만 원칙을 벗어나지 못했다. 그럴 수 있었던 것은 온 백성들이 입말만으로 살았기 때문이다. 한 줌밖에 안 되는 지배층 사람들이 중국말을 들여와서 글말로 엄청나게 썼지만 온 백성들은 그걸 몰랐기 때문에 거들떠보지도 않았다. 그러니 그것은 언제나 중국의 글말로만 남아 있었고, 백성들의 입말 안에 들어와 자리 잡을 수가 없었다. 지배층 사람들이 중국말을 입말로 써서 백성들이 듣고 부러워하며 입말로 따라 썼더라도, 백성들의 입말은 우리말의 규칙에 튼튼히 얽매어 있었기 때문에 쉽사리 그것들을 우리말(외래어)로 만들어 버릴 수 있었다.

그러나 지난 100년 동안에는 이런 원칙이 사라져 버리고 말았다. 조선 왕조가 무너지자 신분 제도에 발목이 묶였던 백성이 학교 교육을 받으면서 누구나 글말을 쓰게 되었다. 그래서 지난날 부러워 안달하면서도 써 보지 못했던 지배층 사람들의 말, 곧 중국에서 들여온 한자말을 백성들이 앞 다투어 쓰면서 맺힌 한을 풀고자 했다. 그뿐 아니라 지난날의 지배층 사람들은 잘 모르는 일본말과 서양말을 보이는 대로 끌어와 쓰면서 새로운 지배층으로 올라섰다는 사실을 마음껏 뽐내고 자랑하려 들었다. 그것을 입말로만 썼다면 순간에 날아가 버려서 지난날 중국말과 비슷한 신세로 우리말에 쉽사리 끼어들지 못했겠지만, 이제는 그것을 입말과 더불어 모조리 글말로 써 버리니 그대로 우리말 사이를 비집고 들어와 버티고 활개치게 되었다. 게다가 사전을 만든다는 사람들이 그런 글말을 빠짐없이 찾아서는 우리말이라면서 사전에 올려놓고 일본말과 서양말 사전을 베껴다 풀이를 달기에 바빴다. 참으로 어처구니없는 짓을 한 것이지만, 그것이 우리말에서 남의 말(외국어)과 들온말(외래어)을 가늠하는 원칙을 쓰지 못하게 만들고 오늘 같은 현실을 불러와 버렸다.

'오늘 같은 현실'이란 뭔가? 다름 아니라 '사전에 올려진 것은 모조리 국어다.' 하는 현실이다. 그러면서 귀에 들리고 눈에 보이는 말이면 무엇이나 사전에 올리려고 하니까, '입말이거나 글말이거나 우리가 쓰는 것은 무엇이든지 국어다.' 하는 현실이기도 하다. 이것이야말로 '국어가 무엇인가?' 하는 물음에 우리가 현실로써 내놓은 대답이다. 국어사전을 비롯하여 국어교육학자들이 써서 내는 책과 논문, 국어 교육 정책 담당자들이 내놓는 교육과정과 교과서, 그런 교과서를 들고 교실에서 학생과 교사들이 배우고 가르치는 현실들에서 한결같이 '사전에 올려진 것은 모조리 국어'며 '우리가 쓰는 말은 무엇이든지 국어'라고 부르짖고 있다. 온통 이런 부르짖음이 현실을 뒤덮고 있으니, '국어란 무엇인가?' 하는 물음의 정답은 달리 찾을 길이 없다. 그리고 국어교육학에서는 달리 '이것이 국어다' 하고 가르치는 바가 없다.

그러면 이런 현실을 그대로 '국어란 무엇인가?' 하는 물음의 정답으로 삼아도 좋은가? 나로서는 그렇다고 맞장구를 칠 수가 없다. 내가 아는 사실은 이렇다. 우리가 쓰는 말에는 '우리말'도 있고 '남의 말'도 있다. '우리말'이란 본디 우리 겨레가 스스로 만들어 쓰는 말이다. 이를 '토박이말'이라고 한다. '남의 말'이란 다른 겨레들의 말이 우리에게 들어와서 우리말과 더불어 쓰이는 말인데, 거기에는 우리에게 들어와서 우리말의 틀에 맞추어 우리말과 다름없이 바뀐 말(외래어)이 있고, 우리말의 틀에 맞추어지지 않고 제 틀을 간직하고 있는 말(외국어)도 있다. 그런데 우리에게 들어와서 우리말의 틀에 맞추어 우리말과 다름없이 바뀐 말(외래어)은 이미 우리 말이 되어서 남의 말이라고 할 수가 없다. 이것을 '들온말(외래어)' 이라고 한다. 그러니까 '우리말'에는 본디부터 우리 겨레가 만들어 써 온 '토박이말'이 있고, 남의 말이 들어와서 우리말로 바뀐 '들온 말'이 있는 셈이다. 그리고 우리에게 와서 우리말과 더불어 쓰이면 서도 우리말의 틀에 맞추어지지 않고 제 틀을 지키고 있는 말(외국 어)은 아직 남의 말이라 할 수밖에 없다. 이쯤 가닥을 잡고 나면 '국 어가 무엇인가' 하는 물음에 대답이 얼추 나선 셈이다. 국어란 '토 박이말'과 '들온말'을 싸잡아 말한다고 할 수 있기 때문이다.

그러나 이것으로 현실이 바로잡히지는 않는다. 논리만으로 현 실은 바로잡히지 않기 때문이다. 정책이 논리에 따라 바로 서고, 교 육이 정책을 뒤따르며 올바로 가르쳐야 현실을 바로잡을 수 있다. '들온말'로 바뀌지 않은 '남의 말'이 우리말의 현실 안에 엄청나지 만, 정책이 그것을 논리에 따라 다스리지 못하고 따라서 교육도 아 무런 가르침을 주지 않는다. 정책을 바로 세우고 교육을 뒤따르게 하는 길잡이 노릇을 국어교육학이 해야 마땅하지만 우리네 국어 교육학은 먼눈팔기에 바빠서 그런 몫을 제대로 돌보지 못하고 있 었다.

우리말에 뒤섞여 쓰이는 '남의 말'이라지만, 제 본디 말의 틀을 간직하고 있는 사정은 갖가지다. 아주 제 본디 말에서 조금도 바뀌 지 않은 것에서부터 우리말의 틀에 거의 다 맞추어져서 우리말로 보아도 될 만한 것까지 헤아릴 수 없는 차이를 드러낸다. 이처럼 갖 가지 다른 사정을 지니고 우리말에 들어와 쓰이면서 말썽을 부리는 '남의 말'을 어떤 잣대로 가늠하고 가려내어야 하는지를 밝히는 논리를 마련하는 일 또한 국어교육학의 몫이다. 국어교육학에서 마련한 논리에 따라 그런 말을 현실에서 어떻게 다루고 처리할 것인지를 가늠하고 길을 밝히는 일은 국어 정책의 짐이다. 그런 논리와 가늠에 기대어 국어 교육이 올바로 가르치면 현실은 조금씩 바로잡힐 수 있다.

그러나 흔들릴 수 없는 것은 이런 '남의 말'은 우리말, 곧 '국어'가 아니라는 사실이다. 내일 또는 모레, 다음 달 또는 저 다음 달, 이듬해 또는 그 이듬해에 '우리말'이 될 수는 있을지 모르지만, 오늘은 '우리말', '국어'가 아니라는 사실을 또렷이 못 박아야 한다. 그리고 두말할 나위도 없지만, 이것들이 국어로 바뀔 때까지는 국어사전에 올려서도 안 되고 국어 교과서에 쓰여서도 안 된다. 이런 질서를 똑똑하게 세운 다음이라야 국어교육학이 맑은 정신으로 일어설 수 있다. 그리고 거기 따라 정책과 교육도 제 갈 길을 올바로 찾아갈 수 있을 터이다.

5. 국어교육학이 나아갈 길

국어교육학은 뭐니 뭐니 해도 '국어'를 똑똑하게 알고 길을 나서야겠다. 그런 다음 국어교육학은 국어 교육을 살리고, 이끌고, 길을 밝히는 몫을 다하는 쪽으로 가야 한다. 국어교육학은 국어 교육의 부름에 응답하고 국어 교육의 아쉬움과 답답함을 풀어 주는 길로 나아가는 것이 마땅하다. 국어 교육의 현장과 현실은 돌보지 않고 남의 이론만 끌어들여 알아보기 어려운 글을 쓰면서 뽐내는 국어교육학은 보기에 안타깝다. 뒷날 사람들이 언젠가는 무서운 잣대로 채찍질을 할 것이다.

국어 교육 현장과 현실을 돌보려면 무엇보다도 우리 겨레의 사람을 살리는 교육을 할 수 있도록 도와야 한다. 지금 우리네 학교 교육은 사람을 살리기는커녕 죽이고 있다는 사실이 온통 드러나서 모르는 사람이 없다. 견디다 못한 아이들이 교실을 북새통으로 만들거나 학교를 버리고 학원에 가서 한숨을 돌린다. 보다 못한 어른들이 대안 학교를 만들기도 하고 아예 아이들을 데리고 이민을 떠나기도 한다. 우리네 학교 교육이 이렇게 사람을 죽이는 교육에서 허덕이는 데에는 국어 교육의 잘못도 적지 않다는 사실을 뉘우쳐야 마땅하다. 그리고 거기서 벗어나 사람을 살리는 교육으로 돌아설 수 있도록 국어교육학이 국어 교육의 길을 열어 주어야 한다. 국어 교육이 사람의 마음을 바로잡고 삶을 보람차게 살아갈 수 있도록 하는 쪽으로 나아가면 학교 교육 전체도 머지않아 그런 길로 돌아설 수 있을 것이다.

그러자면 국어 교육이 무엇보다도 남을 부러워하는 마음부터 바로잡아 주어야 하겠다. 아이들이 먼저 제 스스로를 아끼고 사랑할 수 있도록 국어 교육을 베풀어 주어야 한다. 스스로 저를 아끼고 사랑해야 제가 살아날 수 있는 것이지, 남을 부러워하고 본받고 따라가기만 해서는 저를 떳떳하게 살려 낼 수가 없기 때문이다. 그런데 우리네 국어 교육은 여태 아이들이 저를 업신여기고, 제 어버이와 집안을 부끄럽게 여기고, 제 고향과 나라와 겨레를 하찮게 여길 수밖에 없는 길로만 걸어왔다. 까닭 없이 남을 우러러보고 괜스리 남의 삶을 부러워하면서 언제나 '남의 밥에 콩이 커 보이는' 사람만을 길렀다.

국어 교육이 무엇을 어떻게 했기에 아이들이 저를 업신여기고 남을 부러워하는 사람이 되도록 길렀단 말인가? 우리말을 아끼고 사랑하는 쪽, 우리 토박이말을 살리고 드높이는 쪽으로 나아가지 않아서 그런 사람만을 길렀다. 우리 겨레가 스스로 만들고 오랜 세월에 걸쳐 온 백성들이 더불어 쓰면서 살아온 토박이말을 먼저 아끼고 사랑하는 쪽으로 국어 교육을 하지 않았다. 토박이말이 얼마나 값지고 아름답고 훌륭한가를 똑똑하게 가르치고 나서, 들온말이 어떻게 들어와서 우리말을 살찌우며 가멸지게 했는지를 가르치고, 마지막으로 남의 말을 어떻게 받아들여 우리말을 푸지게 하는 들온말로 만들어 쓸 수 있을지를 가르치는 차례로 국어 교육을 베풀어야 마땅하지만 그러지 않았다. 오히려 토박이말은 하찮고 한자말은 점잖다 하고, 우리 토박이말은 가난하고 시시하지만 중국말이나 일본말이나 서양말은 넉넉하고 아름답다고 했다. 그래서 알게 모르게 국어 교육을 많이 받은 사람일수록 남을 부러워하는 마음이 커지도록 만들었다.

그런 까닭에 당장 우리 토박이말이 값지고 아름답고 훌륭하다고 하면 아니라고 손사래를 칠 사람들이 적지 않을 것이다. 불어나 영어보다 훨씬 못하고 중국말이나 일본말보다도 못하다고 소리치고 싶은 사람들이 많을 줄 안다. 그리고 그들은 틀림없이 우리 토박이말이 그런 말들보다 못한 까닭을 여러 가지로 꼽으면서 유식한 푯대를 내고 싶을 것이다. "이름씨(명사)가 모자라서 사전에 올라 있는 낱말의 7할이 한자말 아니냐?" "말소리의 가락이 길이로 이루어지는지 높낮이로 이루어지는지도 모를 만큼 어수선하지 않느냐?" "말본의 규칙들이 간추리기조차 어려울 지경으로 헷갈리지 않느냐?" "맞춤법이 자주 바뀌고 까다로워 배우기 어렵지 않느냐?" 이런 소리를 하면서 우리 토박이말을 업신여기는 것은 업신여기는 것이 아니고, 사실을 있는 그대로 받아들이는 것이라고 말하고 싶을 것이다.

그러나 그런 소리들은 이미 낡아서 내다 버린 서양 이론과 일부러 거짓을 가르친 일제 교육의 물에 깊이 빠져서 내뱉는 것이다. 이 겨레의 말을 저 겨레의 말과 견주어서 어느 것이 좋고 어느 쪽이 나쁘다고 가늠하던 짓은 1920년대를 넘으면서 잘못인 줄을 조금씩 깨닫다가 1960년대를 들어설 즈음에는 아주 내다버렸다. 1920년대 뒤로 아인슈타인 덕분에 자연의 질서를 새로운 눈으로 보게 되면서 자연 과학뿐 아니라 모든 학문에서 그런 눈으로 세상을 다시 보니까 그럴 수 있었다. 삶을 담아내는 시간과 공간이 저마다 달라서 말이 겨레마다 다른 것일 뿐이기 때문에 하나의 잣대로 서로 다른 겨레의 말을 재서 어느 말은 좋고 어느 말은 나쁘다 할 수 없다는 것을 알았다. 모든 입말은 그 겨레가 살아가는 공간과 시간 안에서 나름대로 가장 알맞은 속살과 짜임으로 이루어진다는 사실을 알았다.

우리말에는 이름씨가 모자란다는 소리도 그런 줄을 모르는 사람들에게서 철없이 나오는 것이다. 우리 토박이말에도 이름씨가 우리 삶에 모자람 없이 넉넉하다. 땅 위에 자라는 푸나무들이나 벌레들, 하늘을 나는 새들, 물속에 헤엄치는 고기들, 세상의 그 모든 것들은 우리 토박이말로 이름이 매겨져 있다. 우리 토박이말의 이름씨는 너무도 섬세하게 많아서 놀랍다고 하는 것이 오히려 사실에 맞다. 가는실잠자리, 개미허리왕잠자리, 검물잠자리, 검은날개물잠자리, 검은물잠자리, 검정좀잠자리, 검정칡범잠자리, 고려칡범잠자

리, 고추잠자리, 고추좀잠자리, 기생잠자리, 긴무늬왕잠자리, 깃동
잠자리, 꼬마잠자리, 꼬마측범잠자리, 끝빨간실잠자리, 나비잠자
리, 난쟁이잠자리, 날개잠자리, 넉점박이잠자리, 넓적다리실잠자
리, 노랑띠좀잠자리, 노랑말잠자리, 노랑배측범잠자리, 노랑실잠자
리, 노랑허리잠자리, 늦고추잠자리, 된장잠자리, 등검은실잠자리,
등줄실잠자리, 떼잠자리, 말잠자리, 먹줄왕잠자리, 메밀잠자리, 멧
고추잠자리, 명주잠자리, 묵은실잠자리, 물방아잠자리, 물잠자리,
민풀잠자리, 밀잠자리……9- 이렇게 해서 앞으로도 ㅂ에서 ㅎ까지
잠자리 이름들이 엄청나게 더 많다. 어찌 잠자리 이름뿐일 수가 있
겠는가!

　우리말에는 그림씨(형용사)와 어찌씨(부사)만 넉넉한 것이 남다
르다고 하는 사람들도 많다. 그밖에 다른 갈래의 낱말은 모자란다
는 말을 그렇게 하는 것이다. 그러나 말에서 가장 뿌리인 움직씨(동
사)를 보아도 우리 토박이말은 참으로 가멸지고 신비스럽다. 일테
면 '빨래를 하다' 하면서도 '걸레를 빨다', '손발을 씻다', '머리를
감다', '행주를 헹구다', '그릇을 가시다' 이렇게 말한다. 움직임만
을 보면 크게 다를 것이 없는데도 감을 달리하면 움직씨 낱말을 다
르게 쓰고 있는 것이다. 우리 겨레가 사람의 움직임과 삶을 얼마나
꼼꼼하게 들여다보고 깊이 깨달았는가를 헤아려 볼 수 있다.

　말소리의 가락이 길이에서 나는지 높낮이에서 나는지도 모르
고, 말본의 규칙들이 어떻게 되는지 헷갈리기만 하고, 맞춤법이 까
다로워 배울 수가 없고……. 틀리지 않은 말들이다. 그러나 그런 것

| 9_ 김태영, 〈우리말의 조어력〉, 《한글새소식 317호》, 1999.

들이 말의 탓일까? 아니다. 말소리의 가락이나 말본이나 맞춤법을 쉽게 간추려 가다듬기 어렵다는 것은 우리말이 그만큼 깊고 그윽한 속내를 지녔다는 뜻이다. 그것은 탓할 거리가 아니라 오히려 자랑할 거리다. 그보다는 말소리나 말본이나 맞춤법을 살피고 밝히려고 우리가 애쓴 세월이 너무 짧고 거기 매달려 애쓰는 사람들이 너무 적어서 제대로 간추리지 못한 사실을 탓해야 마땅하다. 우리 겨레가 말을 쓰면서 살아온 세월은 참으로 아득하지만 말을 살피고 간추려 가다듬으려고 한 시간은 길게 잡아야 100년을 넘지 못한다. 100년에서 절반은 일본 침략과 남북 전쟁으로 겨를이 없었고, 힘써 매달린 시간은 기껏 반세기를 넘지 못한다. 그리고 거기 매달린 사람이라야 참으로 얼마 되지 않았다. 그래서 아직도 우리말을 살피기보다는 남들이 말을 어떻게 살피고 간추렸는지를 배우고 본뜨는 일에서 헤어나지 못하고 있다. 사정이 이러니 어찌 우리의 말소리(음성·음운)와 말본(형태·통사)과 뜻가림(의미)을 온전하게 간추려 내놓을 수 있겠는가. 안타까워할 것은 우리에게 교육도 있었고 학문도 있었다고 하면서 우리말을 살피고 밝혀서 가르치는 일을 하지 않았던 사실이다.

이런 데도 학자라는 사람들은 "그야 어쨌거나 학문에 쓸 우리 토박이말은 없지 않느냐?" 하면서 오늘도 일본 한자말과 서양말을 가지고 논문을 쓰고 책을 쓰며 아무 거리낌이 없다. "학문에 쓸 토박이말이 없다." 하는 소리는 옳지만, 그것도 우리 토박이말의 탓이 아니다. 학문 한다는 사람들이 우리 토박이말로 학문을 하려고 들지 않았기 때문에 그런 쪽에는 말이 살아날 수가 없었다. 말은 마음과 뜻과 생각과 느낌 같은 삶의 속살을 담아내는 그릇인데, 학문 한다는 사람들이 마음과 뜻과 생각과 느낌을 우리말로 담으려 하지 않았기 때문에 그 쪽으로 우리말이 생겨날 수가 없었다. 알다시피 서기 372년에 세운 고구려의 '태학'에서부터 이른바 학문이라는 것을 했다면 줄잡아 1500년을 넘게 우리 학문은 중국 글말에만 매달렸다. 중국 글말에다 우리네 삶의 속살을 담아내겠다고 안간힘을 쓰면서 외국어 공부에만 매달려 우리 토박이말을 거들떠보지도 않았다. 우리 토박이말을 적는 글자를 만들지 못했을 적에는 그랬다 치더라도, 한글을 만들어 놓고도 400년을 넘게 우리 토박이말로 학문을 하려는 사람은 나타나지 않았다. 그러니 지금 우리가 지난날의 학문에게서 물려받아 쓰려는 말로는 학문을 하기가 어려울 수밖에 없다.

그러면 어떻게 해야 하겠는가? 길은 둘뿐이다. 하나는 조상들처럼 남의 말을 언제까지나 빌려 쓰는 길이고, 또 하나는 이제부터라도 어려움과 싸우며 우리말로 학문을 하려고 안간힘을 쓰는 길이다. 어느 길을 가야 옳은가를 놓고 망설인다면 그런 사람은 학자의 길로 들어설 사람이 아예 아니라고 나는 생각한다. 그래서 우선 국어교육학이라는 학문부터 우리 토박이말을 살려서 그것으로 학문하는 길을 열어야 마땅하다. 그리고 국어교육학에서 우리 토박이말이 얼마나 값지고 아름답고 훌륭하며, 그런 말을 만들어 부려 쓰며 살아온 우리 겨레의 삶이 얼마나 자랑스러운 것인지를 밝히는 일에 앞장서야 한다. 중국 글말로 학문을 하느라 우리 겨레의 삶은 팽개쳐 버리고 중국을 우러러보며 내달려 갔던 선조들의 정신이 유전인자로 우리 안에 자리 잡은 것을 바로잡아야 한다. 그런 흐름을 물려받아 일본말과 미국말과 서양말로 학문을 하면서 우리말과 삶을 버리고 일본과 미국과 서양을 우러러보며 내처 달려가는 오늘 우리의 마음을 돌려놓아야 한다. 국어교육학이 그런 길로 떳떳하게 나아가야 국어 교육이 그것을 따라 스스로를 아끼고 사랑하는 사람을 기를 수 있는 길을 찾으려 할 것이다. 남의 말보다는 우리 토박이말을 자랑스럽게 여기는 사람, 남의 삶을 본받고 뒤따르기보다는 우리 삶을 빛내고 드높이려는 사람을 길러 내는 길로 들어설 수 있는 여러 일들을 국어 교육이 찾아 나설 것이다.

6. 마무리

이야기가 너무 겉만 핥아서 읽는 이들이 어리둥절하지나 않을까 걱정스럽다. 국어 교육과 국어교육학을 들여다본다고 했으나 속살을 건드리지는 못한 채 변죽만 겨우 울렸다는 느낌을 받는다. 비록 역사가 짧은 우리의 국어 교육과 국어교육학이지만 거기 담긴 속살은 나름대로 만만하지 않아서 이만한 종이로는 깊은 속살을 알뜰하게 담기가 어렵다는 말로 핑계가 될지 모르겠다. 손에 잡히도록 속살을 꺼내 놓고 이야기를 해 보자면 꽤 긴 시간과 공력도 들여야 하는 것이지만 그러지도 못했다. 그래서 누구나 쉽게 알아들을 만한 속살 하나만 꺼내서 보기 삼아 이야기하는 것으로 마무리를 삼고 이만 그치고자 한다.

다름 아니라 우리 국어 교육이 한자와 한자말을 다루는 마음가짐이다. 좀 더 알아듣기 쉽게 말하자면, 이제까지 우리 국어 교육이 토박이말과 한자말을 다루는 마음가짐이 어떠했는가를 살펴보는 것으로 앞에서 해 온 이야기의 마무리로 삼겠다는 말이다.

알다시피 한자와 한문 교육은 본디 국어 교육 안에 싸잡혀 있었다. 그러나 제3차 교육과정(1973)에 와서 그것을 한문이라는 과목으로 떼 내어 따로 세웠다. 국어 교육에 싸잡지 않고 다른 과목으로 세워서 교육과정과 교과서와 배당 시간을 따로 마련하여 교육하게 했다.[10] 그러고는 세월의 흐름이 벌써 서른 해에 이르렀고, 그 사이 교육과정이 제7차까지 넘어오면서 한문 과목은 나름대로 발전했다. 그런데도 아직까지 국어 교육에서는 한자와 한자말 교육에 끔찍하게 마음을 쓰고 있다. 교육과정을 만든 정부가 국어 교과서도 국정으로 만들고 있는데, 거기에서 한자와 한자말 가르치는 일을 게을리하지 않는다. 제7차 교육과정의 중학교《국어》교과서만 보아도, 단원마다 아예 '한자 공부'라는 자리를 마련하고, 한자 여섯에 저마다 그것을 넣은 한자말 둘씩을 짝지어 실어 놓고[11] 가르치라고 한다.

물론 국어 교과서의 바탕글에 한자말이 수없이 쓰이니 그것을

10_ 제3차 교육과정에서 중학교 한문 과목의 제1학년의 '내용'만을 보면 아래와 같다. 무엇을 다루고 있는지를 바로 알아볼 수 있을 것이다.
(1) 지도 사항 : 한자의 음과 뜻 알기(약 350자) / 한자의 구조 알기 / 한자의 획순 알기 / 단어의 구조 알기 / 사전 활용법 알기 / 주어, 서술어를 중심으로 한 간단한 문형 알기 / 글의 뜻 알기
(2) 주요 형식 : 한자 / 단어 / 숙어 / 간이한 한문
11_ 중학교 국어 1-1과 2-1에서 맨 첫 단원 것만 보이면 이렇다.
국어 1-1 : (1) 官 : 관사(官舍), 상관(上官) / (2) 定 : 정착(定着), 결정(決定) / (3) 年 : 연도(年度), 학년(學年) / (4) 地 : 지구(地球), 성지(聖地) / (5) 對 : 대답(對答), 상대(相對) / (6) 成 : 성장(成長), 완성(完成)
국어 2-1 : (1) 意 : 의미(意味), 주의(注意) / (2) 想 : 상상력(想像力), 공상(空想) / (3) 作 : 작품(作品), 명작(名作) / (4) 發 : 발견(發見), 출발(出發) / (5) 冬 : 동지(冬至), 삼동(三冬) / (6) 心 : 심정(心情), 중심(中心)

국어 교육에서도 가르치지 않을 수 없는 노릇이다. 그런데 내 말은 이처럼 한자말(우리말이 되어 버린 들온말이라고 치자)을 끔찍하게 가르치는 것에 앞서 우리 토박이말도 그렇게 마음 써서 가르쳐야 마땅하지 않았느냐 하는 것이다. 우리가 우리 마음대로 국어 교육을 해 온 지난 반세기 동안에 토박이 낱말을 가르치라고 해 놓은 교과서는 하나도 없었는데 어떻게 한자말 교육에는 그렇게 정성을 쏟을 수 있었느냐 하는 말이다. 우리가 스스로 만들어 쓰는 토박이말은 가르치라고 하지 않으면서 중국이나 일본에서 철없이 끌어들여 함부로 쓰는 한자말은 끊임없이 힘을 다해 가르치고자 한 국어 교과서를 어떻게 보아야 하느냐는 것이다. 그런 교과서를 만들고 그것으로 국어 교육을 해 온 우리네 마음가짐을 어떻게 가늠해야 마땅한가 하는 말이다. 이런 얼빠진 짓이 바로 앞에서 이야기해 온 '내 것 업신여기기'와 '남의 것 우러러보기'라는 우리 겨레 얼의 골병에서 말미암은 것이 아니냐 하는 것이다.

어쩌면 한자말은 뜻을 잘 모르고 마구 쓰니까 일부러 가르쳐야 하지만 우리 토박이말이야 가르치지 않아도 뜻을 잘 아니까 굳이 가르칠 까닭이 있겠느냐 이렇게 말하고 싶을지 모르겠다. 사실이 그렇다면 무슨 걱정이 있을 것인가. 그러나 그것은 결코 아니다. 일제가 물러날 때까지만 해도 우리 겨레는 우리 토박이말을 일부러 가르치고 배우지 않아도 어지간히는 올바르게 주고받을 수 있었다. 일제가 들어와서 학교 교육을 한다고 온갖 법석을 떨었지만 우리 겨레는 저들의 교육을 귓등으로 들으면서 예로부터 물려받은 토박이말을 입과 귀로 주고받는 삶을 크게 저버리지 않았기 때문이다. 그러나 광복을 하고, 미군 점령에 들어가고, 남북 전쟁을 치르고,

군사 독재가 무리하게 산업화를 밀어붙이는 세상을 지나면서 토박이말은 말할 수 없을 지경으로 뒤죽박죽이 되었다. 그러니까 우리가 국어 교육을 시작한 즈음부터 토박이말의 쓰임새는 걷잡을 수 없을 지경으로 헝클어지기 시작했고, 시간이 흐를수록 하루가 다르게 더욱 헝클어지기만 했다. 그래서 이제는 아무도 '토박이말이야 가르치지 않아도 뜻을 잘 아니까' 어쩌고 이런 소리를 할 수 없게 되었다.

사정이 이런데도 우리네 국어 교육은 여태 토박이 우리말을 가르치는 일을 뒷전으로 밀어 놓고 한자와 한자말을 가르치는 데에 힘을 다했다. 한문 교과를 따로 세운 지가 서른 해에 이르렀는데도 한자와 한자말을 가르치는 일을 국어 교육의 몫으로 여기는 듯이 살아왔다. 이런 잘못의 말미가 다름 아닌 국어교육학에 있다는 말이다. 국어교육학이 국어가 무엇이며 국어 교육이 무엇을 먼저 해야 하는지를 올바로 밝히고 이끌어 주지 않았기 때문에 이런 잘못을 저지르는 것이다. 요즘 부쩍 부산해진 국어교육학이 '나와 우리'를 먼저 아끼고 드높이는 마음을 기를 수 있는 국어 교육을 일으켜 세워야 한다. 국어교육학으로 하루빨리 국어 교육이 살아나도록 길을 밝히고 이끌어 주어야 하겠다.

• 국어 교육과 국어교육학 : 박영순 엮음, 《21세기 국어교육학의 현황과 과제》, 한국문화사, 2002

국어 교육의 바탕과 속살

지은이 | 김수업

초판 1쇄 발행일 2005년 12월 17일
개정판 1쇄 발행일 2012년 7월 23일

발행인 | 김학원
경영인 | 이상용
편집주간 | 위원석
편집장 | 정미영 최세정 황서현
기획 | 문성환 나희영 임은선 박민영 박상경 이현정 최윤영 조은화 전두현 정다이
디자인 | 김태형 유주현 구현석
마케팅 | 이한주 하석진 김창규 이선희
저자 · 독자 서비스 | 조다영 함주미(humanist@humanistbooks.com)
스캔 · 출력 | 이희수 com.
용지 | 화인페이퍼
인쇄 | 천일문화사
제본 | 정민문화사

발행처 | (주)휴머니스트 출판그룹
출판등록 | 제313-2007-000007호(2007년 1월 5일)
주소 | (121-869) 서울시 마포구 연남동 564-40
전화 | 02-335-4422 팩스 | 02-334-3427
홈페이지 | www.humanistbooks.com

ⓒ 김수업, 2012

ISBN 978-89-5862-521-6 03370

이 도서의 국립중앙도서관 출판시도서목록(CIP)은 e-CIP 홈페이지(http://www.nl.go.kr/ecip)와 국가자료공동목록시스템(http://www.nl.go.kr/kolisnet)에서 이용하실 수 있습니다. (CIP제어번호: CIP2012003161)

만든 사람들

편집장 | 황서현
기획 | 문성환(msh2001@humanistbooks.com) 박민영
디자인 | 민진기디자인